U0610551

山西省教育厅高校人文社会科学重点研究基地项目（20200126）

山西省社科联课题研究项目"山西省战略性新兴产业人力资源预测研究"（SSKLZDKT2017074）

山西省高等学校哲学社会科学研究项目"山西省高新技术产业创新生态系统适宜度评价研究"（2021W078）

山西省科技战略研究专项项目"科技创新团队持续培育机制政策研究"（202204031401023）

山西省回国留学人员科研资助项目"山西省装备制造业创新生态系统健康性评价研究"（2020-119）

装备制造业知识产权保护管理研究：

以山西省为例

李彦华 法 如◎著

RESEARCH ON INTELLECTUAL
PROPERTY PROTECTION AND MANAGEMENT IN
EQUIPMENT MANUFACTURING INDUSTRY:
A CASE STUDY OF SHANXI PROVINCE

经济管理出版社
ECONOMY & MANAGEMENT PUBLISHING HOUSE

图书在版编目（CIP）数据

装备制造业知识产权保护管理研究：以山西省为例 /
李彦华，法如著. --北京：经济管理出版社，2024.

ISBN 978-7-5243-0007-6

Ⅰ. F426.4

中国国家版本馆 CIP 数据核字第 2025C98X63 号

组稿编辑：申桂萍
责任编辑：申桂萍　王玉林
责任印制：许　艳
责任校对：蔡晓臻

出版发行：经济管理出版社
　　　　　（北京市海淀区北蜂窝 8 号中雅大厦 A 座 11 层　100038）
网　　址：www.E-mp.com.cn
电　　话：（010）51915602
印　　刷：唐山玺诚印务有限公司
经　　销：新华书店
开　　本：720mm×1000mm/16
印　　张：14.5
字　　数：258 千字
版　　次：2025 年 3 月第 1 版　　2025 年 3 月第 1 次印刷
书　　号：ISBN 978-7-5243-0007-6
定　　价：88.00 元

·版权所有　翻印必究·

凡购本社图书，如有印装错误，由本社发行部负责调换。
联系地址：北京市海淀区北蜂窝 8 号中雅大厦 11 层
电话：（010）68022974　　邮编：100038

前　言

　　装备制造业处于整体制造业的核心地位，其高质量发展对于巩固并提升我国产业链与供应链韧性、维护国家与产业安全具有重要战略价值，是我国高效实现从制造业大国向制造业强国转变的应有之义。随着数字时代的到来，知识经济已经成为装备制造业发展的主要动能，尤其是在装备制造业智能化、服务化、绿色化发展趋势下，与知识的融合充分体现在全产业链全供应链的协同创新，人工智能、大数据等先进技术渗透度加深等诸多方面。因此，在装备制造业发展过程中，重点领域核心技术与关键部件的知识产权保护成为实业界与学术界共同关注的热点问题。

　　本书正是面向全球制造业形势及山西省装备制造业发展的时代需求，结合定性研究与定量研究各自的优势与互补性探讨山西省装备制造业知识产权保护管理。首先，根据国内外理论发展脉络，全面梳理制造业、装备制造业、知识产权、知识产权管理、知识产权管理系统等重要概念与理论。其次，致力于实现理论与现实的对话，结合山西省省情及装备制造业发展现状，对制造业、装备制造业、山西省装备制造业、山西省装备制造业知识产权管理的现状进行分析，并进一步对国内外知识产权的典型案例进行分析，使用比较分析法对比德国、日本、美国，以及我国粤港澳大湾区、京津冀、长三角地区知识产权发展概况，总结其知识产权发展的实践经验与启示。再次，基于"开发""运营""保护"三个维度构建山西省装备制造业知识产权管理系统评价指标体系，并计算出山西省装备制造业知识产权管理系统耦合及协调度。运用 DEA 方法对山西省装备制造业知识产权管理系统效率进行评价。与此同时，为了增加研究的可比性，选取了七个省份为研究对象，与山西省装备制造业知识产权管理系统进行对比，从装备制造业知识产权管理开发、运营、保护三个子系统进行内部对比分析，从经济环境、政策环境、技术环境、产业环境、人才环境、对外开放程度六个方面进行外部对比。根据效率评价结果及对比分析结果，找出山西省装备制造业知识产权管理存在的问题。最后，基于研究结果与山西省装备制造业发展目标，从提升知识产权开发能力、提高知识产权保护水平、优化知识产权运营效果、完善知识产权管理制度、推进装备制造业集聚发展、建设装备制造业人才队伍六个方面对山西省装备制造业知识产权管理系统提出对策建议。上述研究成果将为数字时代山西省装备制造业知识产权保护管理的提质增效提供决策参考。

近年来，笔者先后承担了山西省教育厅高校人文社会科学重点研究基地项目（20200126）、山西省社科联课题研究项目"山西省战略性新兴产业人力资源预测研究"（SSKLZDKT2017074）、山西省高等学校哲学社会科学研究项目"山西省高新技术产业创新生态系统适宜度评价研究"（2021W078）、山西省科技战略研究专项项目"科技创新团队持续培育机制政策研究"（202204031401023）、山西省回国留学人员科研资助项目"山西省装备制造业创新生态系统健康性评价研究"（2020-119）等项目，对山西省装备制造业知识产权管理系统进行了丰富的理论与应用探索，本书是上述研究成果的进一步延伸与拓展。

需要说明的是，本书在撰写过程中搭载了许多师生的努力与付出。在中北大学经济与管理学院李彦华教授的带领与指导下，课题组成员经过多次研讨形成本书框架，并开展相应的研究工作。具体分工为：李彦华负责第一章、第三章、第四章、第五章、第六章、第七章；法如负责第二章、第五章、第八章、第九章、第十章；最后由李彦华教授进行统稿、审阅与修订。此外，中北大学经济与管理学院研究生张慧萍、武云凤、张慧、李敏、杨晓磊、崔健协助文献收集与整理，陈奕弛、王璇、欧雨诗、张亭瑜、李世召协助全文的图表制作及文稿校对。同学们在本书撰写过程中协助开展了现状调研、数据收集与分析处理、文稿校对等工作，为本书的出版付出了许多努力，研究水平也得到明显提高。

还需要指明的是，本书在撰写过程中受到了山西省教育厅、山西省科技厅、中北大学创新创业研究中心等单位领导的大力支持和帮助，课题组在此表示衷心的感谢。同时，也感谢经济管理出版社给予的帮助。此外，本书参考了近年来国内外装备制造业知识产权管理系统的研究成果，在此谨向相关专家和学者表示感谢。由于笔者水平有限，书中难免存在一些疏漏和不足之处，敬请各位专家和读者批评指正。

李彦华

2023 年 11 月

目　录

第一章　绪论

第一节　研究背景及研究意义

一、研究背景

制造业是我国经济高质量发展的基石。其中，装备制造业是为满足国民经济发展和国家安全需求而制造各种技术装备的产业总称，是一国制造业综合实力、产业链能力、创新水平的集中体现。随着共建"一带一路"倡议的纵深推进，以及双循环新发展格局的构建，我国装备制造业的发展能力对我国国内产业链、创新链、价值链的协同发展，以及提升国际社会中的制造业强国形象与地位具有重要意义。尤其是在数字时代背景下，知识与技术在制造业中相互融合渗透程度加深，知识产权管理成为装备制造业高质量发展需要关注的关键战略问题。

在当前国内国际形势下，装备制造业发展的重要性日益提升。国际环境的不确定性导致了各国制造业的"震荡"，因此许多发达国家及发展中国家在加速调整装备制造业的发展目标及方向。它们围绕装备制造业相关的发展目标与制度设计，主要通过制定有关先进制造和智能制造的战略来促进本国装备制造业的发展，重点着手培养有利于本国发展的竞争优势。例如，大力发展和应用人工智能、大数据中心、工业互联网、云计算等数字技术，并致力于与传统装备制造业深度融合，意欲引领新一轮装备制造业产业的大变革，以争夺对世界装备制造业发展的主动权与话语权。在此目标下，美国推出了"工业互联网"，德国推出了"工业 4.0 计划"，日本推出了"科技工业联盟"等，均倡导数字技术赋能装备制造业发展。与此同时，以越南和印度尼西亚为代表的发展中国家也在加快布局和规划，积极参与产业承接和转移，努力拓展国际市场空间，这无疑对我国制造业发展形成"挤出效应"。因此，在这之后的很长一段时间内，我国制造业可能会遇到发达国家和发展中国家制造业的"双重压力"，并且面临着全球经济形势恶化、全球价值链低端内卷愈演愈烈、外贸摩擦逐步锐化等复杂、不利环境，我国装备制造业在嵌入全球价值链的过程中仍面临许多亟须走出的困境。如何科学而准确地把握并回应装备制造业发展的关键战略问题，将是我国能否站立于全球制造业发展制高点的关键。

从国内视角来看，改革开放至今，我国金融资本、产业资本和商业资本均已排在全球前列，但随着技术水平的不断提高，劳动力成本不断增加、原材料等自然资源越发紧张、要素禀赋的动态变化等问题督促着我国装备制造业必须实现由大到强。当前，我国部分核心装备制造业的占有率已超过 10%，且整体呈增长态势，其中轨道运输业增长最快。国家统计局公布的数据显示，2019 年装备制造业增加值同比增长 6.7 个百分点，高于规模以上工业 1.0 个百分点，占比达 32.5%。为了应对国际金融危机的影响，落实党中央、国务院的战略发展要求，2009 年 5 月，国务院办公厅印发了《装备制造业调整和振兴规划》，确定了 2009~2011 年的发展目标，旨在保持我国装备制造业在特殊时期的稳定增长，并促进内需的扩大和结构的调整。2010 年 10 月，我国政府发布了《国务院关于加快培育和发展战略性新兴产业的决定》，其中明确提出将高端装备制造业列为未来重点发展的领域之一。我国将航空装备和轨道装备等装备工业视为战略重中之重，以推动传统产业向中高端发展，进一步优化我国的制造业格局。在计划实行期间，装备制造业担负着非常重要的使命。当前，我国的工业体系已经得到较为充分的发展，涵盖了多个门类丰富的工业领域。我国的工业规模在全球制造业中所占比重较高，还形成了辽中南、京津唐、沪宁杭、珠江三角洲等多个工业基地。"十四五"时期，我国装备制造业的发展速度加快，但也面临着创新能力较弱、保护程度较弱等方面的问题，这会在一定程度上影响我国经济稳定性和国家安全。

事实上，在装备制造业高质量发展目标下，知识产权保护已成为亟待被大力探究的关键战略问题。已有大量经验表明，一国的产业核心竞争力越来越体现为对智力资源的调控力和智慧成果的培育能力，突出表现在对自主知识产权的创造、拥有和运用上。而装备制造业的主要特点之一是高度集成，生产过程中对技术积累和智力成果的依赖远超其他行业。对于许多装备制造业企业来说，其竞争力的本质在于知识，提升装备制造业企业竞争力就意味着提高其发掘和利用知识的能力。其中，有效的知识产权管理在装备制造业企业中能够提升创造价值的能力，形成核心竞争力，并获得最大经济效益，也是对产业、企业的保护。从产业和企业的关系来看，装备制造业企业的知识产权管理应贯穿于所有活动，并贯穿整个管理过程，这对于提升装备制造业竞争力具有战略核心意义。同时，通过有效的知识产权管理，不仅可以将知识资产转化为利润和市场价值，还可以为组织获取智力资本，推动装备制造业更好地应对数字时代下出现的不确定性与挑战。

另外，与发达国家相比，发展中国家在知识产权保护方面还存在较大的差距，以我国为代表的新兴经济体作为国际制造业发展的"后来者"，在知识产权保护的意识和能力方面仍然存在亟待弥合的空间。总体而言，发达国家及其跨国公司掌握着全球80%以上的知识产权，发展中国家为了引进相关技术不得不支付巨额的专利许可使用费给发达国家，这进一步巩固了发达国家在知识产权使用方面的垄断地位，导致发展中国家陷入发展的恶性循环中。知识产权壁垒导致发展中国家与发达国家在高科技领域的差距不断扩大，成为发展中国家落后于发达国家的重要原因。实践证明，要想实现装备制造业高质量的可持续发展，就必须打破知识产权壁垒，加强知识产权保护建设。

装备制造业既是山西省实现经济转型升级的重要支柱，也是推动山西省实现跨越式发展的重要产业。《国务院关于加速培育和发展战略性新兴产业的决定》发布后，山西省积极响应政府的号召，逐渐调整以往的传统产业布局，将装备制造业作为山西省继"煤焦冶电"之后的又一主导产业。目前，山西省已经形成涵盖通用装备制造业、金属制品业、电子及通信装备制造业、专用设备制造业等门类的完备的产业体系。例如，太重集团的大型起重机、减速机、油膜轴承，中车大同公司的电力机车，智奇公司的动车组轮对，晋机集团、太重集团的火车轮、轴，永济电机公司的电机，太重榆液的液压系统，经纬纺机的环锭细纱机等30多种产品的国内市场占有率和知名度均达到较高水平。尽管山西省的装备制造业发展势头良好，但发展能力与其他先进省份相比，仍存在较大的差距。通过笔者的前期调研积累可以看出，知识产权保护管理的能力薄弱是其中最大的限制性因素。

究其原因，大量装备制造企业通过运用知识资源推动核心技术的创新，追求健康全面的发展。知识产权的竞争已经成为市场竞争的显著特征。随着同行业竞争的加剧，企业的知识产权保护能力和核心技术自主创新能力不仅是核心竞争力的重要指标，也逐渐成为营商环境中的重要软环境因素。山西省的装备制造业要实现长远的发展，就必须在加强对知识和技术的吸收、融合和开发能力的同时，提高对装备制造业知识产权的保护水平，这对山西省夯实产业发展基础、提升装备制造业发展水平和综合实力具有重要影响。由此可见，现阶段迫切需要通过构建并优化装备制造业知识产权体系，以增强山西省装备制造业的自主创新能力，实现行业间生产设备的自主化生产，使主要技术装备摆脱对进口的过度依赖，打造主动应对激烈的市场竞争，进而推动区域高质量发展的模式与机制。

综上所述，本书先对装备制造业的发展现状进行了深入分析，构建了山西省装备制造业知识产权管理系统，并对其进行耦合协调度分析。然后对山西省装备制造业知识产权管理系统进行了效率评价，并选取七个省份为研究对象，从内部基础和外部环境两个方面与山西省装备制造业知识产权管理系统进行对比，找出山西省装备制造业知识产权管理存在的问题，并提出对策和建议。

二、研究意义

(一) 理论意义

现有的学术成果主要专注于装备制造业的产业集群、先进地区装备制造业的转型升级、驱动方式的转变及生产效率的提高等方面，且集中于国家整体视角，或者聚焦于中部地区制造业发达省份开展分析，对山西省装备制造业知识产权方面的研究相对比较缺乏，且系统化、体系化可供参考的文献较少，造成理论研究与实践应用"脱钩"。

基于此，本书先在全面梳理制造业、装备制造业、知识产权、知识产权管理、知识产权管理系统等重要概念与理论的基础上，构建了知识产权的开发、运营及保护三个层面的山西省装备制造业知识产权管理系统，对子系统进行了耦合及协调度分析，并对山西省装备制造业知识产权管理系统进行了效率评价。然后从内部基础和外部环境两个方面对比山西省与江苏省、浙江省、山东省、广东省、上海市、河南省和安徽省装备制造业知识产权管理系统存在的差异，剖析山西省装备制造业知识产权管理存在的问题，并提出对策和建议，旨在推动山西省装备制造业知识产权管理的发展。系统化、体系化的理论研究有利于丰富并拓展装备制造业知识产权方面的相关研究，立足山西省具体情境的研究更是对现有成果的进一步延展，能够提高与已有文献的观点、结论的可比性。

（二）实践意义

山西省作为华北地区的重要工业基地，近年来正面临着经济结构转型的重大挑战。特别是装备制造业，作为山西省的传统优势产业，其转型升级和创新发展显得尤为关键。在全球化和信息化浪潮的推动下，知识产权已经成为装备制造业创新发展的重要支撑。尽管山西省装备制造业在技术创新、产品研发等方面取得了显著成就，但知识产权侵权、管理不善等问题也随之浮现，成为制约产业进一步发展的瓶颈。因此，构建和完善山西省装备制造业知识产权保护管理系统，不仅有助于提升企业的自主创新能力，更能为整个产业的转型升级提供有力保障，进而推动山西省装备制造业实现"又好又快"的发展。

《山西省"十四五"新装备规划》为山西省装备制造业的发展绘制了宏伟蓝图。其中，营业收入年均增速12%以上的目标，以及到2025年实现营业收入4500亿元的预期，都显示了山西省政府对装备制造业发展的高度重视。同时，该规划还强调了创新能力的提升，规模以上工业企业研发经费支出占主营业务收入的比重年均增幅要达到20%以上，这进一步凸显了知识产权保护在推动创新中的重要作用。

因此，本书紧紧围绕"问题导向"的研究思路，从"提出问题—分析问题—解决问题"的研究链段出发，从知识产权的开发、运营及保护三个方面构建山西省装备制造业知识产权保护管理系统，深入剖析山西省装备制造业在知识产权保护方面存在的问题和不足，旨在找到提高知识产权管理水平的有效途径。本书不仅对山西省政府制定产业政策具有重要的借鉴意义，也为山西省装备制造业企业制定内部战略提供了有益的参考。通过加强知识产权保护管理，推动山西省装备制造业实现创新发展、转型升级，从而为山西省乃至全国的经济社会发展贡献更大的力量。

第二节　研究内容与研究方法

一、研究内容

首先，通过查阅和收集大量的文献，对现有的研究成果及发展脉络进行全面综述，尤其是对制造业、装备制造业、知识产权管理、知识产权管理系统等不同的概念进行梳理，并对相关理论进行归纳。对国内外知识产权的典型案例进行分析，通过比较分析法对比德国、日本、美国，以及我国粤港澳大湾区、京津冀、长三角地区知识产权发展概况，总结其知识产权发展的实践经验并得出启示。

其次，开展制造业、装备制造业、山西省装备制造业、山西省装备制造业知识产权的现状分析。从开发、运营、保护三个方面构建山西省装备制造业知识产权管理系统指标体系，对子系统进行耦合及协调度分析。运用 DEA 方法进行效率评价，并选取七个省份为研究对象，从装备制造业知识产权管理开发、运营、保护三个子系统进行内部对比分析，从经济环境、政策环境、技术环境、产业环境、人才环境、对外开放程度六个方面进行外部对比。

最后，基于前文研究结论，找出山西省装备制造业知识产权管理存在的问题，并提出提升山西省装备制造业知识产权管理的对策和建议，相关成果不仅能够为山西省政府出台相关政策提供科学的理论依据，也能够赋能山西省经济转型发展的决策制定。

本书的技术路线如图 1-1 所示。

二、研究方法

本书采用定性和定量相结合的方法，探讨山西省装备制造业知识产权保护管理研究。多样化的研究手段有益于提高研究结果的科学性和研究结论的可比性。具体采用的研究方法如下：

（一）文献分析法

本书充分利用各种数据库、图书馆资源等多种途径，通过大量文献检索和广

提出研究问题 → 山西省装备制造业知识产权保护管理研究 ← 研究方法

文献综述 → 制造业、装备制造业、知识产权管理、知识产权管理系统构建 ← 文献分析法

相关理论研究 → 概念界定：制造业、装备制造业、知识产权、知识产权管理、知识产权管理系统 | 相关理论：政府干预理论、协同理论、二元知识产权体系理论 ← 文献分析法

典型案例分析 → 知识产权保护
- 国外：德国、日本、美国
- 国内：粤港澳、京津冀、长三角

实践经验、启示与借鉴 ← 案例分析法

现状分析 → 制造业、装备制造业、山西省装备制造业、山西省装备制造业知识产权 ← 统计分析法

实证研究 → 子系统构建 | 耦合及协调度分析 → 山西省装备制造业知识产权管理系统构建 | 山西省装备制造业知识产权管理系统体系构建及效果评价 → 对比分析
- 内部：开发子系统、运营子系统、保护子系统
- 外部：经济环境、政策环境、技术环境、产业环境、人才环境、对外开放程度
← DEA方法、Malquist方法、比较分析法

问题分析 → 山西省装备制造业知识产权管理存在的问题
- 研发能力和自主创新能力低
- 知识产权保护和布局意识弱
- 人才队伍和机构建设不完善
- 知识产权成果运用转化不足
- 装备制造业产业集聚程度低
← 归纳法

对策建议 → 从知识产权开发、知识产权运营、知识产权保护、知识产权管理制度、装备制造业产业集聚发展及装备制造业人才队伍六个方面提出优化对策 ← 文献分析法、政策分析法

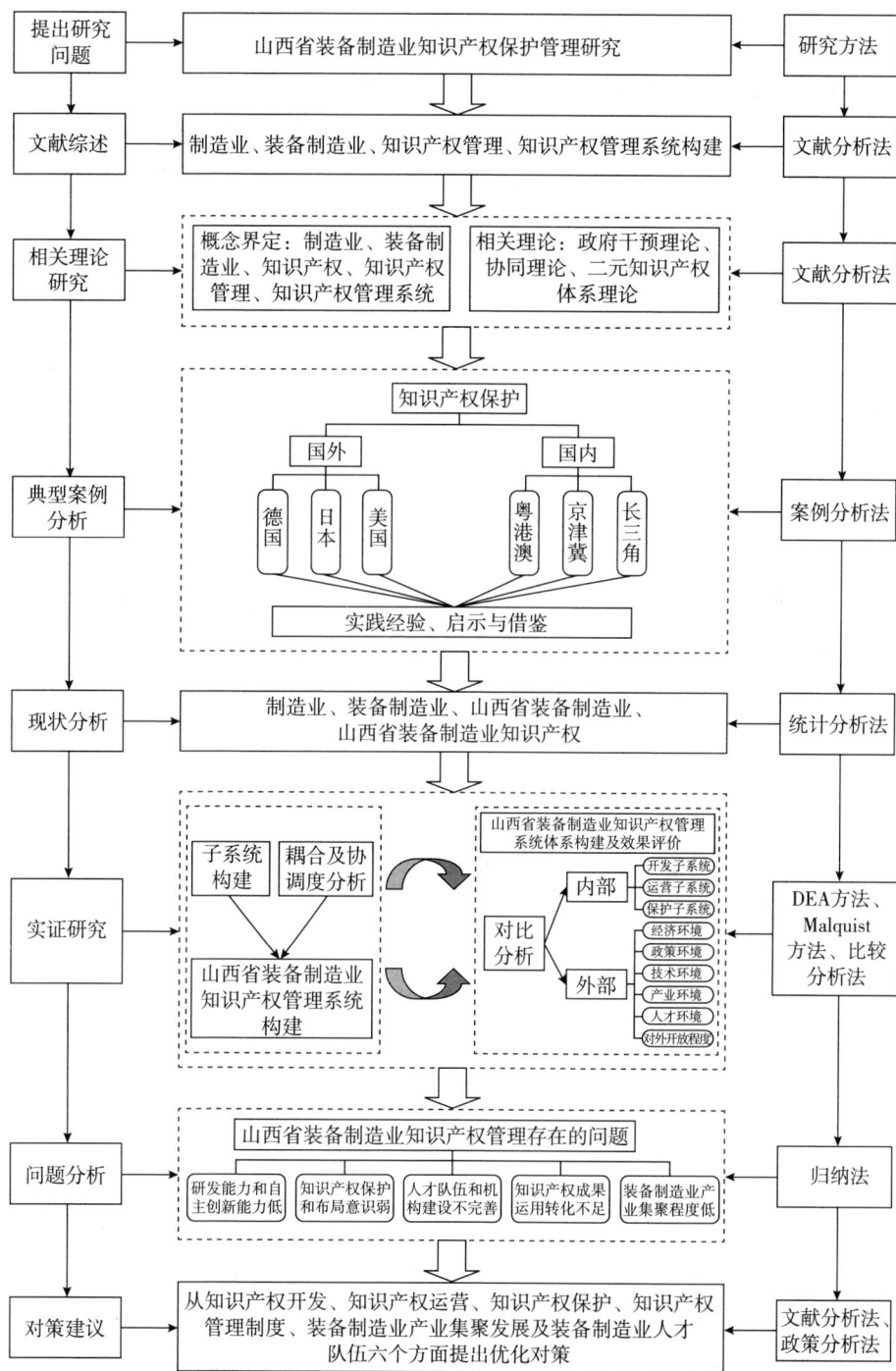

图1-1 本书的技术路线

泛查阅国内外文献资料，对制造业、装备制造业、知识产权管理、知识产权管理系统的相关文献进行全面整理、分析、归纳和总结。

（二）比较分析法

本书选取江苏省、浙江省、山东省、广东省、上海市、河南省、安徽省七个省份，从内部基础和外部环境两个方面与山西省装备制造业知识产权管理系统进行了对比分析，从而找出山西省装备制造业知识产权管理方面存在的问题。

（三）统计分析法

本书运用统计分析法对制造业、装备制造业、山西省装备制造业及山西省装备制造业知识产权的现状进行分析。以历年统计年鉴为依据，对获取的数据及资料进行数理统计和分析。

（四）实证分析法

本书以山西省为例，通过对已有文献的总结，在定性研究的基础上，从开发、运营、保护三个方面构建山西省装备制造业知识产权管理系统指标体系，来计算山西省装备制造业知识产权管理系统耦合及协调度。并采用 DEA 方法对山西省装备制造业知识产权保护管理系统进行效率评价。

第三节　框架结构与创新之处

一、框架结构

本书遵循"提出研究问题—文献综述—相关理论研究—典型案例分析—现状分析—实证研究—问题分析—对策建议"的逻辑顺序展开研究。本书的研究框架如下：

第一章，绪论。从研究背景展开，描述装备制造业及装备制造业知识产权管理的重要性，引出本书研究的理论意义和实践意义。概述本书的研究意义、研究内容、研究方法、框架结构和创新之处。

第二章，国内外研究综述。充分地利用各种数据库、图书馆资源等途径，通过大量的文献检索和广泛地查阅国内外文献资料，对制造业、装备制造业、知识产权管理、知识产权管理系统构建的国内外相关研究现状进行全面整理、分析、归纳和总结。

第三章，装备制造业知识产权管理系统理论研究。对制造业、装备制造业、知识产权、知识产权管理、知识产权管理系统等概念进行梳理，并对政府干预理论、协同理论和二元知识产权体系理论进行阐述。

第四章，国内外知识产权保护典型案例分析。对国内外知识产权的典型案例进行分析，通过比较分析法对比德国、日本、美国，以及我国粤港澳大湾区、京津冀、长三角地区知识产权发展概况，总结其知识产权发展的实践经验并得出启示。

第五章，装备制造业发展现状分析。以历年统计年鉴为依据，对获取的数据及资料进行数理统计和分析，分别对制造业、装备制造业、山西省装备制造业、山西省装备制造业知识产权的现状进行分析。

第六章，山西省装备制造业知识产权管理系统构建。遵循综合性、灵活性、开放性、利益平衡、服从性、可持续发展等原则，从开发、运营、保护三个方面构建山西省装备制造业知识产权管理系统指标体系，并对相关指标进行解释。然后计算山西省装备制造业知识产权管理系统耦合及协调度。

第七章，山西省装备制造业知识产权管理系统效果评价。构建 DEA 两阶段模型对山西省装备制造业知识产权管理系统效果进行评价。

第八章，山西省装备制造业知识产权管理系统现状与存在的问题。在现状方面，选取七个省份为研究对象，从装备制造业知识产权管理开发、运营、保护三个子系统方面进行内部对比分析，从经济环境、政策环境、技术环境、产业环境、人才环境、对外开放程度六个方面进行外部对比。在存在的问题方面，根据效率评价结果及对比分析结果，找出山西省装备制造业知识产权管理存在的问题。

第九章，山西省装备制造业知识产权管理系统优化的对策建议。主要从知识产权开发、知识产权运营、知识产权保护、知识产权管理制度、装备制造业产业集聚发展、装备制造业人才队伍六个方面对山西省装备制造业知识产权管理提出优化对策建议。

第十章，研究结论与研究展望。总结研究结论和提出研究展望。

二、创新之处

本书可能的创新之处主要体现在以下几个方面：

（一）立足山西省装备制造业知识产权保护管理的研究视角新颖

在以往的研究中，很多学者将装备制造业知识产权保护管理的研究重点放在比较发达的地区，针对山西省的研究比较少。在现有的研究中，对山西省装备制造业竞争力水平、技术创新能力影响因素、专利失效的研究较多，对知识产权保护管理的研究较少。因此，本书以山西省为研究主体，聚焦装备制造业，对其知识产权保护管理进行研究，研究视角具有一定新颖性。

（二）基于内外部结合的山西省装备制造业知识产权管理系统分析全面

通过对以往文献的整理发现，很多学者把关注点放在了装备制造业知识产权保护管理的内部基础分析上，往往忽略了装备制造业知识产权保护管理的外部环境分析。因此，本书旨在从内部和外部两个层面对山西省装备制造业知识产权保护管理系统进行研究。

（三）山西省装备制造业知识产权管理指标体系的构建科学

本书从开发、运营、保护三个方面构建山西省装备制造业知识产权管理系统，对子系统进行耦合及协调度分析，并采用 DEA 方法对山西省装备制造业的知识产权管理体系效率进行测算，以全面了解山西省装备制造业知识产权管理情况。

（四）基于实证研究结果提出提升山西省装备制造业知识产权管理的建议更加体系化

为山西省装备制造业知识产权管理提出对策和建议是本书的重点工作，也是全书研究的落脚点。不同于许多文献对于装备制造业知识产权管理方面的对策和建议较少且缺乏针对性，本书系统化地提出山西省装备制造业知识产权管理的对策和建议，是对已有研究成果的有效补充，同时为山西省政府出台相关政策提供了科学的理论依据。

第二章　国内外研究综述

第一节　制造业研究综述

一、国外研究综述

国外学者对制造业的区域分布进行了大量的理论与实证研究。大多数研究发现，一国内部或国家间的制造业空间分布并不均衡，且发展水平与能力也存在较大差距，形成了明显的异质性特征。

（一）关于制造业行业空间分布特征的研究

在对美国的研究中，Krugman（1991）利用基尼系数对美国 106 个三位数行业的区域分布进行了测算，得出低技术产业的集聚度更高，而机械设备和金属制品等行业的分布较为分散的结论。Ellison 和 Glaeser（1997）计算了美国二位、三位、四位数行业在不同空间范围上的 EG 系数，发现对于同一产业而言，空间尺度越大，集聚度越高；在同一个空间尺度下，行业分类越细，集聚度也越高。

在对欧洲各国的研究中，Maurel 和 Sedillot（1999）对法国 273 个四位数制造业的空间分布特征进行了实证分析，结果表明，像采掘业和造船业这样资源依赖性较强的产业分布最为集中，传统行业的分布也比较集中，而汽车、农业机械、电子器件、建筑金属及非金属制品等行业的分布较为分散。除此之外，该研究还对法国、美国两国产业分布的位序相关系数进行了对比，发现两国的产业分布较为相似。Barrios 等（2009）对比利时、爱尔兰和葡萄牙三个国家制造业的空间分布及其决定因素进行了分析，结果发现，传统行业是最集聚的行业之一，并指出向前和向后联系、研究和开发活动及熟练劳动力的市场汇集是集聚的重要决定因素。

（二）关于制造业空间分布影响因素的研究

Syamwil 和 Tanimura（2000）分析了 1984~1994 年日本在印度尼西亚的 560 个制造业空间格局的区域变化情况，结果表明，市场、集聚和基础设施仍然是影响日本制造业区位的主要因素。Ellison 等（2010）以马歇尔的集聚理论为基础，对美国制造业空间集聚的影响因素进行了剖析，发现距离邻近所带来的产品、劳动力和技术的共享会对制造业的集聚产生积极影响，此外，还有一个关键因素是投入产出联系。Jofre-Monseny 等（2011）分析了西班牙制造业企业的空间分布情况，发现中间产品投入、劳动力市场和知识溢出三个因素对制造业的空间分布有显著影响，但这种影响程度会因分析尺度不同而有所差异。

二、国内研究综述

国内学者运用不同的测度方法，从行业和地区两个层面对我国制造业区域分布情况进行了测算，并得到了可比性的结论。

（一）关于我国制造业行业层面区域分布的研究

从行业层面进行分析，与其他国家相比，我国制造业集中度仍然偏低。路江涌、陶志刚（2006）利用 Ellison 等（2010）构建的衡量行业区域聚集的指标体系，对 1998~2003 年我国制造业区域聚集度的变动情况进行了实证研究，结果显示，我国的行业区域聚集度低于西方发达国家的同时期水平，但处于稳定的上升阶段。周明等（2008）运用产业基尼系数和行业集中度（CRn）对我国 20 个大类制造业的集聚水平进行测度，并对其中的三个门类进行深入探讨发现，一些在国外有较强规模经济和范围经济的产业集群在我国还没有达到很高的程度。

尽管如此，我国制造业的区域分布已逐渐呈现一种"国际化"态势，并且受到全球价值链空间布局的影响。周华蓉、贺胜兵（2015）认为，产业转移是中国制造业空间集聚演变的催化因子，并利用 CRn 指标和空间基尼系数指标对 2008 年以来我国制造业的集聚程度进行了测算，认为需要进一步诱导和推进沿海地区产业向中西部地区转移，同时实现我国与东盟各国的产业梯度转移。

（二）关于我国制造业地区层面区域分布的研究

在地区层面的分析中，大量学者认为我国制造业在东部沿海地区的集聚度较高，但已出现制造业由东部沿海地区发达城市向中西部地区欠发达城市中区位优势较为明显的地区进行转移的态势。石敏俊等（2013）发现，由于沿海地区劳动力、土地等要素成本上升，2004 年以后我国制造业的分布呈现"西进北上"的特点，即产业份额由沿海发达城市向中西部地区产业基础较好且本地市场规模较大的城市转移，这使中西部地区市场邻近和供给邻近逐步得到改善。王俊松（2014）以长三角为例，运用空间计量统计方法分析了该地区 2000 年以来制造业的空间格局变化及其影响因素。研究结果显示，该地区的制造业以上海为中心，沿重要交通轴线进行集聚，且制造业的分布情况受到空间溢出效应和区位条件的影响。文超、李小帆（2017）以 2003～2014 年我国制造业总产出的各项数据为样本，在空间上对我国 31 个省份（不包括港澳台地区）进行横向对比考察，构建了相对基尼系数，并对我国制造业区域格局的时空演变特征进行了衡量。

综上所述，在国外，制造业的空间分布表现出低技术的传统产业比其他产业聚集度更高的特征，并且空间分布受到劳动力市场、技术、知识溢出等因素的影响。在国内，制造业则表现出产业集聚度不高、空间分布由东部沿海地区向中西部地区转移的特征，这与目前我国制造业时空演变格局的现实相一致。

第二节　装备制造业研究综述

一、国外研究综述

世界其他国家和经济组织并没有明确提出"装备制造业"这一概念，可以说"装备制造业"是我国特有的一个概念。但是，其他国家的产业分类中也存在装备制造业对应的产业部门，因此本节将借鉴李绍东（2011）对国内外装备制造业相关行业做一个对比研究。

（一）国际标准产业分类（ISIC Rev 4.0）

国际标准产业分类（ISIC）是联合国统计司于1948年设计的，至今共经历了四次修订。ISIC Rev 4.0与国民经济行业分类（GB/T4754-2017）中装备制造产业相对应的两位数部门包括25金属制品的制造（机械和设备除外），26计算机、电子和光学产品的制造，27电力设备的制造，28未另分类的机械和设备的制造，29汽车、挂车和半挂车的制造，30其他运输设备的制造。

（二）北美工业分类体系制造业分类（NAICS-2007）

北美产业分类体系（NAICS）是由美国、加拿大和墨西哥三个国家的统计机构共同开发的一套产业分类体系，旨在为这三个国家的政策分析、学术研究、企业及公众使用产业的统计资料提供共同的产业定义和分析框架。NAICS-2007与GB/T4754-2017中装备制造产业相对应的部门包括332金属制品制造，333机械制造，334计算机及电子产品制造，335电气设备、器具、器件制造，336交通设备制造。

国际装备制造业分类对比如表2-1所示。

表2-1　国际装备制造业分类对比

ISIC Rev 4.0	NAICS-2007	GB/T4754-2017
25 金属制品的制造（机械和设备除外）	332 金属制品制造	33 金属制品业
26 计算机、电子和光学产品的制造	333 机械制造	34 通用设备制造业
27 电力设备的制造	334 计算机及电子产品制造	35 专用设备制造业
28 未另分类的机械和设备的制造	335 电气设备、器具、器件制造	36 汽车制造业
29 汽车、挂车和半挂车的制造	336 交通设备制造	37 铁路、船舶、航空航天和其他运输设备制造业
30 其他运输设备的制造		38 电气机械和器材制造业
		39 计算机、通信和其他电子设备制造业
		40 仪器仪表制造业

二、国内研究综述

国内学者除了从不同角度对装备制造业的概念进行界定，还从以下三个方面对装备制造业进行了相关研究，以期为我国装备制造业更好地发展提供理论基础。

（一）关于装备制造业发展水平的研究

王福君（2009）认为，虽然我国装备制造业的综合实力排在全球第四位，仅次于美国、日本、德国，但在技术水平上仍与美国、日本存在着较大的差距。我国虽有"世界工厂"之名，但也只是针对劳动密集型的组装业而言，资本密集型和技术密集型的装备制造业没有进入世界先进水平的行列。张文君（2011）运用主成分分析法对中部地区六个省份装备制造业中的优势产业进行了综合比较，并提出各省在发展装备制造业方面必须因地制宜。靳菲菲（2013）运用2002～2010年的相关指标，通过因子分析法对我国装备制造业发展水平、分行业产出水平、分地区产出水平进行了综合评价。张丹宁、陈阳（2014）在构建装备制造业发展水平评价指标体系的基础上，创新性地提出兼具"存量增量"和"均衡特长"两个特征维度的系统评价模型，随后对我国装备制造业七个子行业的发展水平和模式进行了实证研究。付文利（2015）运用主成分分析法对全国30个地区的装备制造业竞争力水平进行了测度，得出山西省装备制造业在全国处于下游发展梯队且与装备制造业竞争力综合得分较高的省份发展差距较大的结论，对此结果进行了原因分析并提出了对策和建议。司林波（2016）指出，目前我国装备制造业在规模上位列世界第一，但在竞争力上却处于相对劣势地位。邢涵硕（2018）用全流程多维系统评价模型不仅对装备制造业的先进性总体发展水平进行了测度，也对七个子产业先进性的发展水平进行了衡量。吴传清、申雨琦（2018）采用因子分析法对长江经济带装备制造业发展水平进行评估，结果表明，长江经济带上游地区的装备制造业发展水平较高，上游地区与中游地区装备制造业发展水平差距较大，省际溢出效应明显。同时指出，上游地区主要依托资源环境贡献，下游地区具有明显的技术创新优势，中游地区则同时具有以上两个优势。

（二）关于装备制造业发展影响因素的研究

綦良群、李兴杰（2011）通过分析区域装备制造业产业结构升级的动因和具体过程认为，装备制造业在通过产业升级提升竞争力的过程中会受到技术能力、区域性对外开放程度、政策战略及人力资源等的影响。陈爱贞、刘志彪（2011）认为，价值链创新是提升我国装备制造业在全球价值链中地位的关键。罗惟贵（2015）指出，政府的宏观协调和引导及有效的产业政策能够对装备制造业的健康发展起到一定的积极作用，随后从资本、技术、人力和市场等方面入手，构建出一套加快装备制造业发展的政策选择要素理论分析框架。盛新宇、刘向丽（2017）以美、德、日、中四国的装备制造业为研究对象，得出高端装备制造业在提升国际竞争力的过程中会受到科研投入、国内外需求水平、具体产业的发展情况、政府影响及竞争对手等因素影响的结论。金敏（2018）则指出，通过进口贸易和外商直接投资接受发达国家的技术溢出一直是我国装备制造业进行技术创新、实现技术进步的主要方式。

（三）关于装备制造业发展路径选择的研究

张米尔、江诗松（2004）指出，要通过技术创新、组织创新和制度创新三者的有效互动来推动装备制造业结构升级。李天芳、郭亚锋（2017）在新一轮科技革命和全球制造业变革调整给我国装备制造业带来巨大机遇的基础上，对我国装备制造业发展面临的成本、效益、技术及品牌等困境进行了分析，并提出要以转型创新来推动产业竞争优势由以往的低成本、低价格为主向以成本、技术、质量、品牌、服务等为核心的综合竞争优势转变。陈瑾、何宁（2018）提出，在装备制造业升级的路径选择上要注重发挥功能性产业政策的引导作用和满足市场需求，以及可以从产业集聚、产学研结合等方面入手。闫成钢（2019）认为，在低碳经济背景下，要想确保我国装备制造业持续稳定地发展，就必须优化改善企业绿色供应链，创新应用绿色低碳技术，优化企业内部能源结构，减少对传统化石能源的依赖，从而实现企业制定的节能减排目标。

综上所述，"装备制造业"是我国独有的一个概念，但是在其他国家的产业分类中也存在与装备制造业分类相对应的产业部门。因此，国外学者将不同体系的装备制造业相关行业进行了对比研究。国内学者对装备制造业的相关研究主要集中于装备制造业发展水平、影响因素及路径选择三个方面。在发展水平方面，与国外相比，我国装备制造业的规模处于领先地位，但是资金密集型和技术密集型产业尚未达到世界先进水平，从而导致我国的装备制造业缺乏国际竞争力；国内各省份之间装备制造业发展水平存在较大的差距，且山西省排在全国下游发展梯队。在影响因素方面，我国装备制造业发展主要受到发达国家技术溢出、对外开放程度、产业政策、科研投入、价值链创新、技术能力及人力资源等因素的影响。在路径选择方面，比较有新意的点在于构建产学研结合机制及加强绿色低碳技术研发应用。

第三节　知识产权管理研究综述

一、国外研究综述

在发达国家，知识产权管理备受企业重视且积累了丰富的经验，这些企业在知识产权管理方面处于世界领先地位，并有了许多成功案例。总览已有的有关知识产权管理的成果，主要关注以下三个方面：

（一）企业知识产权管理模式研究

通常，由于知识产权管理部门全权负责专利权的申请、评估、授权、转让、许可及技术转让后的所有事项，因此企业采用的知识产权管理模式深受知识产权管理部门隶属关系的影响。

Janis 和 Kesan（2001）研究了日本东芝公司的分散管理模式，并指出其特点在于将知识产权管理完全授权给企业的各分公司。因此，各分公司有权决定知识产权的申请。尽管如此，企业总部的知识产权部门仍负责处理专利申请、授权许可、维权等事宜。这种专利管理体系还考虑了市场前景调查、计划、研发、评估、生产销售、自主使用和技术转移等事项。

Gogtay 等（2001）推崇分类管理作为最佳的知识产权管理方法。以日本佳能公司为例，分类管理是基于产品类型或技术类型对知识产权进行管理。佳能公司在多个国家设有分公司，其产品种类从照相机、复印机、打印机到工业设备等，分类管理方法可以很好地避免重复研发，并充分调动各产品生产公司研发的积极性。

（二）知识产权创新人才培养措施研究

Bielig（2015）指出，知识产权人才与当地高科技产业的发展水平密切相关。随着地区科技产业规模的不断扩大，该地区对知识产权人才数量与质量的要求越来越高。因此，以高校为主的各类培养机构将知识产权人才的培养纳入其人才培养体系，以满足区域产业发展的需要。Zhao 和 Liu（2018）使用信号博弈动态均衡模型的模拟结果显示，政府的教育投入对教育统筹及公共教育背景下的人力资源都具有显著的影响。

（三）企业知识产权管理策略经验研究

发达国家的企业非常注重知识产权管理策略，它们对知识产权管理策略的研究处于全球前列并积累了许多成功的经验。Hartmann-Vareilles（2017）指出，随着经济的发展，企业会面临越来越多的知识产权民事纠纷，因此，企业需要制定知识产权保护规划，与律师事务所密切合作，从知识产权申请阶段就开始采取各项保护措施，以积极应对各种知识产权民事纠纷。另外，根据 Miller（2019）的观点，知识产权是一种排他性权利，只有获得了知识产权，才能防止他人非法使用。此外，知识产权与监管具有协同效应，加强监管可以更好地保护知识产权，并促进创新发展，推动经济社会进步。

二、国内研究综述

尽管我国企业知识产权管理起步较晚，基础相对薄弱，但在创新驱动高质量发展背景下，许多专家和学者探讨了与企业知识产权管理相关的问题，这一领域的研究文献数量大幅增长，且重点关注三个方面：一是关于企业知识产权管理机构隶属关系的研究；二是关于我国企业知识产权管理不足的研究；三是关于企业知识产权的综合运用和后续运营管理的研究。

（一）关于企业知识产权管理机构隶属关系的研究

企业知识产权管理机构作为企业知识产权的领导机构，既要负责知识产权策略的确定、制度的制定及任务的规划，还要协调知识产权成果转化部门和管理部门的职能，承担知识产权申请、鉴定、评估、登记、注册和监督管理等一系列工作，以及处理企业的技术转移、合同审批工作和有关知识产权的争议、纠纷等问题。它的隶属关系对企业知识产权管理的效率有直接影响。张涛（2007）提出，企业知识产权价值管理部门的隶属关系有四种：第一种为知识产权管理部门应当直接隶属于企业的最高管理者；第二种为知识产权管理部门应当隶属于研发部门；第三种为知识产权管理部门应当隶属于法律部门；第四种为知识产权管理部门应由研发与法律部门共同管理。

李月明（2010）赞同上述第二种隶属关系，并认为企业知识产权管理机构应该由技术开发部门的负责人领导，这样不容易出现"外行管内行"的现象。

（二）关于我国企业知识产权管理现状不足的研究

总体而言，我国企业知识产权管理起步较晚，基础相对薄弱。特别是中小企业，由于受人力、物力和财力等因素的制约，在对知识产权的总体管理、制度建设、人员配备、经费投入等方面都存在许多缺陷，对知识产权管理工作的重视程度较低，管理系统也不完善。

岳冰（2014）指出，我国企业知识产权管理通常具有临时性的特点。具体而言，凡涉及知识产权管理的事项都是由技术部、法务部等部门代理，较少有企业设立相应的部门和人员专门处理这些事务，针对知识产权的人员编制和财务预算也相对缺乏。刘江林（2016）指出，大型企业集团一般都设有专门的部门来负责企业的知识产权管理工作；但是大多数中小企业由于涉及的知识产权较少，因此没有设置较为完善的知识产权管理机构。廖萍（2018）认为，目前我国大多数企业在知识产权管理方面，无论是对战略的规划、知识产权的正常运营，还是对制定知识产权运营的方式，都没有给予足够的关注。李之明等（2019）指出，各管理者对知识产权管理的认知不尽相同且管理水平参差不齐，导致大多数企业知识产权管理人为因素干扰过多，缺乏系统性，这对企业知识产权管理工作是极其不利的。

（三）关于企业知识产权的综合运用和后续运营管理的研究

企业知识产权的综合运用和后续运营管理是企业知识产权管理的重要组成部分。李汉（2014）从系统论的角度出发，运用结构功能耦合原理对知识产权政策与服务体系的关系做了定性分析。在此基础上，构建出评价模型对河北省知识产权政策与服务体系耦合发展现状做了实证分析。最后就如何推动知识产权政策与服务体系协调发展，使其更好地发挥协同效应给出若干建议。杨早立（2016）构建了知识产权管理系统协同发展的概念模型，从知识产权开发、运营、保护三个视角对我国知识产权发展现状、存在的问题及原因进行了分析，最后从国家整体和社会利益主体两个层面提出了保障我国知识产权管理系统协同发展的对策。天则、韩彤（2017）立足于我国中小企业知识产权管理现状，就中小企业如何应对知识产权管理困境这一问题分别从管理意识、管理部门和管理体系三个方面提出了对策。李金秋（2019）同样构建了包含开发、运营和保护三个子系统的知识产权管理系统，提出要从多主体协同治理和子系统协同发展两个方面对知识产权管理系统发挥协同作用，并从政府引导、产学研耦合及中介机构服务三个方面进行保障。

综上所述，对于知识产权管理的隶属关系，国外学者认为有分散管理和分类管理两种模式，而国内学者认为有由研发部门管理、由法律部门管理、由最高管理者管理及由研发和法律部门共同管理四种模式。同时，国外学者认为，知识产权是一种排他权，应该利用专利权垄断技术市场，对此需要制定知识产权保护规划并明确具体实施部门及人员。对我国知识产权管理现状的研究，学者认为目前存在意识薄弱、隶属关系不明确、相关制度建设不完善及经费投入较少等问题，并纷纷给出了对策建议，其中便提到了构建知识产权管理系统。

第四节　知识产权管理系统研究综述

一、国外研究综述

（一）关于知识产权管理系统构建的研究

国外学者对于构建知识产权管理系统的研究主要围绕两个方面展开：一方面，从知识产权的战略体系或框架的视角去分析知识产权管理系统的结构。例如，Narayanan（2000）通过对产品市场策略、技术策略和法律策略三个方面进行分析，提出了知识产权战略框架；Stephenson（2005）基于入侵管理思想，论述了知识产权管理体系的政策基础、主动管理、侵权风险的监督、跟踪和控制等方面。另一方面，从知识产权管理过程的角度来研究知识产权管理系统的结构。例如，Arai（2006）认为企业的知识产权战略体系由几个子系统组成，包括知识产权创造、保护、运用和人才培育等；Reitzig（2007）将知识产权管理体系分为知识产权的获取、保护与运用及执行三个维度。还有学者基于语义结构，从发明支持、预处理和专利分析等方面研究了知识产权管理系统的构成（Wang and Cheung，2011）、融入市场机会及专利价值的知识产权管理框架要素（Conley et al.，2013）。

（二）关于知识产权管理系统内在机制的研究

1. 知识产权许可转让机制

国外许多学者针对专利许可转让机制进行了研究。学者曾对网络外部性条件下的专利许可策略进行了研究。其中，Sun 等（2004）、Lin 和 Kulatilaka（2006）的研究表明，在网络外部性较强的情况下，采用固定许可策略比采用变动许可策略更为优越。部分学者从专利许可的社会福利（Kim et al.，2012）和技术标准化（Henri et al.，2012）等方面建立专利技术许可机制模型。也有学者通过博弈的方式，构建了专利技术许可机制模型。Zhang 等（2016）考虑到研发产出的不确定性，构建了一个三阶段的博弈模型，以分析产品差异化和技术溢出对最优专利许可策略的影响。还有许多学者通过构建一定数理模型研究专利许可转让机制。Wang 等（2013）在不对称成本信息条件下采用垄断模型分析专利许可契约的选择问题。

2. 知识产权合作共享机制

国外对知识产权合作共享机制的研究主要聚焦于知识产权相关主体之间形成联盟的方式。在运营机制方面，Bekkers 等（2006）从标准化运营角度分析了专利联盟的协调机制；Zhang 等（2012）采用本体网络语言技术构建了知识产权保护机制；Lewis（2014）构建了跨国清洁能源知识产权管理合作运营机制。在知识产权联盟形成机制方面，Brenner（2009）基于专利互补性特征提出了一种最优专利联盟形成机制；Choi（2010）构建了专利联盟形成模型，旨在规避专利诉讼或停止专利诉讼的条件；Anne 和 Josh（2011）研究了专利持有人加入专利联盟的条件，并制定了参与机制；Song 等（2016）采用 Shapley 值法对专利联盟成员进行了评估，以确定其对联盟的贡献，并选择其研发伙伴。

3. 知识产权收益分配机制

国外一些学者利用博弈论或对策论来研究知识产权联盟的收益分配机制。例如，Wang（2002）研究了双寡头在市场上通过收取固定费用和许可费获得最大利润的策略。在研究知识产权的收益分配机制方面，国外学者更注重分析专利联盟的收益分成策略和许可费分配规则。例如，Lerner 等（2007）提出由互补型专利构成的专利联盟有益于成员的独立许可；Kinokuni 等（2008）分析了专利联盟许可费分配规则对专利持有人行为和市场效率的影响；Gillbert 和 Katz（2011）则研究了逆向选择条件下互补性技术研发中的专利组合收益分配问题；Eberhard

和 Jörn-H（2014）指出，制定合理的利益分配契约能够促使成员增加投入，并认为存在影响成员利益分配的因素，在风险承担水平相当的情况下，成员的地位与所获得的收益成正比。

二、国内研究综述

（一）关于知识产权管理系统构建的研究

国内学者主要就知识产权管理系统的构建展开研究，其研究方向主要集中于以下两个方面：一方面，从体系框架角度研究知识产权战略体系的构建。冯晓青（2013）从管理层次、动态管理、价值管理、法制管理四个维度探究知识产权战略体系的构成；唐国华等（2014）从知识获取、知识产权管理和知识产权运用三个方面探究开放式知识产权战略的制定；罗嘉文、张光宇（2016）从战略生态位和过程管理等方面分析知识产权战略管理体系。另一方面，从系统论的视角研究知识产权管理系统的构建问题。黄国群（2011）认为，应该从知识产权的"投入—转化—产出"视角出发，将知识产权管理系统划分为输入、转换及输出子系统；洪少枝等（2011）将知识产权管理系统分为知识产权创造与获取、运用、保护和管理四个部分；单锋（2014）将知识产权管理系统分为创造、保护、转化三个子系统；冯志军等（2015）和陈伟等（2016）基于知识产权管理过程视角，将知识产权管理系统分为开发、运营和保护三个子系统。

（二）关于知识产权管理系统内在机制的研究

当前，国内学者已经针对不同的研究主体或视角对知识产权管理系统内在机制展开了研究，其中包括一些学者构建了高校（周竺和黄瑞华，2003）、企业（杨志祥，2009）、科研机构（王丽贤和汪凌勇，2009）、产业创新战略联盟（王宇红等，2015）的知识产权管理机制。此外，一些学者基于知识转移（张海涛等，2010）、知识溢出（李伟和董玉鹏，2015）的视角，对协同创新中的知识产权管理机制进行了分析。目前，国内关于知识产权管理系统内在机制的研究主要集中在以下几个方面：

1. 知识产权许可转让机制

在国内，许多学者从专利许可的角度对知识产权许可转让机制进行了探讨。例如，一些学者采用定性研究方法分析专利许可交易的微观机制（包海波，2004）、制度构建（朱雪忠和李闯豪，2018）、制度价值（陈琼娣，2018）等问题。张扬欢（2019）就知识产权被转让后，先被许可人是否有权继续使用知识产权客体这一问题指出，我国应该建立合理的转让不破许可规则体系。

2. 知识产权合作共享机制

由于同质竞争越来越激烈，很多研发企业决定以战略利益共同体的形式加入知识产权联盟。姚远、宋伟（2011）对商业型和公益型产业两个不同运营机制的专利联盟进行了比较分析，以研究这些联盟的适用条件和特点。李明星等（2016）和陆介平、王宇航（2016）分别对知识产权联盟的运营模式和发展态势进行了相关研究。王珊珊等（2016）采用可拓模型分析了联盟内的专利冲突问题。还有学者从专利许可制度、建立专利联盟、优化利益分配等方面构建了专利共享机制（刘艳和范小军，2018）和专利池的治理机制（张胜等，2018）。

3. 知识产权收益分配机制

在知识产权收益分配机制方面，有学者研究了影响收益分配比例的因素（任声策和宣国良，2007）、市场力量与谈判能力对收益分配的影响（柯忠义，2012）、产业技术标准中的许可收益模式（徐明，2012）、联盟内许可费分配形式（牛巍和宋伟，2013）等。岳贤平（2016）基于信号博弈理论，对逆向选择存在于专利组合策略领导者的情况下专利组合收益分配的内在机理进行了分析。田文勇、余华（2017）基于动态博弈构建讨价还价模型，研究了企业和科研单位之间如何分配知识产权利益的讨价还价模型，采用逆向归纳法对该问题进行了深入探讨。

综上所述，国外学者从知识产权战略体系及知识产权管理过程分析这两个视角分析知识产权管理系统的结构，国内学者则从系统论的视角对知识产权管理系统的构建展开研究。在知识产权管理系统的内在机制方面，国内外学者的研究方向基本一致，主要围绕知识产权的许可、转让、合作共享及收益分配等方面展开研究。

第五节　文献评述

综合上述研究成果不难发现，已有文献能够对本书进一步探究山西省装备制造业知识产权保护管理提供一定的启示，但也存在如下缺憾：

第一，在研究视角方面。无论是对不同区域装备制造业发展的相关研究，还是对知识产权保护管理的研究，国内学者对东北地区及东南沿海经济发达省份进行的研究较多，对中部地区六省进行的研究较少，对山西省的相关研究则更少，使山西省装备制造业在转型升级发展实践过程中缺乏相关理论依据，难以结合其发展实际情况及特点进行转型升级规划。

第二，在研究内容方面。国内已有的研究成果对装备制造业的研究主要集中于自主创新能力、产业结构升级、竞争力水平、技术创新能力等方面，关于知识产权保护管理体系的研究较少，且不深入、不全面，尚未形成系统化的研究成果。

第三，在研究方法及指标测度方面。由于国内外装备制造相关行业分类的差异，以及受国内外装备制造业相关数据可得性的影响，研究方法大多局限于定性分析和规范分析，缺少依赖于翔实数据的实证研究和经验分析，这使已形成的研究结论大多依赖于主观的判断和分析，研究方法及测度方法具有一定的片面性。

基于以上因素，本书将致力于探索如下内容，并具有一定的边际贡献：

第一，在研究视角方面。本书立足于山西省装备制造业知识产权保护管理的研究视角，以山西省为例构建装备制造业知识产权保护管理的评价指标体系。此外，本书结合内部和外部两个层面对山西省及其他七个省份装备制造业知识产权保护管理系统进行对比分析，将进一步丰富相关研究成果。

第二，在研究内容方面。本书通过查阅和收集大量的文献，对山西省装备制造业、知识产权管理等现有的研究成果及发展脉络进行全面综述。进一步地，对山西省装备制造业知识产权管理系统构建及耦合协调度分析，并运用 DEA 方法对山西省装备制造业知识产权管理系统进行效率评价，选取江苏省、浙江省、山东省、广东省、上海市、河南省及安徽省这七个省份与山西省装备制造业知识产权保护管理系统进行对比分析。最终，本书基于前文的研究结论，找出山西省装备制造业知识产权保护管理过程中存在的问题，并结合山西省中长期发展目标提出对策和建议。本书基于现状、理论、实证、策略等方面的系统性研究比较充分，能够较为完整地回应和解答山西省应如何高质量推动装备制造业知识产权保护管理的研究问题。

第三，在研究方法方面。本书采用定性和定量相结合的方法，结合文献分析法、比较分析法、统计分析法、实证分析法对制造业、装备制造业、山西省装备制造业及山西省装备制造业知识产权的现状进行分析。在此基础上，从开发、运营、保护三个方面构建山西省装备制造业知识产权管理系统指标体系，计算山西省装备制造业知识产权管理系统耦合及协调度。运用 DEA 方法对山西省装备制造业知识产权管理系统效率进行评价，构建 DEA 两阶段模型，通过全国 31 个省份数据对比，测算出山西省在全国的位置。本书测度所用的数据可靠、方法合理，避免了主观评价可能造成的测度误差。

第三章　装备制造业知识产权
管理系统理论研究

第一节　相关概念的界定

一、制造业

（一）制造业的概念界定

制造业（Manufacturing Industry）是指在机械工业时代，利用一定的资源（物料、能源、设备、工具、资金、技术、信息和人力等），根据市场的需要，经过制造过程，转变为可以被人们使用和利用的大型工具、工业品和生活消费品的行业。《辞海》将制造业定义为："对经过初步加工的采掘工业产品和农产品进行再加工，生产或装配各种工业品和生活消费品的工业部门的总称，可分为生产最终消费品的加工制造业和生产机械设备的装备制造业。"在现代物质文明建设中，制造业是核心产业，也是最能反映一国综合实力的产业。英国、美国、德国、日本都是在三次工业革命中成长起来的国家，它们都证明了制造业的发展规模和水平代表一个国家的生产力发展水平和工业化程度。因此，对于我国来说，建立具有国际竞争力的制造产业，是提高综合国力、保障国家安全、提升经济实力的重要途径。

制造业的发展水平是一个国家生产力水平的直接反映，也是将发展中国家与发达国家区分开来的重要因素。在世界发达国家（Developed Countries）的国民经济中，制造业占很大的比重。按照生产中所采用的物质形态，制造业可以分为离散型和流程型两种。制造业包含原材料采购、产品设计、产品制造、设备组装、仓储运输、订单处理、批发经营、零售等环节。制造业发展的动力要素涵盖广泛、结构复杂，上承国家与区域的宏观经济发展战略，下接微观企业的市场运作。

从制造业的空间分布和结构安排来看，生产性服务业的质量、规模和开放程度对制造业发展效率有直接影响。从市场环境、资源价值等角度来看，产业环境政策、要素禀赋等因素对制造业发展效率有约束作用。在推动制造业发展、实现高质量发展方面，工匠精神起着举足轻重的作用。

（二）我国制造业

1. 我国制造业的概念界定

我国制造业的定义与其他国家对制造业的定义大体上是相似的，包含了各种生产部门、工厂和企业，涵盖了从加工和生产到分销和销售的整个过程。

然而，尽管定义上存在相似性，但各国制造业的发展重点和特点可能有所不同，这取决于各国的经济发展阶段、产业结构、资源条件和政策环境等因素。一些国家可能更专注于高技术制造业，如电子产品、航空航天或生物医药领域，而其他国家可能更注重传统制造业，如纺织品、钢铁或汽车制造。此外，不同国家的制造业发展水平和竞争力也可能有所差异。一些国家在技术创新、生产效率和质量控制方面具有优势，而其他国家可能侧重于低成本生产或特定领域的专业化制造。

因此，尽管我国制造业的基本定义与其他国家相似，但具体的发展重点和特点都在随着经济、产业和政策环境等国情的变化而不断变化着。

一方面，我国制造业发展的内在制约因素主要表现在两个方面。长期以来，中国依靠劳动力成本低廉、资源要素相对充裕等优势，实现了制造业快速发展。从中长期来看，我国以劳动力为主要生产资料，劳动力密集型产品在我国制造业的出口结构中占有绝对优势。随着我国经济快速发展与社会结构转型，"人口红利"消退、环境代价增加，传统的以劳动密集型为主的制造业已经失去了生产成本的优势，因此如何提高生产效率是当前亟待解决的问题。然而，我国制造业还没有形成新的转型升级动能，高端产业在制造业中所占比例偏低，发展中存在着规模过大、技术创新能力不足、产业结构不合理等问题，严重影响着我国制造业的出口竞争力。

另一方面，我国的制造业也面临着国际市场竞争日益加剧、贸易与贸易环境日益恶化等问题。2008年国际金融危机爆发后，为了保证自己在全球经济中的位置，许多国家都把重点放在了发展像制造业这样的实体经济上，新一轮的国际产业竞争变得更为激烈。世界上许多国家都在大力发展制造业，积极参与国际竞争，主要发达国家采用"再工业化"与"制造业回流"的策略大力发展中高端制造业，同时劳动力密集的中低端制造业正逐步转向东南亚与印度，对我国的制造业造成了双重压力。近年来，随着全球贸易环境的日益恶化，"逆全球化"现象出现，全球贸易自由化的发展受到阻碍。美国等国家正处于良好的经济发展阶段，通过反倾销、反补贴、加征关税等贸易保护主义手段对我国产品设置了诸多壁垒。尤其是2018年以来的一场贸易大战，使我国制造产业所处的国际经贸局势变得十分严峻。

2. 我国制造业的发展历程

从中华人民共和国成立70余年的发展来看，我国制造业经历了从萌芽到成长、从成长到繁荣、从繁荣到全面转型的过程，我国制造业与经济和社会的发展有着密切的联系，其生产和出口的规模越来越大，出口的商品也越来越多，我国已经是全球公认的最大的制造业国家，并且和世界各国已经构建了一个互相影响的发展格局。

第一，萌芽时期。1949~1978年是我国制造业发展的初始阶段，也就是中华人民共和国成立至改革开放之初。在这个时期，我国已经初步建立了比较完善的工业体系，并且逐步形成了我国自己的制造系统。但是，该时期的制造业发展却出现一系列的问题，最突出的问题是：在计划经济条件下，我国的资源分配效率低下，重工业与轻工业的比例严重不平衡，中高端工业的基础几近空白。

第二，恢复发展期。1978~1992年，也就是从改革开放开始到1992年邓小平同志南方谈话，我国制造业一直处于恢复发展时期。在此期间，我国轻工业的发展速度明显高于重工业，轻、重工业比重有很大的变动，由1979年的43.13%增长到1992年的49.89%。这一时期，乡镇制造企业迅速崛起，到了1988年，乡镇制造企业的利润才真正超越了国企。另外，为了引进先进的生产技术、人才和投资资金，政府出台了一系列的招商引资政策，对外资企业给予了优等待遇，在公司的注册手续、土地租金、信贷贷款、税收等各方面都给予了很好的支持，外资企业开始逐步在我国建立起自己的生产基地。这一时期，我国工业增加值由

1978 年的 1622 亿元增加到 1991 年的 8100 亿元。

第三，高速发展期。1992~2000 年，我国制造业经历了一个高速发展的时期。邓小平同志在 1992 年南方谈话以后，我国的对外开放范围和领域不断扩大，初步形成了全方位大开放的格局，我国开始从计划经济向市场经济全面过渡，这是一个新的发展阶段。在新的经济体系指导下，我国的制造业已经从过去的以重工业为主转变成由轻工业主导，工业化程度得到了很大的提升。

第四，全面繁荣期。2001~2014 年，也就是从加入世界贸易组织到"十二五"规划，我国制造业一直处于蓬勃发展时期。这一时期，一大批以出口为导向的制造企业在我国沿海地区形成了国际竞争力，我国的制造业与世界经济的一体化程度不断加深。制造业的产业结构持续地进行着转型升级，以计算机、电子产品、光学产品制造业和移动通信设备为代表的技术密集型产业得到了迅速发展。我国的制造业增加值于 2010 年第一次超越美国，达到全球的 19.8%，且从此保持领先地位。19 世纪中期至今，我国经过了近一个半世纪的发展，再次成为世界最大的纺织业强国。2014 年，我国的制造业增加值达到了 195620.3 亿元，占GDP 的 30.4%。

第五，转型发展期。2015 年至今，我国制造业正处于高质量发展的转型升级时期。党的十八届三中全会明确指出，我国经济将从"要素驱动"转向"创新驱动"，这对我国制造业的发展产生了深远的影响。为了在世界经济格局发生深刻变化的同时促进中国的制造业高质量发展，从而在新一轮的国际竞争中赢得主动，中国已经开始踏上"制造强国"征程，并提出了"制造强国"的首个十年行动计划。

二、装备制造业

（一）概念界定

尽管各国的产业分类中都有与之相对应的装备制造业部门，但各国及各经济组织均未明确提出"装备制造业"的概念。可以说，"装备制造业"是我国特有的一个概念。目前，国内外对装备制造业的定义尚未达成共识。国内的装备制造业概念梳理如表 3-1 所示。在我国，从定义上看，装备制造业具有如下特点：第一，它是一个资本密集的产业。在装备制造业从基础类的装备制造业向高端的装备制造业转变的过程中，所要耗费的资金是非常庞大的，从几亿元到上百上千亿元，只有充分地保障装备制造业发展所需的资金，才能够促进装备制造业的快速发展。第二，它是一个科技密集的产业。装备制造业的生产对于技术和人才有着很高的要求，装备制造业从前期的生产投入环节，到中期的运营环节，再到后期的产出环节，都是建立在高科技和先进工艺上的，在其高精尖的产业发展过程中，需要更多的高科技人才。第三，它是一个劳动密集型的产业。虽然装备制造业的发展会增加高科技人才的需求，但并不意味着对普通劳动力的需求会减少。装备制造业的生产组织流程比较复杂，其生产模式有别于一般制造业，涉及大量的定制化采购、装配等工作，都需要大量的人力参与。

表 3-1　装备制造业概念梳理

年份	来源或作者	定义
2006	《关于加快振兴装备制造业的若干意见》	装备制造业指的是为国民经济发展和国防建设提供技术装备的基础性产业[a]
2009	《装备制造业调整和振兴规划》	装备制造业是为国民经济各行业提供技术装备的战略性产业，产业关联度高、吸纳就业能力强，是各行业技术进步、产业升级的重要保障和国家综合实力的集中体现[b]
2009	王福君	装备制造业可以从两个方面来界定：一是从其重要性出发，装备制造业是指为国民经济发展和国防建设提供技术装备的基础性、战略性产业；二是从其本质特性出发，装备制造业是为国民经济各部门进行简单再生产和扩大再生产提供生产工具的制造部门的总称[c]
2016	闻乃获	对装备制造业概念的界定可以概括为以下三个方面：其一是从它的经济效应以及对人民生活的贡献上进行界定；其二是马克思所提出的两大分类，由此进行界定；其三是依据产业划分标准进行界定[d]

资料来源：a. 国务院公报 . 关于加快振兴装备制造业的若干意见 [EB/OL]. [2006-02-01]. https：//www.gov.cn/gongbao/content/2006/content_352166.htm.

b. 中华人民共和国工业和信息化部 . 装备制造业调整和振兴规划 [EB/OL]. [2009-05-12]. https：//www.miit.gov.cn/xwdt/gxdt/ldhd/art/2020/art_adc9c8191a834e56a3a3e02a07223502.html.

c. 王福君 . 比较优势演化与装备制造业升级研究 [D]. 长春：东北师范大学，2009.

d. 闻乃获 . 知识密集型服务业与装备制造业互动融合路径及实现研究 [D]. 哈尔滨：哈尔滨理工大学，2016.

（二）装备制造业行业分类

我国装备制造业的分类方法与其技术水平密切相关，随着技术水平的提高，所涵盖的行业也从初级行业发展到了高端行业。我国对于装备制造业并无一个清晰、特定的分类标准，比较常用的是在国家统计局的各项统计数据中，根据调整后的国民经济统计口径来确定。我国装备制造业两位数产业部门分类标准发展历程如表3-2所示。1998～2001年，我国装备制造业两位数产业部门被分为八个大类，主要包括金属制品业、专用设备制造业、武器弹药制造业、普通机械制造业、电气机械及器材制造业、电子及通信设备制造、交通运输设备制造业、仪器仪表及其他文化、办公用机械制造业；2002～2011年，删除武器弹药制造业，并将电子及通信设备制造业改为通信设备、计算机及其他电子设备制造业，与剩余的六大类组成了七个大类；随后在2012～2016年，将交通运输设备制造业分为汽车制造业与铁路、船舶、航空航天和其他运输设备制造业两个大类，同时规范了计算机、通信和其他电子设备制造业以及仪器仪表制造业，形成了八个大类，即八个细分行业。按照这一分类法，装备制造业主要由下列八个子行业组成：33金属制品业，34通用设备制造业，35专用设备制造业，36汽车制造业，37铁路、船舶、航空航天和其他运输设备制造业，38电气机械及器材制造业，39计算机、通信和其他电子设备制造业和40仪器仪表制造业。

表3-2　我国装备制造业两位数产业部门分类标准发展历程

时间段	1998～2001年（八大类）		2002～2011年（七大类）		2012～2016年（八大类）	
划分依据	国民经济行业分类 （GB/T4754-94）		国民经济行业分类 （GB/T4754-2002）		国民经济行业分类 （GB/T4754-2011） （GB/T4754-2017）	
具体内容及对应的行业代码	具体内容	行业代码	具体内容	行业代码	具体内容	行业代码
	金属制品业	34	金属制品业	34	金属制品业	33
	普通机械制造业	35	通用设备制造业	35	通用设备制造业	34
	专用设备制造业	36	专用设备制造业	36	专用设备制造业	35
	交通运输设备制造业	37	交通运输设备制造业	37	汽车制造业	36
	武器弹药制造业	39	—	—	铁路、船舶、航空航天和其他运输设备制造业	37
	电气机械及器材制造业	40	电气机械及器材制造业	39	电气机械及器材制造业	38
	电子及通信设备制造业	41	通信设备、计算机及其他电子设备制造业	40	计算机、通信和其他电子设备制造业	39
	仪器仪表及其他文化、办公用机械制造业	42	仪器仪表及其他文化、办公用机械制造业	41	仪器仪表制造业	40

三、知识产权

随着全球经济社会环境的快速变化和不断更新，知识产权作为一种重要的法律概念和产权形式得以兴起和发展。经济发展对资源的需求日益增长，自然资源的不断减少使人们不得不寻求新的生产方式，如科技创新、知识劳动和精神创造，这些创新驱动了经济的发展和社会的进步。知识财产逐渐成为一种越来越重要的产权形式，可以有效地保护知识产业，并为其提供合法和稳定的发展空间。在市场竞争日益激烈的情况下，为了保护知识产权、促进技术创新和产业升级，知识产权制度得以逐渐完善和强化，为社会经济的繁荣和发展做出了重要贡献。

（一）知识产权概念

"知识产权"一词早在17世纪就由法国人卡普佐夫首先提出，并定义为"所有来自知识活动的权利"。比利时法律学者皮卡第在此基础上，提出了"知识产权是一种非常特殊的权利范畴"，并从根本上与物权相区分开来。他们的思想流传甚广，他们的定义也被用来形容人类在不同领域取得的知识成就，其中有但不限于发明创造、文学艺术作品、商业符号、图像等。

知识产权是一个包罗万象的概念，不仅是指传统的专利、著作、商标、商号、商业秘密和集成电路布图设计等方面的产权，还包括人类智力创造的各种成果所享有的专有权利。这些成果可以是科学、技术、文化或其他领域中的产物，它们不断地涌现，促进着社会的进步和发展。在这个范畴内，不断涌现出更多新的形式和变种，如邻接权。随着时代的变迁和科技的发展，这个范围还在不断扩大，各种知识产权形式也在不断增加。具体而言，知识产权分为广义和狭义两个方面。其中，广义的知识产权包括各种人类智力创造的成果所享有的专有权利，如商标权、商号权、商业秘密权等。这些成果不仅涵盖了科技、文学、艺术等领域，还包括了人们在日常生活中的思维创新。而狭义的知识产权则专指专利权、著作权（包括邻接权）和商标权等。基于客体的不同，知识产权可以被进一步分为创造性成果权和经营性标记权。创造性成果权是指人们由自身智力创造的成果所拥有的诸如商业秘密权、专利权、著作权、植物新品种权等权利，这些权利常见于科学、技术、文化等领域。经营性标记权则是指民事主体在其经营管理活动中所享有的商标权、商号权、地理标志权、域名权等其他识别标志权，主要应用于商业活动。这些知识产权形式既是维护经济秩序和商业道德的重要手段，也是促进市场竞争与发展的关键机制。

（二）知识产权分类

1992 年在东京大会上，国际保护知识产权协会（International Association for the Protection of Intellectual Property，AIPPI）将知识产权划分为两种，分别是"创造性成果权利"和"识别性标记权利"。AIPPI 对知识产权的分类具有重要的指导意义，也区分了"创造性成果权"和"经营性标记权"的不同之处。这种分类方法在部分国际知识产权公约中同样得到了认可。1967 年 7 月 14 日在斯德哥尔摩签订的《建立世界知识产权组织公约》第二条第八款规定，知识产权包括以下一些权利：关于文学、艺术和科学作品的权利；关于表演艺术家的演出、录音和广播的权利；关于人们在各个领域内的发明的权利；关于科学发现的权利；关于工业产品外观的权利；关于商标、服务商标、厂商名称和标记的权利；关于制止不正当竞争的权利；以及来自工业、科学、文学或艺术领域的其他所有知识活动所带来的权利。

（三）知识产权范围

1994 年世界贸易组织发布的《与贸易有关的知识产权协定》提到：知识产权主要包括版权、商标权、专利权、工业设计权、地理标识权、集成电路布图设计权及未披露信息权等。虽然《建立世界知识产权组织公约》为新型知识产权形式留了一定的认定空间，但也将存在争议的发现权纳入了知识产权范畴。需要注意的是，《与贸易有关的知识产权协定》中规定的大多数知识产权类型都与发达国家的国际贸易息息相关，排除了对与贸易无关的诸如商号权等权利。

在传统知识遗产或遗传资源的保护问题上，世界各国持有不同的观点：一方面，认为应该建立"特殊的知识产权制度"来保护这些遗产；另一方面，则认为这些遗产应该在现行的知识产权制度保护之外加以考虑。这种分歧的存在，实质上主要是因为对知识产权正当性及正义观的理解不同。究竟知识产权是否应奉行绝对主义，抑或需要受到社会公共利益的制约，公共知识成果形态是否应被认定为知识产权客体，这些问题都需要深入探讨。

四、知识产权管理

(一) 知识产权管理概念

知识产权管理是一个综合性非常强的领域，它包括了行政和司法活动，旨在确保国家的知识产权法律制度得以贯彻实施，保护知识产权人的合法权益。除此之外，知识产权管理还包括制定规章制度、采取措施和策略等经营活动，以使智力成果得到最大化的经济效益和社会效益，从而实现知识产权价值的最大化。有效管理知识产权，其实是一项系统化非常强的工作，需要对知识产权战略的制定、制度设计、流程监控、运用实施、人员培训和创新整合等一系列管理行为进行全面考虑和规划。此外，知识产权管理更是贯穿于整个知识产权创造、保护和运用的各个环节中，这对知识产权的维护和保护提出了更高的要求。

从政府宏观管理角度来看，知识产权的制度立法、司法保护、行政执法等都是知识产权宏观管理的重要内容。从企业角度来看，企业知识产权的产生、实施和维权，都需要进行有效的知识产权管理。尽管不同国家对知识产权的理解和实践方法不尽相同，但知识产权对于全球化发展趋势所带来的影响，以及对于全球经济发展和科技创新的贡献都是不可小觑的。因此，知识产权问题不仅是各国政府面临的普遍性问题，也是各企业和组织必须高度重视的问题。

知识产权管理的核心在于知识产权所有者对其拥有的财产权利的管理。财产权是指依法赋予财产所有人占有、使用、收益和处分财产的权利。虽然知识产权中的财产与其他财产在形式上有所不同，但它们都是基于客观存在的财产实体。因此，我们应通过科学的方法对无形的知识产权进行管理，以提高它们的经营和使用效益。这样做不仅有助于维护知识产权所有者的合法权益，更有助于促进知识产权的创造、传播和应用，从而促进经济社会的可持续发展。

(二) 知识产权管理的主要内容

1. 知识产权的开发管理

企业应以促进发明创造为目的制定相应策略，推动知识产权的开发和管理。这包括确保知识产权的登记统计、资产清单核实，并掌握其变动情况。对于企业直接占有的知识产权，需要采取直接管理措施；而对于非直接占有的知识产权，则需要实施管理和监督。

2. 知识产权的经营使用管理

企业需要对知识产权进行规范管理，包括研究和核定知识产权的经营方式和管理方式、制定相关政策和程序等。

3. 知识产权的使用效益管理

企业需要统计，并进行合理的收益分配管理。

4. 知识产权的处分管理

企业需要根据自身情况，确定知识产权的转让、拍卖、终止等处分管理措施。

五、知识产权管理系统

（一）关于知识产权管理系统的内涵

关于"系统"这一概念的界定，钱学森曾做出这样一种解释："由若干相互依赖、相互作用的组成部分组成的整体，并且这个整体具有特定功能。"

由此可见，系统不仅包括客观存在的事物，也包括人类主观认识事物的观念。在系统论的视角下，世界上的一切事物都可以被理解为"系统"。系统不是单纯地由各个部分机械结合组成的，而是通过各个子系统耦合互动和相互协调来发挥整体功能。知识产权管理系统作为系统的一部分，具有特定的结构。从知识产权开发、运营和保护等过程的角度来看，知识产权管理系统可以被定义为：一个由知识产权开发、区域知识产权运营和保护管理等子系统及其内在要素有机构成的系统，这些要素会不断整合、催化和提炼，使子系统间形成互相依存、互动耦合、共生协调的动态关联整体。

（二）知识产权管理系统的结构

从知识产权管理的流程和角度来看，知识产权管理系统可以看作一个由知识产权开发、运营和保护管理三个子系统所组成的整体。其中，开发管理子系统是为核心技术和专利产品的研发和创造；运营管理子系统是为在市场中实现知识产权的交易、经营和执法，以获得经济效益；而保护管理子系统则是为通过知识产权申请、授权和保护获得法律的认可和规范。知识产权管理系统主要由行政管理部门、高校、科研机构、企业及中介机构等主体组成，各子系统及整体由知识产权制度、知识产权管理主体、组织结构、品牌价值等要素构成。在这个系统中，各个部分不断相互作用，通过整合、细化和加强互动，形成一个相互依存、协调共生的系统整体。

第二节 相关理论研究

一、政府干预理论

（一）政府干预理论的内涵

15 世纪西欧的重商主义是政府干预理论的起源，该学派主张政府对国家经济进行干预和控制，以推动资本的积累。20 世纪 30 年代，国家干预理论在凯恩斯（John Maynard Keynes）的倡导下迅速流行，成为美国经济危机的救世良药。凯恩斯认为市场难以自我调节，难以实现从私人效益到社会效益的转化，因此主张政府运用财政和货币政策刺激和调整有效需求，实现经济均衡的状态[①]。

凯恩斯在《就业、利息和货币通论》中指出，出现经济危机和失业的现象在资本主义社会是无法避免的，政府对经济进行一定的干预可以解决市场失灵问题，如果任凭市场竞争自发作用，宏观经济的均衡稳态就会被破坏。因此，政府需要采取积极的财政和货币政策干预市场，通过增加总需求来刺激经济增长，减少失业，从而解决市场失灵问题，以达到最大化社会福利的目标[②]。

（二）政府干预的手段

政府干预的手段包括经济手段、法律手段和行政手段。经济手段主要分为税收政策和财政政策两类。在财政政策方面，政府可以采取政府购买、转移支付、政府直接投资等措施；而在税收政策方面，政府则可以采取包括税收优惠等在内的措施。行政手段依赖于行政机构制定的规章制度来规范经济主体的经济行为，从而通过行政手段来强制性地约束它们。法律手段则借助法律的强制力量对经济活动进行调节和规范，并为政府行为提供基本的规范程序[③]。

（三）政府干预的局限性

政府干预具有一定的局限性，容易导致政府失灵，即政府的干预活动会降低

---

① 蒋佩耘. 政府干预对我国单位 GDP 能耗约束的影响研究 [D]. 成都：电子科技大学，2021.
② 沈钶娜. 地方政府干预对城商行效率的影响研究 [D]. 杭州：浙江大学，2022.
③ 徐平华. 政府与市场——看得见的手与看不见的手 [M]. 北京：新华出版社，2014.

经济运行效率。政府失灵理论由经济学家萨缪尔森提出。政府失灵具体表现在：第一，政府运行效率低下，存在官僚主义、形式主义作风问题。第二，政府过度干预，越位严重。第三，公共产品供给不足，政府缺位严重。第四，政府产权不受约束，错位严重，政府不当行使国有产权，同时司法也很难追究政府的财产责任。第五，出现权力寻租，损害了社会公众利益。出现政府失灵的原因主要有：第一，政府与民众之间存在委托代理和信息不对称问题，导致政府政策低效甚至偏离目标。第二，政府执行力弱，导致公共产品缺乏竞争，效率低，同时缺乏对政府官员的监督和考核机制。第三，政策时效性失灵，决策时间成本高[1]。

二、协同理论

（一）协同理论概念

协同理论，即"协同学""协和学"，是一门新兴学科。20世纪70年代初，它开始萌芽，并随着时间的推移不断发展繁荣。协同理论以多学科若干领域的研究成果为基础，形成了一个系统、科学的分支理论。著名物理学家哈肯（Hermann Haken）是协同理论的奠基人。

协同理论是一门涵盖领域广泛的新兴综合性学科，旨在探究各种事物间相同的特征和共同的机理。在过去的十年中，协同理论的广泛应用和持续发展，极大地推动了其理论和实践的进步。这门学科着重于探索各系统由无序向有序的转变及其过程中的相似之处。创始人哈肯认为，"协同学"这个术语的意义不仅在于该学科所关注的是多个子系统共同工作所形成的整体结构与功能，还涉及多个领域中各学科之间的协作，共同探讨的是一个具有普遍性的自组织体系。

（二）协同理论主要思想

根据协同理论的观点，尽管不同系统之间具有各自独特的属性，但它们在整个环境中存在着相互作用和协同的关系。这种相互作用和协同关系常见于社会现象中，如单位之间的互相协调配合、部门之间的关系调和、企业间的相互竞争、系统内的相互干扰和限制等。

协同理论指出，系统内的大量子系统，在一定条件下会相互作用和协作，而系统发挥协同效应的前提是系统内部各子系统能协同作用使系统整体功能得到最

---

① 沈钶娜. 地方政府干预对城商行效率的影响研究［D］. 杭州：浙江大学，2022.

大限度地发挥。[①] 系统的协同是各子系统有目的、有序地组织起来所产生的相互作用对整个系统的贡献，并非对各子系统、各要素进行简单的相加。作为协同理论的核心，"协同导致有序"是在"协同效应原理""伺服原理""自组织原理"的共同作用下形成的，它揭示了系统从无序到有序转变的规律与内在机制，为改善系统的优化问题提供了系统性、整体性的全新视角。

（三）协同理论主要内容

1. 协同效应原理

在一个复杂的、开放的系统中，各个子系统相互作用后所产生的集体效应或整体效应被叫做协同效应。无论是社会系统还是自然系统，有序结构内在的驱动力都在于其协同作用。当外部能量影响复杂系统或系统组成部分的聚集状态达到临界阈值时，子系统之间相互产生协同作用。在此过程中，当系统进入一个临界点时，会出现协同作用，使系统由无序向有序过渡，最终形成一个稳定的结构。因此，协同效应可以很好地解释体系的自组织现象。

2. 伺服原理

伺服原理指出，系统内的慢变量可以主导快变量的行为，而序参量又决定了子系统的行为模式。该原理揭示了系统中稳定因素与非稳定因素之间的相互关系，从而阐明了系统的自组织过程。当系统逼近失稳点或转折点时，这一原理给出了"快速衰减组态被迫跟随缓慢增长组态"这一规律。此时，系统的动力学和突现结构通常是由几个少数集体变量（如序参量）决定的，其余变量的行为都受到它们的控制。正如"协同学"的创始人哈肯所言，序参量将会以"雪崩"的方式席卷整个体系，控制着系统的整体发展，主导系统的整体演化过程。

3. 自组织原理

自组织和他组织是互相对应的概念。其中，他组织指的是组织的能力和指令源自外部系统；而自组织则是指子系统之间能自发按照特定规则形成一定的结构或功能，而不需要外部指令，这种现象具有内在性和自发性的特征。自组织原理说明，在一定的外部能量流、信息流和物质流输入的条件下，一个系统可以利用许多子系统之间的协同作用来产生新的时间、空间或功能上的有序结构。

---

① 王贵友. 从混沌到有序：协同学简介［M］. 武汉：湖北人民出版社，1987.

三、二元知识产权体系理论

（一）二元知识产权体系理论起源

吴汉东教授是我国知识产权法领域最早提出二元知识产权体系色彩理论的人之一。他区分了"他权"与"本权"，认为"知识产权作为创作者的权利，应当被视作一种本质权利，是依法对其进行完全控制的权利，以利益平衡原则为依据，本权和他权的关系具体体现在：在主体之间要公平对待，除了合理使用，交换应当是有偿的、互惠的；要实现对知识产权利益的合理分享，应该在法律的框架下，平衡各方主体的利益，具体体现为对创造者权利、使用者权利、传播者权利三者之间的协调"。① 吴汉东的看法为知识产权二分法提供了一定的理论支持。然而，呼杨认为，这一理论将知识产权与物权属性完全重叠，不能反映出知识产权的独特性，与学者提出的"知识产权是一种特殊物权"的观点相重叠，二者应该有本质的区别。②

齐爱民参考了物权法中"完全物权—定限物权"二元结构的划分机制，建立了"二元知识产权体系"。③ 该知识产权体系由立法确定，分为完全知识产权和定限知识产权两个部分，可用以下公式表示：二元知识产权体系＝完全知识产权＋定限知识产权。此体系的实质是依据客体的所有权来将知识产权进行分类，把知识产权划分为定限知识产权和完全知识产权两类。享有完全知识产权意味着拥有对自身知识产权的独占权，而享有定限知识产权则是指拥有对他人知识产权的特定使用权。

（二）二元知识产权体系理论内涵

"二元知识产权体系"指的是一种权利体系，它明确了知识产权由"完全知识产权"和"定限知识产权"两部分组成。其中，"定限知识产权"又能够被划分为"知识产权担保权"和"知识产权实施权"。当进行知识产权授权时，被授权方所获得的并不局限于单纯的债权。只要符合诸如登记等必需的法律程序，即可形成"知识产权实施权"。这种权利与物权体系中的用益物权类似，属于绝对

---

① 吴汉东. 关于知识产权私权属性的再认识——兼评"知识产权公权化"理论 [J]. 社会科学，2005（10）：58-64.

② 呼杨. 二元知识产权理论体系下专利被许可人性质研究 [J]. 知识文库，2016（23）：177+191.

③ 齐爱民. 论二元知识产权体系 [J]. 法商研究，2010，27（2）：93-100.

权，可以被看作"用益知识产权"。该理论的核心在于承认用益知识产权的独立性和对世权属性，以及绝对性。值得注意的是，实质上，知识产权许可是知识产权实施权所拥有的用益权属性。它是一种对世权和绝对权，且具有独立的诉权。因此，知识产权许可所确定的并不是单纯的合同债务，有可能使知识产权实施权转移，该种转移必须在"二元知识产权体系"下进行公示和登记。①

（三）二元知识产权体系的基本内容

1. 完全知识产权

完全知识产权就是权利人对自己的知识产权所拥有的专有权，并对自己的财产进行保护，使其免遭他人侵害。从不同的视角来看，完全知识产权的特征各不相同。完全知识产权作为一种法律制度，代表了一种反映法律规范的"所有制"关系。它涵盖了立法者通过法律手段确认和保护一定社会财产归属关系的全部内容。但是，当它作为一种民事法律关系时，它的主体是非权利人和知识产权人，客体是知识财产，内容是知识产权人对自己所有的知识财产享有的排他性权利，不允许非权利人的干涉。与此同时，完全知识产权也是一项私法权利。具体来说，它是指知识产权人对其知识财产的一种专有权，可以控制、复制、处分和收益。与定限知识产权相比，完全知识产权具有自权性、完整性、期间法定性、单一性和弹性等特征。

2. 定限知识产权

定限知识产权是指在某特定领域或时间内，权利人在他人的专有知识产权范围内拥有一种有限的知识产权。这种权利源于完全知识产权，却独立于完全知识产权，是一种独立的财产权。非完全知识产权的持有人可以享有有限的知识产权，而持有完全知识产权的人不会因他人获得定限知识产权就丧失自己的知识产权。与完全知识产权做对比，定限知识产权具有他权性、限制性和期间自由性的特点。②

---

① 齐爱民，周克放．知识产权被许可人诉权研究［J］．社会科学家，2016（7）：90-94.
② 齐爱民．论二元知识产权体系［J］．法商研究，2010，27（2）：93-100.

第四章　国内外知识产权保护
典型案例分析

第一节　国外知识产权保护

一、德国知识产权保护

（一）知识产权保护体系

德国在2011年汉诺威工业展上首次将"工业4.0"这一理念推向世界舞台。德国作为一个工业大国，一直致力于在各种与经济有关的制度制定方面取得先机。尽管德国的法律体系比英美两国构建的要晚，但是无论是在法律上还是在侵权行为的惩罚制度上都是相对比较完善的。

1. 知识产权法律规定

德国制定的主要知识产权法律包括《专利法》《实用新型法》《外观设计法》《雇员发明法》《商标法》《著作权法》《反不正当竞争法》《商业秘密保护法》《半导体保护法》《植物育种者权利法》。与我国相比，德国法律规定涉及的内容较为广泛。以德国的《专利法》为例，在这部法律中，发明专利的授权条件、权利范围、申请授权及异议无效程序、侵权责任、法院管辖、审理程序、联邦专利法院审判庭的人员组成、民法典及民事诉讼法等条文的适用等，都有完备细致的规定。此外，与我国一样的是，德国法律设置了实用新型这一知识产权的权利类别，很多国家没有独立设置实用新型。德国与我国在主要知识产权法律的差异主要有三点：第一，德国的专利专指"发明专利"，且针对实用新型、外观设计单独立法，我国则将三者一并纳入《专利法》；第二，我国没有《雇员发明法》；第三，我国没有《商业秘密保护法》，但在《反不正当竞争法》第九条规定了商业秘密的保护。

2. 知识产权行政管理和执法机构

德国的知识产权行政管理和执法机构主要为德国专利商标局、德国联邦品种局及德国海关。第一，德国专利商标局是欧洲最大的国家知识产权局，隶属于德国联邦司法和消费者保护部，内设四个专项业务部门，包括发明与实用新型部、信息总部、商标与外观部和行政管理与法律事务部。第二，德国联邦品种局是德国联邦食品农业部监督下的高级联邦机构，其主要职责为审定并授予新品种植物育种者权、植物品种国家目录的准入登记工作及植物品种的管控工作。第三，德国海关是德国知识产权保护的主要行政执法机构，其执法区域不仅限于边境口岸，其执法目标是辖区内进口的侵权物品，因而在德国展会上可能会遇到德国海关的执法行动。

3. 知识产权司法审判体系

德国知识产权司法审判体系包括德国法院及德国著作权集体管理组织体系。在德国的法院体系中，与知识产权保护关系紧密的法院是具有管辖权的普通法院和联邦专利法院。在德国，知识产权案件审判原则上实行三审终审制。然而对于著作权侵权案件，若标的在 5000 欧元以下，通常在基层法院审理，此时地区法院是终审法院。其余知识产权侵权诉讼应向具有管辖权的地区法院提起，对判决结果不服的，可以上诉至地区高级法院；若对地区高级法院的判决不服，可以基于该判决的法律问题继续上诉至德国联邦法院。而德国联邦专利法院虽以专利冠名，但其受理范围并不仅限于专利，设有上诉审理庭与无效审理庭两部分。其中，上诉审理庭的审理范围为：德国专利商标局、德国联邦品种局异议委员会所做的各种裁决的上诉；无效审理庭的审理范围为：德国专利在德国境内有效的欧洲专利、补充保护证书提起专利无效诉讼、强制许可纠纷案件。

著作权集体管理组织在著作权管理和保护中具有重要的作用和居于重要的地位。它属于依法设立的非营利民间社团，各组织相互独立地管理著作权。著作权集体管理组织处于权利人和用户之间，首先获取众多权利人的许可，其次将作品提供给用户使用并收取费用，最后按与权利人之间的利益分配安排将报酬支付给权利人。

（二）实践经验

德国的《反不当竞争法》是一项私权法律，是一项具有国家强制力的法律。严格的知识产权保护制度是德国立法的初衷，它所要保护的不仅是创意和智慧，还包括企业在生产过程中投入的成本、劳动、技术等，以及在长期的经营过程中从消费者那里建立起来的良好信誉和口碑。最主要的是，它能使各平等的企业主体得到均衡发展，激发生产者的创新，实现各个领域的创新，维持一种健康的市场竞争环境，排除不公平的竞争。

《中国知识产权报》显示，德国是接收欧洲专利侵权诉讼案件最多的国家。这并非是因为德国境内的侵权案件最多，而是因为欧洲专利在产生纠纷时可以在任意欧洲专利公约成员国提起诉讼，德国是所有成员国中收取费用最低、法官口碑较好、所用时间相对最短的国家。德国在专利诉讼程序中采用了确权与侵权分离的原则，即侵权诉讼只审理侵权是否发生，不审理专利是否有效，无效抗辩是由联邦专利法院受理和审查。只有在被告有足够证据证明其专利无效时，侵权判决才能终止，等待联邦专利法院的审判结果。但是，这种情况很少出现，对于德国的侵权诉讼法官来说，专利只要被授权即认可其有效性。

从这点来看，德国对专利的保护非常严格，最主要的目标就是保护专利权人的利益，防止侵权。除上述实体诉讼外，采取临时禁止令也是一种较为快捷的保护方法。在德国的展览中，这一方法被大量采用，具有低成本、见效快的特点。对于专利所有人而言，及时阻止侵权者的侵权行为往往要比赔偿损失更有意义。同时，在展览会上，律师也更容易取得侵权证据。《中华人民共和国专利法》第66条规定："专利权人或者利害关系人有证据证明他人正在实施或者即将实施侵犯专利权的行为，如不及时制止将会使其合法权益受到难以弥补的损害的，可以在起诉前向人民法院申请采取责令停止有关行为的措施。"该条例同时规定："申请人提出申请时，应当提供担保；不提供担保的，驳回申请。"然而，根据德国的相关立法，专利持有人不仅无须承担任何责任，还可以向侵权者提出违约赔偿申请，协商不成还可以强制查封侵权者的财产。

受利益保护的紧迫性、利益目标的多元化、利益核心的经济化影响，即使是德国这种对知识产权保护极为看重的国家的人，也不敢轻易起诉，这是因为他们很清楚，如果打官司的话，就算能拿到赔偿金，也要付出很大的代价。因此，德国本地发生的知识产权争议，往往是通过其他途径来解决的。在德国，80%~90%的知识产权争议是通过非诉讼途径，如调解、仲裁等途径来解决的，从而节约了大量的司法、行政资源。相较于法庭诉讼，仲裁、调解在经济、时效等方面都有显著的优越性，大多能节省约65%的时间、超过50%的费用。在促进本国知识产权保护、纠纷处理等方面的工作中，德国不仅可以充分利用行政执法和司法保障的强大力量，还可以采用多样化的纠纷解决方式，让本国的专利权人可以选择自己最合适的纠纷解决途径。

（三）启示与借鉴

1. 强化企业知识产权保护

德国在知识产权的保护过程中使各平等的企业主体得到均衡。借鉴德国的经验，我国政府应提供一系列指导和服务，包括知识产权的申请流程、策略规划、权利维护等方面的专业咨询，以及在面对侵权时的法律援助。此外，通过举办各类培训研讨会和宣传活动，提高中小企业对知识产权重要性的认识，鼓励企业通过注册专利、商标和版权等方式来保护自己的创新成果和提高品牌识别度。与此同时，我国政府还应推动建立知识产权交易平台和技术转移机制，使中小企业能够更加便利地获取和利用外部的创新资源。

2. 完善专利保护制度

在完善专利制度方面，德国的做法对我国具有重要的参考价值。德国允许一项技术同时拥有发明专利和实用新型专利。这种制度的优点是能够更好地保护创新成果，使发明人和企业在专利申请过程中有更多的选择余地。对于一些技术创新较为突出的成果，可以申请发明专利，享受较长的保护期限；而对于一些实用性较强的技术，可以申请实用新型专利，加快授权速度。这种灵活性有助于激励更多的创新活动。此外，德国在从专利公开到授权阶段的临时保护措施也值得关注。在德国，申请人在提交专利申请后，可以获得一种临时性的权利保护。这种保护措施有助于防止他人在专利授权前抄袭或侵犯申请人的权益。这对于保护发明人的权益、鼓励创新具有重要意义。

3. 多元方式解决纠纷

多元化纠纷解决方式也对我国具有重要的参考价值。德国在解决知识产权纠纷方面采取调解、仲裁等非诉讼方式的比例较高。这种方式的优势在于节省时间和成本，同时能够有效地解决纠纷。通过调解、仲裁等非诉讼方式，双方当事人可以在第三方的协助下自愿协商解决问题，避免了诉讼过程中的烦琐程序和高昂费用。我国可以推广这种多元纠纷解决模式，为国内专利权人提供更多适合的维权途径。通过鼓励和支持调解、仲裁等非诉讼方式的发展，为当事人提供更加灵活、高效的纠纷解决途径。这不仅有助于节省纠纷解决的成本和时间，还能够提高纠纷解决的满意度和公正性。

二、日本知识产权保护

（一）知识产权发展历程

作为世界主要的发达经济体，日本高度重视知识产权保护，拥有完善、发达的知识产权法律体系和运行机制。与许多其他国家的情况相似，日本保护的知识产权种类包括专利权、商标权、版权、商业机密、植物新品种及集成电路布图设计等。日本特许厅的数据显示，2019 年，日本的发明专利申请达到 30.80 万件，实用新型申请达到 5388 件，外观设计申请则达到 3.14 万件，商标申请量达到 18.45 万件。日本的这些知识产权申请量均居世界前列。以发明专利为例，其总量仅次于中国和美国，排在世界第三位。

1. 从"科技立国"到"知识产权立国"

2002 年 2 月 4 日，日本前首相小泉纯一郎提到了日本拥有包括专利在内的全球最多的知识产权。他强调科研和创新成果应该被视作战略性的财产，并得到保护和利用，以提升日本产业在国际竞争中的地位，因此召开"知识产权战略研讨会"是非常必要的。这次演讲揭示了日本将从"科技立国"转向"知识产权强国"的重要发展战略转变。

在第二次世界大战结束后，日本利用其"后发优势"，积极推动了一种"吸纳型"科技发展战略，大力引进欧美先进技术，为日本经济的飞速发展做出了巨大贡献，将日本推升为世界第二大经济体。为了巩固国家的经济地位，日本政府于 20 世纪 80 年代初开始推行"科技立国"的发展战略。这一战略的实施取得了显著成效，不断增强日本在应用技术研究开发领域的实力。90 年代，日本注意到虽然自己取得了极大的发展，但是与美国相比却处于竞争的劣势地位，要保持经济的领先地位，必须改变经济发展的模式。

在确立共同认识后，日本政府调整了政策方向，朝着"知识产权强国"的目标迈进。前首相小泉演讲结束后，日本政府于 2002 年 2 月 25 日召开了知识产权战略会议，并于同年 7 月颁布了《知识产权战略大纲》，提出了"知识产权强国"的战略口号。其中，明确了"知识产权强国"战略意味着依托知识产权推动产品和服务的附加值提升，可以使日本在国家建设事业发展中更好地提高经济社会效益，使日本人的能力在发明与创作领域中得到充分发挥。在建立共识后，日本政府调整了政策方向，向着实现"知识产权强国"的目标迈进。

2. 从"注重数量"转向"更加注重质量"

以科技创新实力为核心的国际竞争日趋激烈，使创新成果能够高效、便捷地获取专利保护成为普遍需求。为此，日本提出构建"最快最好的知识产权系统"，即实现当一项发明在日本获得专利时，鉴于审查的公平性、真实性，其结果可以作为国外专利局的审查依据，以便能够迅速在国外获得专利权。2014 年，日本特许厅实施"统一界面案卷访问项目"（OPD），即可以访问欧洲专利局（EPO）、日本特许厅（JPO）、韩国知识产权局（KIPO）、中国国家知识产权局（SIPO）、美国专利商标局（USPTO）等查看审查结果。2015 年，日本特许厅同意"WIPO 案卷"（WIPO-CASE）的使用新条款，通过 WIPO-CASE 可以检索世界知识产权局的审查结果。1990～2015 年，900 项备案专利的档案信息可以在 OPD 和 WIPO-CASE 上查询到。

《2016 年度报告》中日本特许厅的数据显示，自 2006 年起，日本的发明专利申请数量持续下降，而授权数量逐年增加，2006 年以前，日本专利申请数量在一个较高的水平保持不变，每年大约为 400000 件，2006 年是一个转折点，专利申请数量开始下降。2015 年，专利申请数量比上一年下降 2.2%，共 318721 件，审查请求数量是 241412 件，专利授权数量是 189358 件。2015 年，日本特许厅收到了 43097 份 PCT 国际专利申请，较上一年增加了 4.4%。近年来，尽管日本的专利申请数量和审查请求逐渐减少，但专利授权数量却稳定在 170000 件左右，这意味着专利授权率在不断提升，显示出企业知识产权战略正向质量为重的方向发展。

3. 从"知识产权"到"知识产权图景"

2021 年，日本知识产权战略本部官网公布了《知识产权与无形资产投资利用战略的指导原则和治理指南（1.0 版本）》（以下简称《指南》），其中知识产权图景（Intellectual Property Landscape，IPL）出现多达 25 次。

《指南》单设知识框来解释 IPL：在企业制定经营战略或事业战略时，将知识产权信息融入经营或事业的信息中，分析上述信息，并将分析结果（对现状的俯瞰和对未来的展望等）与经营者或事业负责人共有。共有的含义在于利用呈现的分析结果来推动制定经营或事业战略，并通过论证、协调和接受分析结果反馈等双向交流来实现这一目的。

IPL 的最大价值是通过把知识产权等无形资产可视化，让决策层直接感受到这些无形资产在本企业的经营发展中起了多大和什么样的作用，从而推动企业基于 IPL 进行对内和对外两方面的活动。对内，就是促进知识产权部门和其他部门之间的交流，让知识产权部门融入各部门的日常工作中，形成重视知识产权等无形资产的企业文化；对外，就是在数字经济这个高度重视知识产权等无形资产的时代，充分展示企业可持续发展潜力和竞争力，强化与投资者和金融机构的对话沟通能力，争取更多、更优质的投资。

2021 年 6 月，日本金融厅和东京证券交易所对《上市企业治理规则》（CGC）进行了修改，加入了有关知识产权的条款。总的来说，修改主要包括以下两点：第一，要求上市企业公开有关知识产权投资的详细信息；第二，董事会要从促进企业可持续性发展的角度出发，对企业知识产权投资进行有效监督。由于 CGC 中加入了知识产权的内容，因此上市企业落实 CGC 中关于知识产权的要求就需要一套实施办法，《指南》应运而生。而 IPL 在《指南》中反复出现的目的就是为上市企业公示知识产权提供标准化工具和规范性语言。这一情况说明，日本正在加速、加深知识产权与实体经济和金融的融合，推动知识产权发展迈入全新阶段。因 CGC 修改加入了知识产权内容，所以甚至一些专家称 2021 年为日本知识产权意识改革元年。

（二）实践经验

1. 高度重视法律的修订和完善

在推进"知识产权战略"的过程中，日本政府高度重视对相关法律的修订和完善工作。为了加强对知识产权的保护，日本建立了完备的法律框架。目前，日本的知识产权法律体系主要以《知识产权基本法》为核心，辅之以《商标法》《专利法》《著作权法》《版权法》《实用新型法》《外观设计法》《不正当竞争防止法》《反垄断法》等法规。这些法律共同构成了日本知识产权法律制度的基本架构。日本的专业领域法规如《商标法》《专利法》与《不正当竞争防止法》

《反垄断法》相互协调，形成了知识产权保护的双重防线。此外，日本还重视对新情况和新趋势的研究，及时对法律进行修订和完善。日本经常修改知识产权法规，甚至每年都会调整有些法规，这种做法提高了法规的适用性、操作性和时效性。

2. 大力推进世界知识产权战略

面对不断增多的国际知识产权争端，日本一直将推动全球知识产权战略置于首要地位。第一，注意保证知识产权法律与国际相关法律保持一致，力求国内知识产权立法与国际条约规定保持一致。在日本司法实践中，如果发生与国际条约不相符的情形，则通过案例分析，最大限度地保持与国际条约的一致。第二，积极参与国际标准的制定。在培养具备国际标准化素养的人才方面，我国应该采取积极的态度，也应该积极参与国际标准化工作。第三，日本企业在国外的专利申请得到了很大的支持。近几年，日本企业在海外的专利申请数量大幅增加。第四，通过签署国际条约的方式，日本正在探索促进国家间打击假冒产品和盗版的途径。当前，日本正在积极与美国、欧盟国家等注重知识产权保护的国家展开合作。

3. 积极发挥政府的引导和服务作用

日本的知识产权管理方式与我国有很大的区别，更多的是以指导与服务为主。例如，日本的经济产业省在执行知识产权战略时，先进行调查研究，然后起草包括《商业保密保护指南》《中小企业知识资产经营手册》《中小企业知识资产经营实践指南》等在内的文件，以指导企业如何管理、保护和应用知识产权。在政府的积极推动下，许多企业纷纷设立了专门的知识产权保护机构，或配备了专职的员工，以确保在产品研发和营销过程中始终贯彻落实保护知识产权的措施，这种方式可以增强企业对知识产权的保护意识。

（三）启示与借鉴

1. 重视顶层设计，制定实施战略

加强对知识产权战略的顶层设计，构建符合我国技术创新体系转型现状需要的基础研究支持体系。在制定知识产权战略时，日本积极吸纳国外先进技术，并通过改良、消化和吸收进行转化，制造出物美价廉的商品，从而扩大了对世界的出口，使其获得了较快的经济发展。我国正处于不同发展阶段的技术创新驱动模式演化过程中，亟须构建"由上及下""立体化"的知识产权体系架构，并依据基础研究的客观规律与技术创新的迭代演化模式进行转换与调整。

2. 引进先进技术，完善制度体系

提高知识产权创造水平，增加高科技核心技术的知识产权战略储备。在20世纪七八十年代的科学技术发展过程中，日本把重点放在了以半导体芯片为代表的行业上，在材料、工艺和设备等方面加大了研发投入，实现了高质量专利布局量质提升。第一，我国要不断引进并吸收国际上最具市场潜力和技术变革潜能的前沿技术，在人工智能、新能源、半导体等关键行业的基础专利、关键专利和核心专利方面开展应用研究，优先申请和布局外围重要专利，构筑可拓展、前瞻性、体系化的专利资产组合，以实现对国外基本专利的反制。第二，健全我国的保密专利制度，加强政府、企业在知识产权、法律等各方面的合作与配合，制定优化不公开专利申请的基本准则，跟踪世界各国经济、科技产业的发展趋势，及时确定并界定未公开的专利范围，保护我国重要的前沿技术创新成果。

3. 制定保护措施，设立保护基金

加强对知识产权的全方位保护，在高水平的保护下，充分调动全社会的创新活力和创造力。当面临着内外双重压力时，日本通过对相关政策和法规的修改，加强企业等创新主体对知识产权的保护，提高了其对知识产权的保护效能。自2015年对《反不正当竞争法》进行修订以来，我国对侵犯商业秘密的行为进行了更为严厉的惩罚。与此同时，我国现行的相关法律法规所保护的对象逐渐增多，保护范围得到了显著扩大。为此，国家知识产权主管机关可根据创新主体对知识产权的保护需要作出以下几点举措：第一，要制定和发布一系列关于知识产权保护的政策和措施，支持和培养一批国内外专利诉讼咨询服务机构，以达到降低创新主体的知识产权保护成本、促进知识产权服务业与国际接轨的目的。第二，设立专门资金，支持我国企业"走向"国际市场，参与国际专利诉讼，并维护我国在国外的法律权益。第三，构建"人工智能+知识产权保护"智能互联网平台，通过对企业知识产权经营潜能评价，对其进行智能、分层、分类保护，减少服务费用，以提升保护效能。

三、美国知识产权保护

随着经济、贸易和科学技术的长期高质量发展，知识产权与创新在全球化进程中扮演着越来越重要的角色。知识产权广泛存在于各种科技与创新领域中，是提升产业市场及国家竞争力的重要因素。在经济全球化、科技革命等因素不断推进的背景下，国际社会呈现多极化、区域化的态势。

长期以来，美国一直处于全球经济发展和科技创新的前沿。美国将知识产权战略作为新动力，积极推进全球知识产权保护。美国政府正积极主动地加强全球治理的规范化，推动国际知识产权制度的完善。

（一）美国知识产权发展历程

1. 知识产权基础法规明确

美国在建立初期就开始了对知识产权的保护。美国宪法在 1787 年的第 1 章第 8 款中对著作权和专利进行了详细的规定。1790 年，世界上首个《专利法》诞生；1802 年，直接隶属于国务院的专利局设立。这一时期的立法与制度的确立，是美国智慧财产保护制度的基石。

2. 知识产权《反垄断法》执行

20 世纪以后，美国对知识产权的保护发生了几次重要的变化。美国在经历了 1929 年的大萧条后，为贯彻执行《反垄断法》，对专利做了较为严厉的限制。这一政策在对我国的反垄断起了一定的促进作用的同时，也对科技发明人的创新热情产生了一定的影响。19 世纪 60 年代后期，美国逐渐认识到科技的流失，则加强了对知识产权的保护。在这个时期，美国的创新活力显著下降。

3. 知识产权进入全球保护

19 世纪 80 年代，美国为实现美国专利人的最大利益，制定了一项包含了产业结构调整、知识产权制度改革等内容的知识产权战略。美国对知识产权的保护已步入新的历史时期。以资讯科技为先导，全球知识产权的保护已成为大势所趋。美国目前的《专利法》始于 1952 年，《贝多尔法案》是美国知识产权保护政策中的重点法案。美国的《专利法》明确了国家投入技术成果的所有权与收益分配机制，对科技创新与产业化起了重要的推动作用。

4. 持续强化其全球领先地位

美国在 21 世纪的知识产权建设方面持续强化其全球领先地位，并采取了多方面的措施来保护知识产权和促进其知识产权的发展。第一，美国对知识产权的保护与发展提出了一系列的策略与政策，这些政策不仅关注国内的法律框架和执法机制，还包括如何将美国的知识产权保护标准推广到国际层面。第二，加大国际合作与协调。美国积极参与国际合作，与世界其他国家和地区进行了广泛的交往合作，推动了各国在知识产权保护和执行方面的发展。

美国不仅在国内形成了一套成熟的知识产权保护体系，而且在国际上也发挥了重要作用，推动了全球知识产权保护的发展。

（二）实践经验

美国对知识产权的保护是多层次、全方位的。具体来说：

美国在知识产权保护方面有着非常完善的法律体系。美国《专利法》《商标法》《版权法》《反不正当竞争法》是美国知识产权制度体系的重要组成部分。

美国知识产权保护体系拥有行政保护机制。除了司法保护，美国还拥有独具特色的行政保护机制如337调查程序，以及通过展会和海关的知识产权保护机制，形成了与司法程序相辅相成的完备保护体系。

美国知识产权保护体系拥有较强的打击力度。美国知识产权保护体系不仅提供民事途径，还通过刑事手段对恶意侵权行为进行打击，包括惩罚性赔偿原则，以提高侵权成本，震慑潜在侵权者。

美国知识产权保护体系拥有行政确权机构。美国专利商标局负责专利、商标的登记、审查等工作，版权局负责版权的登记管理，确保了知识产权的正规化和标准化。

美国知识产权保护体系拥有域外保护制度。美国不仅在国内建立了完善的知识产权保护体系，还在国际上构建了域外保护制度，以保持其在全球范围内的技术优势和保护其创新成果。

（三）启示与借鉴

美国的知识产权保护体系在全球范围内具有很高的影响力和认可度，其完善的法律制度、严格的执法力度及高效的司法程序为创新者提供了良好的保护。对于我国来说，可以从以下几个方面借鉴和学习：

1. 完善法律法规，提升惩戒力度

第一，美国拥有一套完整的知识产权法律体系，包括《专利法》《商标法》《著作权法》等。美国在21世纪不断完善其知识产权相关的法律法规，以适应新的技术和市场发展需求。这些完善措施旨在提高法律的适用性和执行力，确保知识产权得到更加有效的保护。我国可以进一步完善自己的知识产权法律体系，使之更加严密、细致，以适应不断变化的国际环境。第二，美国加大了对侵权行为的惩戒力度，通过严厉的法律制裁来打击侵犯知识产权的行为，包括提高侵权成本，加大对侵权行为的处罚力度，以及简化权利人维权的程序和流程。这些举措不仅有助于保护创新者和企业家的合法权益，也有助于维护公平的市场竞争环境。我国可以加大知识产权保护的执法力度，提高执法效率，确保侵权者受到应有的惩罚。

2. 加强司法保护力度，培育产权文化氛围

第一，美国拥有专门的知识产权法院，专门负责处理知识产权纠纷。目前，我国在北京、上海、广州设立了知识产权法院，应加大知识产权法院的建设，提高知识产权纠纷的处理效率和公正性。第二，美国社会普遍尊重知识产权，这种文化氛围有助于提高公众对知识产权的认识和保护意识。我国可以通过教育、宣传等方式，营造全社会尊重知识产权的文化氛围。

3. 加强国际合作，完善创新体系

美国积极参与国际知识产权保护合作，助力提高全球知识产权保护水平。我国可以与其他国家在知识产权保护领域进行合作，共同应对知识产权的跨国侵权行为，积极参与世界知识产权组织的洽谈与合作，积极参与国际规则的制定与解决国际知识产权争端，在相关谈判中根据我国的具体情况合理提出知识产权议题，适时表达我国的知识产权立场，争取在国际舞台上的发言权，增强我国在全球知识产权治理体系中的规则制定权；进一步加强与共建"一带一路"国家和地区的合作，帮助其健全知识产权制度，建立高水平的合作机制，推动沿线国家规则的协调一致性和提高知识产权整体保护水平，打造多方协同互动的国际知识产权合作新模式。美国知识产权保护体系的建设与完善为其科技创新提供了有力支撑。我国或者可以进一步完善创新体系，打造以企业为主体、以市场为导向、政产学研用相结合的制造业创新体系。应当鼓励企业成为创新的主导力量，同时推动政府、研究机构、高等教育机构和终端用户间紧密合作网络的形成。

第二节　国内知识产权保护

一、粤港澳知识产权保护

（一）知识产权合作历程

1. 初步建立知识产权法律框架

随着经济全球化和区域经济一体化的发展，粤港澳地区开始意识到知识产权保护的重要性，并初步建立起相应的法律框架。中国香港作为一个国际金融中心，较早地建立了较为完善的知识产权法律体系，广东和中国澳门则在与中国香港的合作中逐步提升了自身的知识产权保护水平。2003 年，广东省知识产权局与香港知识产权署在《粤港合作框架协议》机制下牵头成立了粤港保护知识产权合作专责小组，粤方包括广东省市场监督管理局、广东省版权局、广东省商务厅、广东省公安厅、中华人民共和国海关总署广东分署等部门，港方包括中华人民共和国香港特别行政区政府商务及经济发展局、中华人民共和国香港特别行政区政府香港知识产权署、香港特别行政区政府香港海关。粤港保护知识产权合作专责小组建立年度工作会议机制，每年召开工作会议总结上一年度合作情况，商定下一年度合作项目。

2. 深入开展知识产权保护工作

2018 年 8 月，粤港保护知识产权合作专责小组在粤港澳大湾区举行了一次会议，探讨了一种新型的协作机制，以促进粤港两地在这一领域的合作。《粤港澳大湾区发展规划纲要》提出，要以港、粤、澳三地为基础，在知识产权保护和人才培养等方面开展全方位合作，加强知识产权创造、运用、保护、贸易等领域的国际合作。中国香港通过提供与知识产权保护相关的专业服务，将自身打造成一个区域性的知识产权交易枢纽。要不断丰富、发展、完善我国的知识产权保护体系，使之更好地发挥作用。搭建大湾区内知识产权信息交流与合作平台，促进区域间的合作。

3. 构建知识产权大保护新格局

自 2020 年起，粤港澳地区的知识产权保护工作朝着构建大保护新格局的方向发展。《中华人民共和国国民经济和社会发展第十四个五年规划和 2035 年远景目标纲要》赋予了中国香港新的定位，中央人民政府为中国香港发展为区域知识产权贸易中心提供了支持。政策导向不仅指明了粤港澳知识产权事业融合发展才能更好发挥知识产权激励创新创造的作用，也表明了中国香港经济社会发展的关键是融入国家发展大局。如今，粤港澳大湾区在新形势下不断深化合作，各自在保持持续高速发展、突破传统合作模式的同时，知识产权逐渐成为新的突破口。

（二）实践经验

在粤港、粤澳知识产权合作机制下，各单位在深化跨区域合作机制、开展知识产权联合执法、建立案情交流机制、促进贸易发展、加强民间知识产权交流、提高知识产权人才培养和服务水平、推广"正版正货"、建立知识产权资源共享平台等方面开展务实合作。

1. 知识产权协作执法力度增强

粤、港、澳三地在知识产权保护方面的合作日益紧密，特别是在跨区域执法协作机制方面取得了显著进展。海关总署广东分署与香港海关、澳门海关共同努力，不断完善粤港澳知识产权跨区域执法和案件协作处理机制。通过定期通报相互查获的侵权案件信息，开展海关保护知识产权保护的同步联合执法行动，在打击进出口走私侵权物品违法行为方面取得了显著成效。此外，为了更好地保护专利、商标和著作权等方面的权益，粤、港、澳三地正积极建立跨地区的案件协查机制。通过交换情报和其他机制，三地能够及时发现并通报侵权案例，进而开展跨地区的联合执法行动。这种紧密的合作不仅有助于提高执法效率，也有助于维护粤港澳地区的知识产权秩序，为创新和技术发展提供更加有力的保障。

2. 知识产权保护合作日益深化

粤、港、澳三地积极推进知识产权和服务领域的合作，特别是在自贸区背景下的探索。为了深入探讨这一主题，专家组织了针对自贸区背景下粤、港两地知识产权问题的专题研讨，旨在发掘新的合作途径和机遇。在线上资源方面，三地共同建立了"粤港澳知识产权资料库""粤港知识产权合作专栏""粤港知识产权合作工作专班"的网页，这些平台提供了丰富的资讯，极大程度提高了三地知识产权合作的便利程度。与此同时，粤、港、澳三地还积极协助香港特区政府、香港贸发局和香港设计中心主办亚洲知识产权商业论坛，促进了区域内的知识产权交流与合作。

3. 知识产权互动交流逐步加深

粤、港、澳三地政府积极推动民众在知识产权方面的互动。在组织泛珠江三角洲地区"9+2"国家间的知识产权交流与合作，以及与泛珠江三角洲地区知识产权合作的同时，广东省版权局和香港海关、香港知识产权署合办文化创意产业及粤港两地青年间的版权合作项目，粤港两地的商标主管机关就商标问题进行了专题研讨和交流，且探讨了如何加强"品牌国际化"的问题。

4. 知识产权保护意识持续提升

为提升公众知识产权保护意识，粤、港双方在广东全省 21 个地级市及顺德区积极推广"正版正货"承诺活动，并加大宣传力度，以营造尊重和保护知识产权的良好氛围。同时，粤、港、澳三方联合制作知识产权公益宣传片，共同营造尊重保护知识产权的良好氛围。此外，粤、港双方联合谱写粤港保护知识产权合作纪念歌曲，并联合编纂纪念画册，宣传推广企业发挥粤港澳三地优势实现创新国际化发展的典型案例。

（三）启示与借鉴

粤、港、澳三地在知识产权保护方面的紧密合作，展现了区域协同作战在打击侵权和保护知识产权方面的巨大潜力，也为知识产权保护带来了丰富的实践启示。

1. 积极加强跨区域协作

粤、港、澳三地在知识产权保护方面的紧密合作显示了跨区域协作在打击侵权和保护知识产权方面的重要性。通过共享信息、资源和策略，可以更有效地应对跨境侵权问题，提高整体的执法效率和增强执法效果。这种合作模式为其他地区提供了一个成功的范例，强调了在全球化背景下，区域间的合作对于维护知识产权秩序的重要性。因此，建立类似的知识产权保护协作机制，通过跨区域合作，共同打击侵权行为，共享信息和资源尤其可以极大程度提高处理侵权案件的能力。

2. 采用多元化合作方式

除了执法协作，粤、港、澳三地还在知识产权和服务领域展开了多样化的合作，包括专题研讨、线上资料库的建立、版权合作项目、商标问题的研讨交流等。这些合作方式不仅促进了政府间的互动，也鼓励了民众特别是年轻一代参与。此外，通过宣传培训和公益活动，增进民众对知识产权保护的认知，为知识产权保护工作创造良好的环境。这种多元化的合作方式为区域内的知识产权保护工作提供了全方位的支持。因此，要不断推动政府、企业和公众在知识产权保护方面的多样化合作，包括举办专题研讨会、建立线上资源平台、开展版权合作项目等，以促进知识产权的创新和运用。

3. 推动政府与公众有效互动

在知识产权保护过程中，应加强政府与公众在知识产权方面的互动，具体可以通过以下几种方式：第一，举办知识产权活动，组织知识产权相关的展览、论坛、研讨会等活动，邀请政府官员、行业专家、学者和企业家共同参与，为政府和民众提供交流的平台。第二，培养专业人才，与教育机构合作，开设知识产权相关课程，培养专业的知识产权人才，为行业发展提供人力资源支持。第三，建立沟通机制，设立知识产权咨询窗口或在线服务平台，为民众提供咨询服务，解答知识产权相关问题。同时，收集民众意见和建议，作为政策制定和执行的参考。第四，提升执法透明度，加大知识产权侵权案件的公示力度，让民众了解侵权的后果，增强法律威慑力。同时，公开执法过程和结果，提高政府工作的透明度。

4. 促进知识产权宣传与教育

对于知识产权的宣传与教育，可以采取以下措施：第一，通过媒体、社交平台、公共讲座等多种渠道，普及知识产权的基本知识和最新政策。通过宣传片、案例分析等形式，提高民众对知识产权重要性的认识。第二，建立知识产权教育基地，在全省范围内选取重点高校和研究机构，建立知识产权教育和研究基地，通过这些平台开展系列讲座、研讨和实践活动，为学生和研究人员提供深入了解和学习知识产权的机会。第三，推广校园知识产权教育，在中小学及大学课程中加入知识产权相关内容，通过课堂教学、模拟法庭、创意比赛等多种形式，培养学生的知识产权意识和创新能力。第四，加强企业知识产权培训，针对省内企业特别是中小企业，提供定制化的知识产权培训服务，帮助企业了解知识产权的重要性，掌握知识产权申请、运用、保护的策略和方法。

二、京津冀知识产权保护

（一）知识产权保护发展历程

1. "十三五"时期

知识产权公共服务在知识产权全链条中扮演着基础性和保障性的重要角色。

作为推进京津冀知识产权公共服务一体化的重要举措，京津冀联动服务起始于"十三五"时期，维权中心协同合作得以加强，初步建立了涉及知识产权举报投诉、维权援助和纠纷调解的合作机制，还建立了专家资源共享机制。京津冀共建七家知识产权保护服务工作站，共同为大型活动、重点产业持续提供服务。"十三五"时期，贯彻党中央、国务院对知识产权工作的重要部署，全面深化实施《国务院关于新形势下加快知识产权强国建设的若干意见》，推动区域知识产权协调发展。推动开展知识产权区域布局试点，建立以知识产权资源为核心的配置导向目录，促进区域知识产权资源的合理配置和政策优化调整。加强京津冀地区知识产权保护，推动知识产权运用协同、服务共享，促进创新要素的自由流动和合理流通。推进京津冀经济带知识产权建设，引导产业优化布局和协作分工。

2."十四五"时期

随着联动服务机制的逐步完善，"十四五"时期，北京市知识产权公共服务中心与天津市知识产权保护中心、河北省知识产权保护中心深化合作，先后两次签订《京津冀知识产权公共服务三年行动计划》，有效推动京津冀知识产权公共服务顶层设计统筹推进、服务模式和流程统一、服务资源共享，共同合作，建立服务京津冀企业的便捷高效的知识产权公共服务体系。支持区域经济协调发展，完善中央和地方之间的合作协商机制，不断推动知识产权领域的省市建设，在省、市、县及园区层面深入推进知识产权领域强国建设试点示范工作，探索支持创新发展的知识产权运行机制。加强区域间合作与协助，促进东部、中部、西部和东北地区的知识产权工作共同提升。鼓励地方积极探索适应区域发展需求的知识产权政策框架，推动京津冀地区高端知识产权服务业的集聚和发展。

（二）实践经验

1.联动合作不断深入

京津冀的公共服务联动合作一直纵贯深化至区县一级。北京市知识产权公共服务通州区中心，联合天津市武清区和河北省廊坊市的知识产权管理部门，共同探索一种新的跨区域一体化知识产权协同发展模式。同时，北京市知识产权公共服务延庆区中心也参与了北京市延庆区与河北省张家口市桥东区、宣化区、怀来县、崇礼区之间的跨区域知识产权工作合作协议签订，充分发挥各地区的特色和优势，实现互补、共享和协同发展的目标。

作为京津冀协同发展战略的重要一环，京津冀知识产权一体化工作不断深化，"1+2>3"的效果日益显现，在京津冀地区，知识产权协同发展已经取得了显著的成果。

2. 公共服务更加便捷

"属地管理、联合指导、共建共享"是自京津冀知识产权公共服务一体化机制建立以来，京津冀知识产权公共服务机构始终秉持的工作方针。"十三五"时期，京津冀共建七家知识产权保护服务工作站，共同为大型活动、重点产业持续提供服务。

设立了京津冀（雄安）的知识产权保护分中心。京津冀知识产权公共服务机构充分使用自身知识产权公共服务资源，以自由贸易试验区为重点，联动开展专题培训、企业辅导、维权援助等精准服务 300 余次，服务企业 5000 余家次，有效发挥了知识产权公共服务支撑创新的作用；主办京津冀知识产权协同发展研讨会，讨论雄安相关议题，来自京、津、黑、吉、辽、晋等地的 11 家知识产权公共服务机构和雄安新区中级人民法院参加，共同努力建设跨区域知识产权快速协同保护发展示范区。

面向公众的服务就要切实做到便捷高效。京津冀合作深化，共同建设方便群众、造福民众的知识产权公共服务体系，提高京津冀知识产权公共服务一体化水平。例如，颇受企业好评的北京市海外知识产权公共服务信息库，就向天津、河北两地用户开放注册，京津冀用户可获得同样的信息服务。

北京市知识产权公共服务中心与天津市、河北省知识产权保护中心共同合作，制定了《京津冀海外知识产权纠纷协同应对指引（试行）》。目的是规范处理海外知识产权纠纷并提供及时高效的咨询服务，致力于为企业制定事前维权方案、实施事中处置措施及加强事后自我保护提升的全方位"闭环式"海外知识产权维权服务，为京津冀地区企业有效开展海外知识产权维权工作提供了支持。

京津冀协同发展战略深入推进，京津冀合作不断深化，努力建立一个更加普惠、精准、便捷、高效的知识产权公共服务体系，为京津冀的创新型企业和人才提供更加优质的服务，打造优良的创新环境和营商环境，支持区域经济高质量发展。

（三）启示与借鉴

1. 创新合作模式，推动知识产权转化应用

京津冀地区通过创新的合作模式，成功推动了知识产权的创作、维护和应

用。第一，京津冀政府达成知识产权合作协议，明确规定了共同推进知识产权发展的目标和责任。在这一框架下，京津冀聚焦产业转型升级，鼓励企业、高校和研究机构开展合作研发，共同申请和保护知识产权。这种合作模式打破了地域限制，实现了资源共享和优势互补，加速了知识产权的创造与积累。第二，京津冀地区还在积极推动知识产权的转化应用方面发挥作用。设立了知识产权交易平台和孵化器，推动知识产权的流通和实现产业化。第三，加强知识产权金融服务，为创新型企业提供资金支持，推动知识产权的商业运营。这些措施不仅提升了知识产权的价值，也促进了区域经济的创新发展，并为其他地区提供了知识产权工作整体发展上的先进经验。

2. 完善公共服务体系，满足创新发展需求

京津冀地区在加强知识产权公共服务体系方面取得了显著进展。第一，京津冀共同设立了知识产权公共服务平台，为创新主体提供了涵盖知识产权信息查询、申请、维权等全方位服务的便捷平台。这些平台整合了丰富多样的知识产权资源，为用户提供了高效便利的服务。第二，京津冀地区加强了知识产权信息供给和数据领域交流合作。通过共享知识产权数据库和信息资源，实现了京津冀之间信息的互通和资源的共享，不仅提升了知识产权信息的准确性和可靠性，同时为创新活动提供了有力的信息支持。第三，京津冀地区专注于提高知识产权服务的质量和效率。通过引入和培养知识产权专业人才，加强知识产权服务机构的建设和管理，提升了知识产权服务的专业化和精细化水平。这些举措为创新主体带来了更优质的知识产权服务，助推了创新活动的顺利展开。

3. 强化协同保护，维护市场秩序

京津冀地区在协同保护知识产权方面已取得显著成果。第一，京津冀已建立跨区域的合作机制，以加强法律执法合作并实现信息共享。通过联合执法行动，打击了一批知识产权侵权和犯罪行为，维护了市场秩序和公平竞争的环境。第二，京津冀地区改进了知识产权纠纷的多元化调解机制。通过设立知识产权调解中心，推动调解与仲裁、诉讼等方式的衔接，为权利人提供了更加灵活和高效的维权途径。这一系列举措不仅减轻了法律系统的负担，也提高了处理知识产权纠纷的效率。第三，京津冀地区着力加强知识产权的宣传与教育工作。通过举办各类知识产权培训和宣传活动，提升了民众对知识产权的认知水平与尊重意识。这有助于营造全社会共同维护知识产权的良好氛围，促进知识产权事业的健康发展。

三、长三角知识产权保护

（一）知识产权发展历程

1. 建立共商、共进、共治、共享的发展机制

2018 年，长三角地区三省一市在上海签署了《长三角地区知识产权一体化发展框架协议书》，标志着长三角地区三省一市在知识产权领域站在了更高的起点上，旨在寻求更高质量的一体化发展成效。同时，三省一市通过建立常态化的知识产权共商机制，更好地协调和推进区域内的知识产权事务。此外，通过整合运营和交易平台，推动三省一市的知识产权运营和交易平台（中心）进行优势整合和互联互通，更高效地进行知识产权的交易和管理。

2. 多维度构建知识产权生态圈

2019 年，长三角地区着力打造知识产权生态圈，旨在提高整个地区的知识产权保护水平。举措包括尝试建立以产业联盟和产业园区为核心的知识产权密集型产业创新集群、加强长三角重点区域的知识产权链条完整性及致力于建设成引领产业高质量发展的示范区。

3. 进一步加强区域内的知识产权保护协作

2020 年，三省一市共同签署了一系列合作协议，包括《人民法院和知识产权局关于推进长三角一体化科技创新知识产权保护备忘录》（以下简称《备忘录》）、《推进知识产权领域信用一体化建设框架协议》、《地理标志保护和运用合作协议书》。《备忘录》的签署标志着长三角地区在知识产权保护方面迈出了重要一步。这种法院与知识产权局的合作模式，可以更好地解决知识产权纠纷，提高知识产权保护的效率和增强知识产权保护的效果，为长三角地区的科技创新提供坚实的法律支持。不仅可以促进区域内的科技创新和经济发展，也为其他地区提供了可借鉴的经验。

4. 明确知识产权联合保护等方面的具体措施

2021 年，《关于在长三角生态绿色一体化发展示范区强化知识产权保护推进先行先试的若干举措》开始实施。这一举措的实施促进了知识产权行政执法和司法裁判标准在示范区内的一致性，同时完善了三地行政执法和司法的衔接机制，并且加强了三地知识产权服务资源共享，建立了便民利民的公共服务体系，使创新成果更好地造福示范区居民。更重要的是，这一措施还将促进市场的充分发

挥，为创新要素的自由有序流动和高效配置营造良好的发展环境。

5. 持续加强区域知识产权保护协作

2022 年，长三角地区三省一市持续加强区域知识产权保护协作，有效消除了信息孤岛现象。三省一市联合查办了一批跨区域知识产权违法案件，共同打造了一流的营商环境。在数字经济与实体经济融合的背景下，长三角地区在知识产权的创新运用上先行探索，不仅可以适应新的发展趋势，同时为其他省份的知识产权保护带来了丰富的实践经验。

综上所述，自建立以来，长三角地区的知识产权保护体系不断完善和发展，形成了一个多层次、跨区域协作的系统。为了更好地推动知识产权高质量发展，长三角地区三省一市努力打破行政壁垒，优化资源配置，实现区域内信息互通、发展经验互鉴、监管协同互动、行业评价互认，进一步促进专利代理资源要素的流通和融合发展，提高三省一市专利代理行业的发展水平，更好地为长三角区域一体化发展的国家战略提供服务。

（二）实践经验

长三角地区的知识产权保护体系是一个"多层次、跨区域协作的系统"，旨在优化知识产权营商环境，提升服务质量，促进产业发展，并加强海外资源共享。以下是该体系的主要内容和特点：

1. 建设产业知识产权运营中心，注重商标品牌培育

针对重点产业如集成电路、生物医药、人工智能等，长三角地区成立了专门的产业知识产权运营中心。该中心聚焦关键领域核心技术的攻关，提供专利导航、知识产权分析评议、交易转化等服务，以推动产业的创新发展。同时，长三角地区三省一市开展"千企百城"商标品牌价值提升行动，布局建设商标品牌指导站，引导企业加强商标品牌建设和运用，提高产品与服务的市场竞争力，从而推动区域品牌经济的发展。

2. 发展知识产权金融服务，践行先行先试举措

鼓励和支持金融机构开发知识产权信托、保险、质押等金融产品，为企业提供多样化的知识产权金融服务，促进知识产权的有效运用和产业化。此外，在长三角生态绿色一体化发展示范区等地，探索强化知识产权保护的新机制，如联合保护、服务资源共享流动和管理服务一体化，为产业发展提供更加有力的知识产权保障。

3. 打造质量导向政策支持，协同跨区域合作发展

突出质量导向，提升每万人口高价值专利拥有量，鼓励企业创造高质量的知识产权，以增强企业的核心竞争力和市场影响力。建立长三角地区知识产权保护协作机制，共享信息资源，协同处理电商平台上的假冒侵权行为，加强源头追溯和线上线下执法办案合作，共同打造良好的知识产权营商环境。

综上所述，长三角地区通过完善机制、畅通流转、促进发展、加强保护、优化服务、改革创新等措施，不断推动知识产权在高质量发展中发挥作用。同时，三省一市将建立长三角专利代理行业高质量发展一体化合作机制，消除地区间行政限制，优化资源配置，全面推进形成区域内信息互通、发展经验互鉴、监管协同互动、行业评价互认的局面，促进专利代理资源要素的流通和融合发展，大幅提高三省一市专利代理行业的水平，更好地服务长三角区域一体化发展国家战略。

（三）启示与借鉴

长三角地区的知识产权建设对其他地区的启示与借鉴体现在以下几个方面：

1. 立足国家战略，产权融入创新

长三角地区能够形成专利"金三角"，关键在于其立足于国家发展战略，整体推动区域知识产权的强省强市建设。这一策略为其他地区提供了一个重要的参考，即在知识产权建设中要紧密结合国家的整体发展目标和战略定位。此外，长三角地区特别是浙江省在数字化改革方面取得了显著成效，将知识产权融入产业科技创新过程，通过建立知识产权与产业协同发展机制，提升企业的创新能力，并且促进知识产权的高水平保护和高效运用。这一举措为其他地区提供了如何通过数字技术来提升知识产权管理和服务水平的重要参考。

2. 构建合作机制，强化服务功能

长三角地区在知识产权领域采取了"共商、共建、共管、共享、共赢"的建设思路，促进了区域内知识产权资源的整合和优化配置。其他地区可以借鉴这一做法，通过跨区域协作提高知识产权保护和管理的效率，探索建立类似的合作机制，加强与周边省市的统筹协作。同时，可以共商建立科研组织知识产权高质量发展机制，实现资源共享和一体化管理服务。此外，长三角地区在知识产权服务方面进行了积极的探索和实践，如建立知识产权保护联盟、提供维权援助等，为其他地区提供了通过服务功能强化来促进知识产权保护和应用的实践经验。

3. 针对自身情况，完善保护体系

长三角地区持续推进知识产权保护体系建设，建立了多家国家级知识产权保护中心和快速维权中心，以及大量的知识产权纠纷调解组织。这种做法为其他地区提供了如何构建高效、专业的知识产权保护体系的范例。其他地区可以立足国家战略，依托区域特色和优势，制订相应的知识产权发展计划，以及通过政策引导和支持，促进知识产权与产业的深度融合。

4. 唤醒沉睡专利，打造产权保护高地

长三角地区在积极探索数据知识产权这个新事物的同时，推动高校、科研院所等"沉睡专利"更快更好地向中小企业实施转化。通过促进专利"一对多"快速许可，来降低企业交易成本，进而推进专利价值实现。与此同时，重点谋划发展战略，通过制度创新提升营商环境，来吸引跨国企业和支持民营企业，且稳住外贸外资基本盘。此外，积极应对知识产权争端，打造国际一流的营商环境。这些举措都为其他地区知识产权保护的建设提供了参考。

综上所述，其他地区可以从长三角地区知识产权建设的成功经验中学习到如何更好地整合资源、构建合作机制、完善保护体系、强化服务功能、利用数字化技术及鼓励创新，从而提高自身的知识产权建设和管理水平。

第五章　装备制造业发展现状分析

第一节　制造业发展现状分析

作为国民经济的主体，制造业有力推动了我国工业化和现代化进程，为我国经济发展和国民经济的增长贡献了巨大的力量，是我国经济的重要组成部分。虽然我国制造业产值已超过美国，在制造业总产出中所占的比重位居世界第一，增长速度也处于世界领先地位，但相比于世界先进水平，我国制造业在自主创新能力、要素利用效率、生态经济效益等方面的差距较为明显，还存在着"大而不强"的问题。我国要实现制造业高质量发展，任务艰巨，还有很长的路要走。2020 年召开的全国工业和信息化工作会议明确指出，聚焦智能制造、绿色制造、高端装备等重点领域，加快制造业高质量发展，引导外资投向电子信息等先进制造业。

一、制造业区域发展现状分析

制造业行业发展现状主要从整体和分地区两个方面，从制造业企业单位个数、资产总计、增加值、销售产值、主营业务收入、利润总额及平均用工人数等几个主要经济指标进行分析。

（一）制造业整体发展现状分析

从整体来看，2011~2019 年我国制造业企业单位数及增长率如图 5-1 所示。

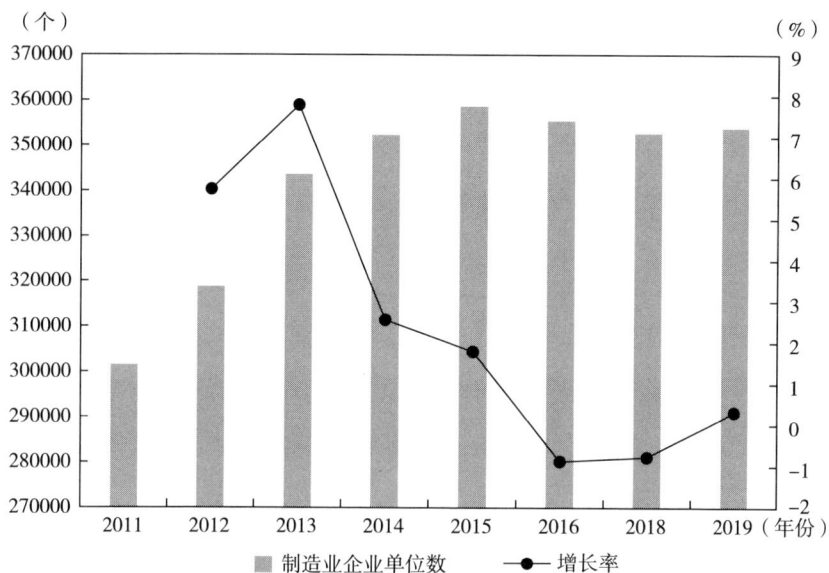

图 5-1　2011～2019 年我国制造业企业单位数及增长率

资料来源：根据《中国工业统计年鉴》（2012～2020）整理得出。

　　从图 5-1 可以看出，2011～2015 年我国制造业企业单位数总体呈现上升趋势，尤其在 2014 年和 2015 年增长迅速。然而，从 2016 年开始，制造业企业单位数出现下降的趋势，并在 2018 年达到 2016 年以来的最低点。与此同时，增长率也从 2012 年的约 5.73% 下降到 2019 年的 0.31%。这表明，在这段时间内，尽管制造业企业数量有所增加，但整体增长速度放缓，甚至出现衰退。

　　制造业企业单位数的增长与经济环境、政策调控和市场需求等因素密切相关。2011～2016 年，我国经济持续增长，政府出台了一系列扶持实体经济发展的政策措施，如减税降费、信贷支持等，为制造业的发展创造了良好的外部环境。这些因素共同推动了制造业企业数量的增加。然而，自 2016 年以来，经济增长放缓，全球经济不确定性增加，导致市场需求不振。同时，随着劳动力成本上升、环保压力加大及技术变革加速，部分传统制造业企业面临生存挑战，纷纷转型或退出市场。这些内外部因素的综合影响使制造业企业单位数增长乏力，并最终在 2018 年出现下滑。

　　从图 5-2 可以看出，2011～2019 年，制造业企业资产总计呈现逐年增长的趋势。2011 年资产总计为 51.33 万亿元，到 2019 年，资产总计已达到 91.13 万亿元。这说明，在这段时间内，我国制造业企业的资产规模不断扩大，市场竞争力逐渐增强。

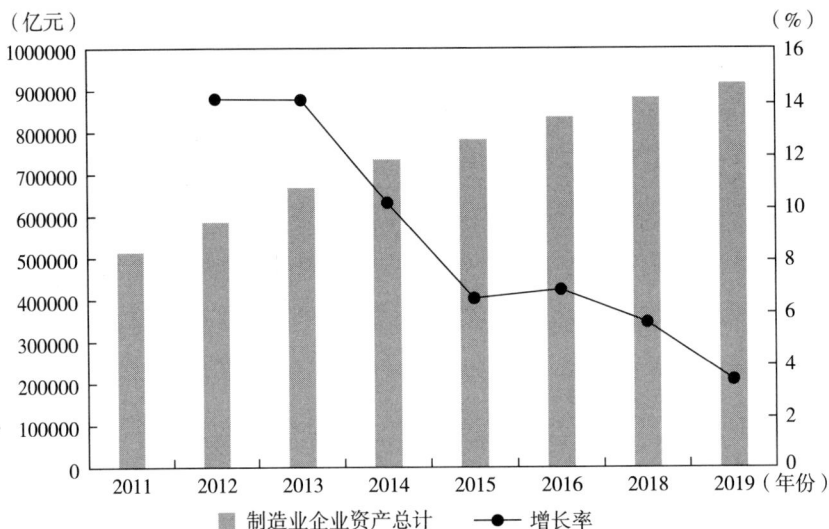

图 5-2　2011~2019 年我国制造业企业资产总计及增长率

资料来源：根据《中国工业统计年鉴》（2012~2020）整理得出。

　　分阶段来看，制造业企业资产总计在 2011~2014 年呈现稳步增长的趋势。这一时期，我国制造业发展迅速，国内外市场需求旺盛，企业投资意愿增强，促进了资产规模的扩大。特别是在 2012 年和 2013 年，制造业企业资产总计增长率达到了较高的水平，分别为 14.06% 和 14.03%。这主要得益于政府对制造业的支持政策，以及企业自身技术创新和产业升级的推动。

　　然而，从 2015 年开始，制造业企业资产总计增长率出现了波动，呈现忽高忽低的趋势。这期间，全球经济复苏缓慢，国内外市场需求减弱，制造业发展面临较大的压力。在这样的背景下，制造业企业资产总计增长率在 2016~2019 年持续下降，2019 年处于最低点，增长率仅为 3.34%。

　　从图 5-3 可以看出，我国制造业增加值保持着上升的趋势，从 2011 年的 15 万亿元提升至 2019 年的 26.41 万亿元，增长率高达 76% 左右。其中需要特别关注的是，我国制造业增加值在 2015 年和 2018 年分别突破 20 万亿元和 25 万亿元。由此也可以看出，制造业规模在不断扩大。

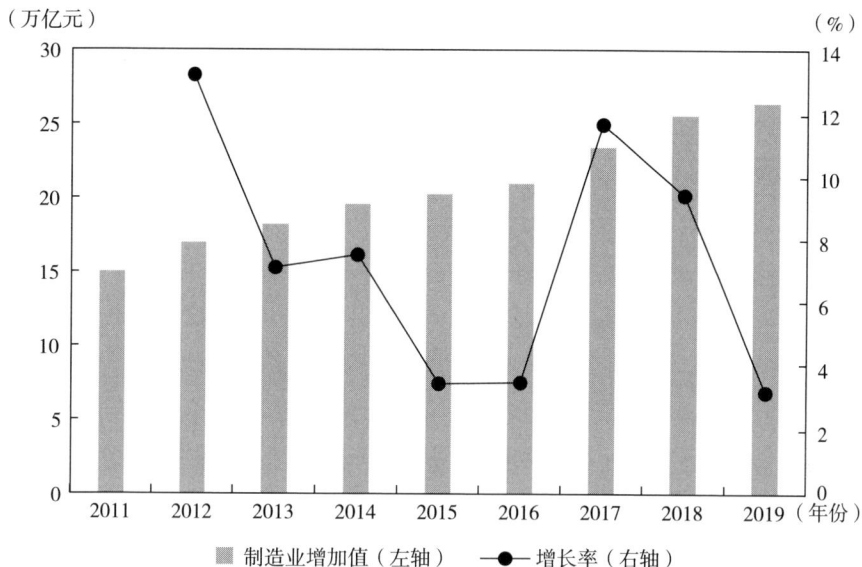

图 5-3 2011~2019 年我国制造业增加值及增长率

资料来源：根据《中国工业统计年鉴》（2012~2020）整理得出。

我国制造业增长率在 2011~2019 年出现了两次高速增长的时点。第一次发生在 2012 年，虽然海外刺激政策退出导致外需较为疲软，我国制造业开始从外需主导转向内需，出口依赖行业营收占比下滑，但很可能是因为我国当时推行了一批重大基础设施项目，所以扩大了相关产能。第二次出现在 2017 年，很可能是因为 2016 年开始供给侧结构性改革，去产能、去库存引起 PPI 大幅反弹，带动了钢铁、石油、煤炭等行业增长。与此同时，2016 年以后，全球经济复苏，出口回暖，出口依赖行业营收占比重回上升通道。经济环境的回暖与重大政策的转折同时发生使 2016 年出现中国制造业增长率的最低值。

从图 5-4 可以看出，2011~2019 年，我国制造业企业主营业务收入呈先增长后降低趋势，2016 年制造业企业主营营业收入最高，达到 10.47 万亿元，2018~2019 年受通信设备、计算机和汽车行业不景气影响，营业收入降低。

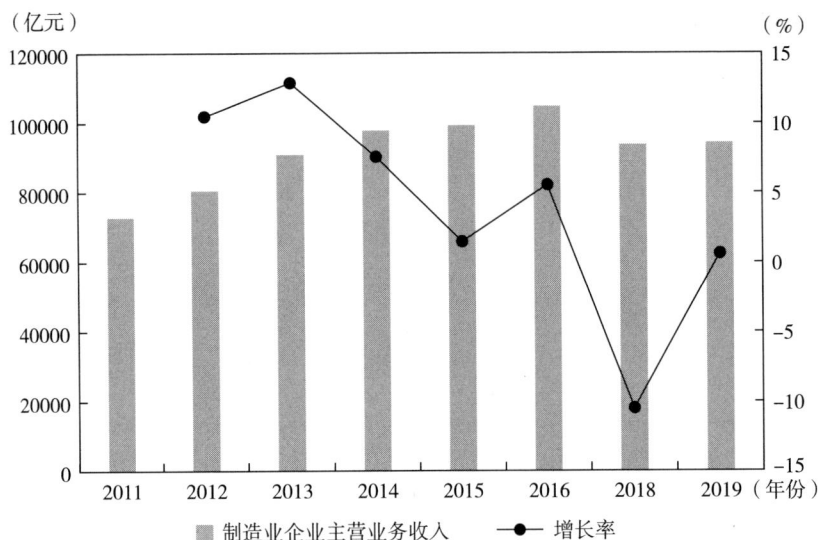

图5-4 2011~2019年我国制造业企业主营业务收入及增长率

资料来源：根据《中国工业统计年鉴》（2012~2020）整理得出。

与此同时，我国制造业企业主营业务收入增长率也呈现相似的波动趋势。从2011年开始，增长率迅速上升，到2013年达到最高点12.88%。2013~2016年，增长率呈现先下降后上升的趋势，到2016年达到新的高点5.54%。2016年之后，增长率下降速度较快，成为负增长，虽然2019年增长率有所回升但仍处于较低的水平。

究其原因，本书认为，进入高质量发展阶段后，市场竞争加剧导致大多数企业效益下滑。一方面，我国需求总量增速趋缓，供给市场相对过剩，存量市场竞争激烈；另一方面，需求升级是大势所趋，细分供给市场仍有成长空间，供给结构从有到优逐步转变。在此背景下，行业整体进入中低速增长阶段，企业在有限的存量市场竞争中面临你输我赢的激烈对抗，头部领先企业和特色优势企业市场竞争力更加明显，利润向其集中；相对落后企业经营效益普遍下滑，市场空间和行业利润被头部企业逐步蚕食。

从图5-5中可以看出，2011~2016年我国制造业企业利润总额保持上升的趋势，从2011年的4.78万亿元提升至2016年的6.53万亿元，增长率达36.4%。其中需要特别关注的是，我国制造业企业利润总额在2013年和2016年分别突破

5万亿元和6万亿元。由此也可以看出，制造业规模在不断扩张。2018~2019年，制造业企业利润总额从总体来看呈现降中趋稳的态势，考虑其原因主要有以下几点：第一，原材料等要素成本上升，企业盈利能力下降。第二，结构调整和转型升级。随着我国经济发展进入新常态，制造业正面临结构调整和转型升级的压力。在这个过程中，一些传统制造业企业可能会因为技术落后、竞争力不足等原因，所以面临利润下降的问题。第三，2018年之后，我国金融环境趋紧，融资成本上升，对于部分融资依赖程度较高的制造业企业来说，增加了其经营压力，导致利润下降。

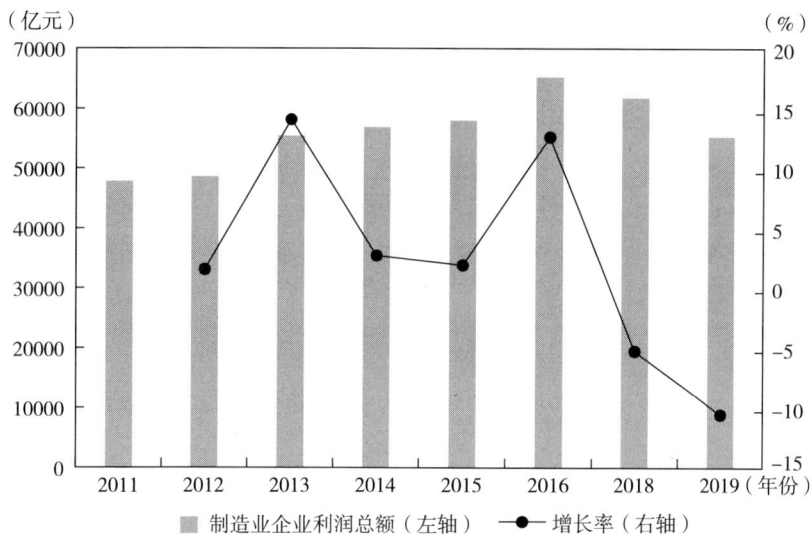

图5-5 2011~2019年我国制造业企业利润总额及增长率

资料来源：根据《中国工业统计年鉴》（2012~2020）整理得出。

与此同时，制造业企业利润总额的增长率也呈现相似的波动趋势。2012年我国制造业企业利润总额仅比2011年上涨1.52%。从2012年开始，增长率迅速上升，到2013年达到最高点14.06%。2013~2016年，增长率呈现先下降后上升的趋势，2016年达到新的高点12.6%。2016年之后，增长率下降速度较快，成为负增长。

从图5-6可以看出，2011~2019年，我国制造业企业平均用工人数经历了波动。具体来说，2011 年为 8.05 万人，随后逐年上升至 2014 年的峰值 8.85 万人，之后开始下降，到 2019 年减少到 7.12 万人。这表明，在这段时间内，制造业企业的用工规模有所调整。

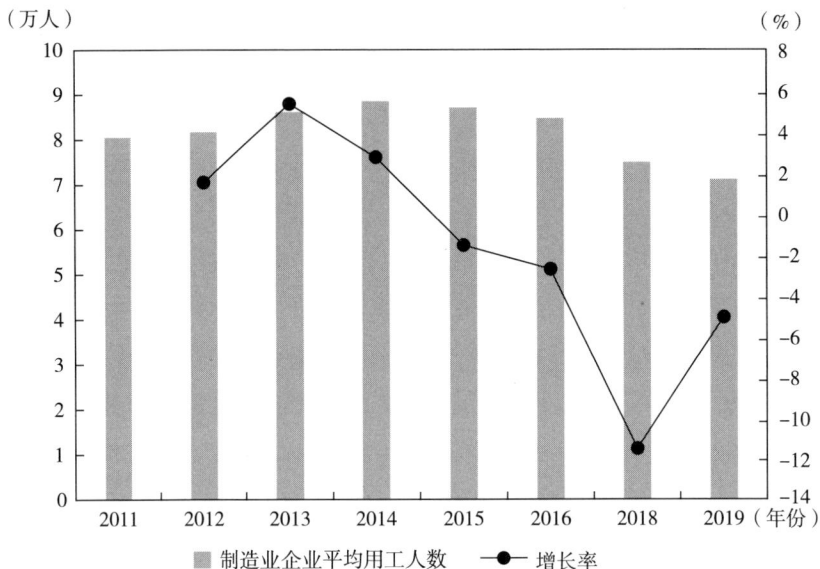

图 5-6　2011~2019 年我国制造业企业平均用工人数及增长率

资料来源：根据相关年份《中国工业统计年鉴》整理得出。

与此同时，制造业企业平均用工人数的增长率也呈现相似的波动趋势。2011 与 2012 年制造业企业用工人数基本持平。从 2012 年开始，增长率迅速转正并持续上升，到 2013 年达到最高点 5.35%。2013~2018 年，增长率呈现不断下降的趋势，最低点为-11.51%。直至 2019 年，制造业企业用工人数增长率才有所回升，但仍是负增长状态。

从以上趋势分析可以得出，一方面，制造业企业平均用工人数在近几年经历了波动，但在 2019 年仍保持在相对较高的水平。这可能意味着制造业仍然是劳动力密集型产业，对用工的需求较大。另一方面，制造业企业平均用工人数的增长率在某些年出现了负增长。这可能反映出制造业在转型升级过程中对用工结构、效率和质量的要求逐渐提高。

（二）制造业分地区发展现状分析

分地区来看，2019 年我国 31 个省份制造业企业资产总计如表 5-1 所示。

表 5-1 2019 年我国 31 个省份制造业企业资产总计 单位：亿元

省份	制造业企业资产总计	省份	制造业企业资产总计
北京	23885.32	湖北	35660.96
天津	16635.71	湖南	24795.53
河北	37349.04	广东	118259.62
山西	15490.83	广西	13514.42
内蒙古	15279.62	海南	2248.90
辽宁	32925.99	重庆	17885.93
吉林	13261.96	四川	33531.90
黑龙江	7840.11	贵州	9874.01
上海	41013.05	云南	12164.66
江苏	108017.87	西藏	352.30
浙江	76116.84	陕西	22886.56
安徽	30750.90	甘肃	7454.92
福建	33932.31	青海	3305.94
江西	22726.88	宁夏	5771.47
山东	75167.14	新疆	11359.66
河南	41881.21		

资料来源：根据《中国工业统计年鉴 2020》整理得出。

由表 5-1 可看出 2019 年我国 31 个省份制造业企业资产总计情况。其中，广东、江苏及浙江三个省份的制造业企业资产总额最高。2019 年山西制造业企业资产总额为 15490.83 亿元。山西制造业历经多年发展已初具规模，是继煤炭、冶金之后的第三大支柱产业，整体实现了稳步较快发展，规模稳定增长。但山西制造业企业资产总额排名仍然较后，可能是由以下两方面原因造成的：一方面，山西智能绿色发展较缓慢，质量效益有待提高。智能化、绿色化是制造转型升级重要的"双轮引擎"。当前，山西装备制造智能化、绿色化水平在全国仍处于中下游，与发达省份相比存在较大差距。企业制造过程智能化水平较低，尚未与大数据、工业互联网等新一代信息技术进行深度融合，智能装备产品种类数量较少、市场竞争能力不强。另一方面，山西新装备规模占比较低，产业结构仍待调整。当前，山西新装备产业与传统装备产业相比规模仍然较小，发展速度较慢。装备制造业虽涌现出部分龙头骨干企业，但其他企业普遍规模不大、技术水平不高、同质化竞争严重，尚未成为新装备转型发展的中坚力量。

从表5-2可以看出，2019年31个省份制造业发展水平有较大差异，广东、江苏和山东制造业实力较强，制造业销售产值均超过80000亿元，分别位列我国31个省份的前三位，而青海、海南、西藏的制造业实力较弱，制造业销售产值均未达到2500亿元。在31个省份中，25个省份的制造业销售产值超过10000亿元，其中山西为21334.7亿元，处于全国中游水平。

表5-2　2019年我国31个省份制造业销售产值　　　单位：亿元

省份	制造业销售产值	省份	制造业销售产值
北京	23419.1	湖北	45461.1
天津	18968.9	湖南	37919.6
河北	41095.1	广东	146726.4
山西	21334.7	广西	17441.1
内蒙古	16806.4	海南	2312.5
辽宁	31506.0	重庆	21442.2
吉林	13963.8	四川	44125.2
黑龙江	10057.1	贵州	9764.3
上海	39937.4	云南	14680.4
江苏	118485.2	西藏	296.0
浙江	76020.2	陕西	26020.6
安徽	37358.9	甘肃	7596.5
福建	57552.5	青海	2394.8
江西	35009.8	宁夏	4937.9
山东	83162.3	新疆	11524.6
河南	50076.6		

资料来源：根据《中国工业统计年鉴2020》整理得出。

表5-3详细列出了我国2019年31个省份制造业企业主营业务收入额。其中，广东制造业企业主营业务收入最高，为136722.23亿元；山西制造业企业主

营业务收入为 11314.06 亿元。这可能是由于山西新装备领域大型领军企业较少，主营业务年收入超百亿元的企业不到 10 家，且受限于配套企业制造水平和整机企业集团供应链壁垒，"有主机、缺配套"的现象十分突出，新装备领域尚未形成整机与零部件专业协同的配套能力。单项冠军、"专精特新"企业数量少且布局分散，核心部件制造水平偏低，缺乏规模和价格优势，产业集群"聚而不合、大而不强"。

表 5-3　2019 年我国 31 个省份制造业企业主营业务收入　　单位：亿元

省份	制造业企业主营业务收入	省份	制造业企业主营业务收入
北京	16713.64	湖北	42235.72
天津	16364.70	湖南	35197.01
河北	35831.74	广东	136722.23
山西	11314.06	广西	15612.46
内蒙古	10084.22	海南	1935.41
辽宁	27924.70	重庆	19896.50
吉林	12586.05	四川	38567.65
黑龙江	6791.39	贵州	7189.81
上海	38039.71	云南	11980.57
江苏	111744.99	西藏	156.15
浙江	69486.61	陕西	18955.32
安徽	33808.27	甘肃	5959.24
福建	54298.01	青海	1520.46
江西	32733.70	宁夏	3275.62
山东	74567.92	新疆	7442.41
河南	44645.74		

资料来源：根据《中国工业统计年鉴 2020》整理得出。

由表 5-4 可知我国 2019 年 31 个省份的制造业企业利润总额。其中，广东制造业企业利润总额最高，达到 8016.15 亿元；山西制造业企业利润总额为 396.18 亿元。这可能是由于山西新装备市场主体单一，民营经济活力不足。山西国资"一股独大"的体制性矛盾仍然突出，全省规模以上国有控股工业企业资产占规模以上工业企业总资产的 65.1%，远高于全国平均水平，新装备领域民营经济整体活跃度较低。优质民营装备企业数量较少，其发展规模、产品结构、社会贡献、盈利能力均与国有企业存在一定差距。2020 年全国工商联发布的民营企业500 强榜单中，山西仅有七家企业上榜。山西依托新型市场主体的多元化新装备产业体系尚未建立，实现高质量转型发展任重而道远。

表 5-4　2019 年我国 31 个省份制造业企业利润总额　　　单位：亿元

省份	制造业企业利润总额	省份	制造业企业利润总额
北京	1251.58	湖北	2714.05
天津	655.93	湖南	2062.44
河北	1853.61	广东	8016.15
山西	396.18	广西	783.56
内蒙古	506.06	海南	146.01
辽宁	1210.52	重庆	1089.37
吉林	789.84	四川	2501.94
黑龙江	230.03	贵州	859.15
上海	2898.53	云南	734.15
江苏	6417.21	西藏	27.01
浙江	4604.84	陕西	1126.78
安徽	1952.71	甘肃	172.18
福建	4077.20	青海	−609.52
江西	2098.25	宁夏	127.00
山东	3005.51	新疆	289.04
河南	3327.18		

资料来源：根据《中国工业统计年鉴 2020》整理得出。

表 5-5 显示了 2019 年我国 31 个省份制造业企业平均用工人数。可以看出，广东的制造业企业平均用工人数最高，达到 1356.97 万人；山西的制造业企业平均用工人数为 87.84 万人。与山西相邻的省份相比，山西比河北和陕西少，比内蒙古多一些。这可能是因为山西研发要素支撑不充足，创新体系尚不完善。山西除少数龙头企业具有较强自主创新能力外，新装备产业仍处于引进技术、模仿制造阶段，高附加值的大型成套设备和高精尖产品的集成创新能力明显不够。长期以来，"引进型"技术发展路线和企业集团总部主导创新、山西地区分部负责生

产配套的组织模式，抑制了企业自主创新能力的发展。本地高校及科研院所难以形成支撑新装备发展的创新平台，"政产学研用"五位一体的创新体系尚未完全建立。大中型企业装备制造人才大范围、大规模流失，新鲜"血液"鲜有输入，本地高校毕业生不愿留省内就业，高端人才、创新团队的引进不足，这些都严重制约了山西新装备的创新人才供应。

表5-5 2019年我国31个省份制造业企业平均用工人数 单位：万人

省份	制造业企业平均用工人数	省份	制造业企业平均用工人数
北京	74.25	湖北	318.23
天津	88.20	湖南	281.82
河北	238.06	广东	1356.97
山西	87.84	广西	111.12
内蒙古	50.76	海南	8.38
辽宁	153.70	重庆	143.83
吉林	69.79	四川	255.22
黑龙江	42.05	贵州	53.46
上海	189.11	云南	62.77
江苏	827.87	西藏	0.99
浙江	664.14	陕西	120.98
安徽	239.54	甘肃	33.25
福建	426.51	青海	11.11
江西	220.00	宁夏	20.97
山东	487.79	新疆	45.68
河南	431.88		

资料来源：根据《中国工业统计年鉴2020》整理得出。

二、制造业行业发展现状分析

制造业行业发展现状主要从制造业各个细分行业的单位个数、资产总计、主营业务收入、利润总额及平均用工人数五个主要经济指标进行分析。2019年我国31个制造业细分行业主要经济指标如表5-6所示。

表 5-6 2019 年我国 31 个制造业细分行业主要经济指标

行业	企业单位数（个）	资产总计（亿元）	主营业务收入（亿元）	利润总额（亿元）	平均用工人数（万人）
金属制品、机械和设备修理业	464	2182.27	1452.91	83.77	17.62
其他制造业	1680	2491.31	2275.86	146.50	35.25
废弃资源综合利用业	1907	3156.84	5015.67	270.28	17.81
化学纤维制造业	1882	8547.75	9175.28	362.62	43.80
木材加工和草制品业	9012	4996.72	8879.94	427.12	93.69
印刷和复制业	5673	5906.87	6794.00	469.03	85.03
家具制造业	6472	5931.85	7345.99	488.42	113.39
造纸和纸制品业	6579	14935.11	13335.06	732.28	115.88
仪器仪表制造业	4892	10225.17	7619.19	754.76	88.28
文教、工美、体育和娱乐用品制造业	8763	8661.14	12934.96	760.23	178.50
铁路、船舶、航空航天和其他运输设备制造业	4713	23740.33	14763.54	791.70	145.71
皮革、毛坯、羽毛及其制品和制鞋业	8319	6717.37	11861.45	800.72	211.53
纺织服装、服饰业	13353	11627.88	15617.75	877.59	301.66
烟草制品业	107	10378.43	11134.96	933.14	16.16
纺织业	18018	19927.11	24665.82	1132.47	348.03
石油加工和核燃料加工业	1999	35059.43	48583.43	1255.59	80.75
橡胶和塑料制造业	19413	22962.14	25667.03	1421.87	294.07
有色金属冶炼和压延加工业	7251	42263.30	53968.90	1580.98	168.65
金属制品业	24687	29960.13	36534.98	1785.97	354.87
食品制造业	8043	16508.68	19510.73	1789.06	176.26
农副食品加工业	21346	29773.11	47412.58	2051.99	288.41
酒、饮料和精制茶制造业	5674	17931.99	15336.05	2286.72	119.26
专用设备制造业	19108	41350.41	30205.97	2323.73	308.96
通用设备制造业	24788	45010.69	39519.99	2649.04	397.99
黑色金属冶炼和压延加工业	5113	65730.74	70376.41	2852.43	225.13
医药制造业	7392	33981.45	23884.16	3184.24	199.63
化学原料和化学制品制造业	21596	73164.37	66225.42	3797.48	352.25
电气机械和器材制造业	25267	69800.23	64923.34	3943.44	547.40

续表

行业	企业单位数（个）	资产总计（亿元）	主营业务收入（亿元）	利润总额（亿元）	平均用工人数（万人）
非金属矿物制品业	36148	54672.50	56269.69	4887.78	455.72
汽车制造业	15485	80788.33	80418.07	5099.89	451.05
计算机、通信和其他电子设备制造业	18726	112957.94	111872.90	5373.63	883.54

资料来源：根据《中国统计年鉴2020》整理得出。

从表5-6可以看出，2019年我国31个制造业细分行业中，非金属矿物制品业拥有的企业个数最多，达到36148个，而计算机、通信和其他电子设备制造业的资产总计、主营业务收入和利润总额最高，分别为112957.94亿元、111872.90亿元和5373.63亿元，平均用工人数为883.54万人，明显高于其他行业。烟草制品业的企业单位数和平均用工人数最少，而金属制品、机械和设备修理业的主营业务收入、利润总额和平均用工人数均为31个细分行业的最低值。

第二节　装备制造业发展现状分析

加入WTO后，特别是《国务院关于加快振兴装备制造业的若干意见》及战略性新兴产业发展规划提出后，我国装备制造业的总体规模得到了迅速增长。装备制造业作为国民经济的重要基础和支柱产业，其发展是我国各产业升级与技术进步的重要引擎。装备制造业作为国家工业的基础，在制造业发展过程中占据重要地位，是制造业行业发展的中心环节，是国家国防安全的重要保障，是国际竞争力的重要体现。自中华人民共和国成立以来，我国装备制造业的发展经历了由小到大、由弱到强的发展历程，已形成多样化的装备制造业体系。本节对装备制造业现状的研究主要从总体发展现状和行业发展现状两个角度进行阐述。

一、装备制造业总体发展现状

《高端装备制造业"十二五"发展规划》《装备制造业标准化和质量提升规

划》等相关政策被提出后，我国装备制造业展现出良好的发展形势，汇聚了较强的生产制造能力，形成了规模较大、门类齐全且具有一定技术水平的较为完备的工业体系。

从经济发展指标来看（见表5-7、图5-7），2011～2019年企业单位数与固定资产总额持续增长，2019年的企业单位数达到137666个，固定资产总额达到148398.19亿元。2011～2017年工业总产值大体保持增长趋势，2017年高达406861.17亿元，但2018年和2019年两年出现了小幅度的回落。与工业总产值变化趋势稍有差别的是，利润总额于2016年达到最多，为26922.19亿元；由于2016年后全球制造业竞赛趋于激化，国际竞争压力持续攀升，我国劳动力、土地要素供给约束增强，制造业竞争优势减弱，因此2018年制造业利润总额下滑为22236亿元。在各个指标中，2011～2019年的年平均用工人数出现较大程度的波动，这与外界环境有关。

表5-7　2011～2019年我国装备制造业主要经济发展指标

年份	企业单位数（个）	固定资产总额（亿元）	工业总产值（亿元）	利润总额（亿元）	年平均用工人数（万人）
2011	106695	75333.86	273393.38	18983.82	3252.50
2012	108873	86569.07	294417.51	19158.36	4084.07
2013	111164	95481.49	330700.88	20333.18	4137.67
2014	122654	113617.41	365028.38	23975.68	4227.04
2015	125261	123741.34	379859.25	24750.65	3513.12
2016	124618	135393.56	409012.09	26922.19	3438.30
2017	126245	138628.25	406861.17	26713.32	3388.37
2018	130830	139989.40	378365.50	22236.00	3096.60
2019	137666	148398.19	385857.98	22722.16	3177.80

资料来源：根据《中国统计年鉴》（2012～2020）整理得出。

从我国装备制造业的内部结构来看（见图5-8、图5-9），计算机、通信和其他电子设备制造业持续增长，2019年其工业总产值达到最高值111872.9亿元，在装备制造业增加值中的占比不断扩大。从图5-8可以看出，金属制品业、通用设备制造业、专用设备制造业与电气机械和器材制造业均在2016年达到最高值；交通运输设备制造业与仪器仪表制造业在2017年达到最高值。图5-9呈现出的整体变化趋势的原因很可能是，2010~2012 年的"四万亿"刺激，通过重大基础设施项目拉动内需，扩大了相关产能，使装备制造业总量不断上升。但 2016 年提出的"供给侧"改革，坚决落实去产能措施，倒逼传统产业加快转型升级，从而使装备制造业总量出现下降趋势，且 2018~2019 年我国进入设备更新周期，进一步使总量下降。

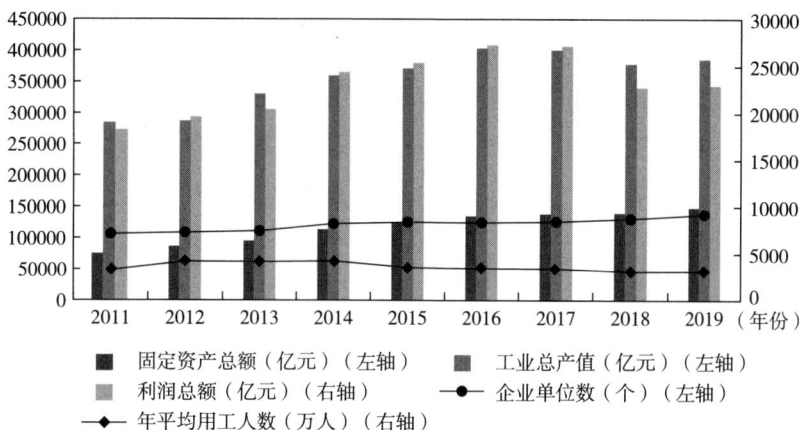

图 5-7　2011~2019 年我国装备制造业主要经济发展指标

资料来源：根据《中国统计年鉴》（2012~2020）整理得出。

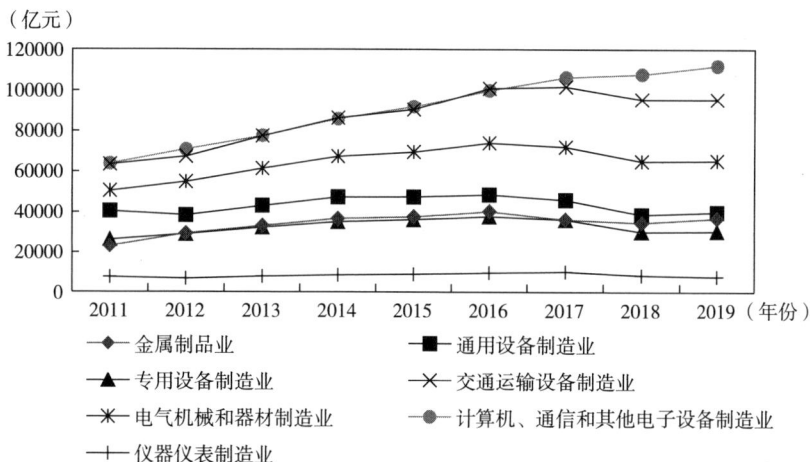

图 5-8　2011~2019 年我国装备制造业各细分行业工业总产值增长趋势

资料来源：根据《中国统计年鉴》（2012~2020）整理得出。

（亿元）

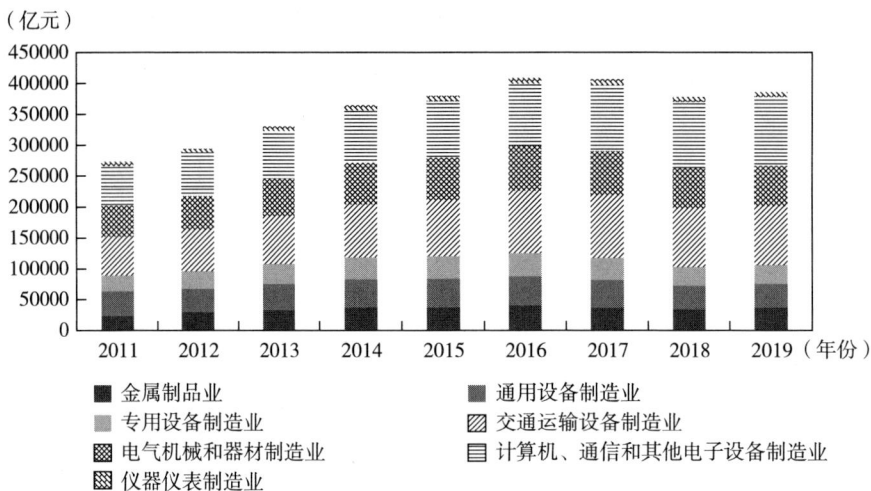

图 5-9　2011～2019 年我国装备制造业各细分行业工业总产值占比

资料来源：根据《中国统计年鉴》（2012～2020）整理得出。

二、装备制造业行业发展现状

就各细分行业而言，装备制造业在各区域的发展是不一样的。与此同时，中西部地区仍存在着发展不均衡的问题。此外，省内的发展也有起伏，具体表现为：

（一）金属制品业

随着中国经济的高速发展，金属制品业得到了长足的发展，其主要经济指标如图 5-10 所示。从我国金属制品业的主要经济指标来看，2011～2019 年，金属制品业的发展总趋势良好。其中，2011～2015 年，我国金属行业的工业企业单位数、固定资产总额、主营业务收入、利润总额大致都在逐年增加；2016～2017年，部分指标出现了轻微下降；但 2019 年，都恢复增加的趋势。究其原因，2016 年以前投资强度持续加大，许多产品出现产能过剩，同时受到国际经济不景气的影响，导致 2016 年各行业的经济都出现了轻微的下滑。

（二）通用设备制造业

从图 5-11 可以看出，2011～2019 年，工业企业单位数、固定资产总额呈现波动上升的趋势，而主营业务收入、利润总额、全部从业人员平均数分别在 2016年、2016 年、2014 年达到最高值后都出现了下降的态势。通用设备制造业固定资产总额上升代表生产加工设备增加，从而使生产力过剩，但建筑行业在国内市场份额减少，导致设备使用需求减少，市场出现竞价，最终主营业务收入在2016年后呈下降趋势，利润总额波动下降。此外，全部从业人员年平均人数在2015年开始减少，说明该行业的发展主要依赖于生产技术、创新能力方面的进步，对劳动力的需求开始减少。

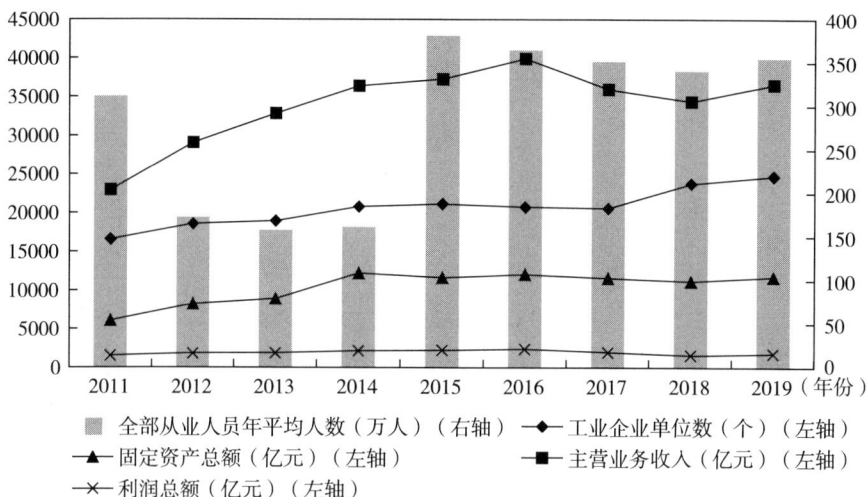

图 5-10　2011~2019 年我国金属制品业主要经济指标

资料来源：根据《中国统计年鉴》（2012~2020）整理得出。

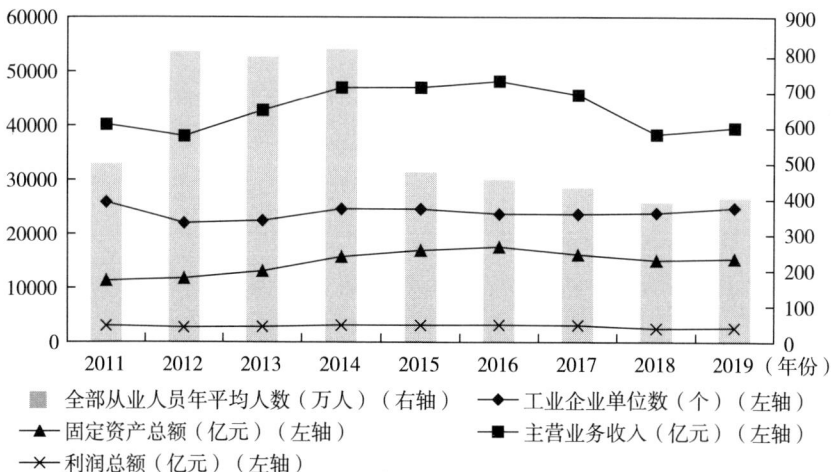

图 5-11　2011~2019 年我国通用设备制造业主要经济指标

资料来源：根据《中国统计年鉴》（2012~2020）整理得出。

（三）专用设备制造业

从图 5-12 可以看出，2011～2019 年，我国专用设备制造业的总体发展情况与特征为：总体上，我国专用设备制造业的企业单位数、固定资产总额、主营业务收入、利润总额均有所增加，但是受到营业税改增值税、地方土地流转率下降、地方财政收入缩水及建筑行业市场收紧的影响，市场低迷，专用设备需求量下降，因此 2017 年主营业务收入有所下降。

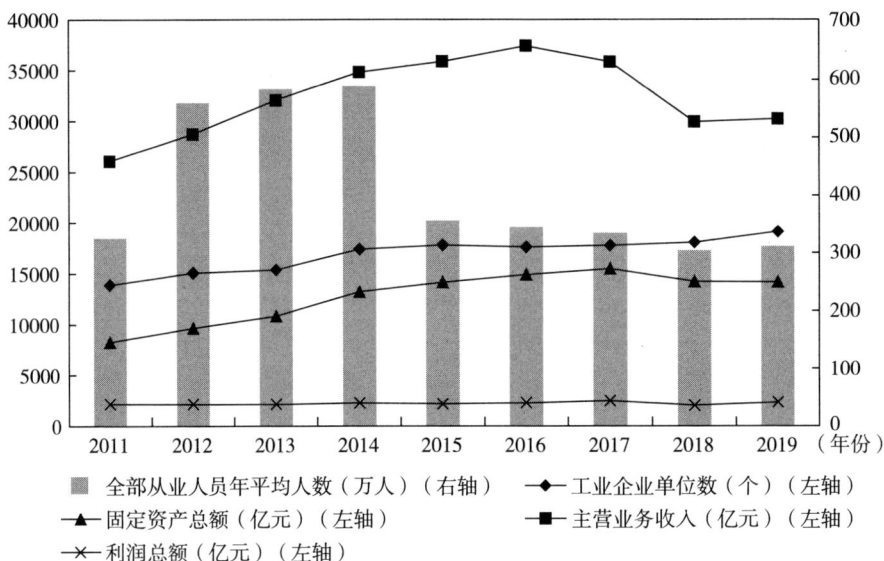

图 5-12 2011～2019 年我国专用设备制造业主要经济指标

资料来源：根据《中国统计年鉴》（2012～2020）整理得出。

（四）交通运输设备制造业

图 5-13 为我国交通运输设备制造业的主要经济指标。从图 5-13 可以看出，2011 年以来，以军用和民用飞机为代表的中国交通运输设备制造业，以及以新能源汽车、高铁为代表的轨道交通得到了快速的发展，其技术积累和产业规模方面得到了很大的提升。2011～2019 年，工业企业单位数、固定资产总额基本在持续增长，主营业务收入和利润总额分别在 2017 年和 2016 年达到最高值后均有所下降。需要指出的是，九年来，交通运输设备制造业的固定资产总额翻了一番，

达到 41564.31 亿元，这很可能是因为政府出台了更多的优惠政策，也是因为企业的经营管理水平得到了提升。但是，每年所吸收的就业人数却没有达到很大的值，这很可能是因为设备制造业的智能化程度在持续提升。

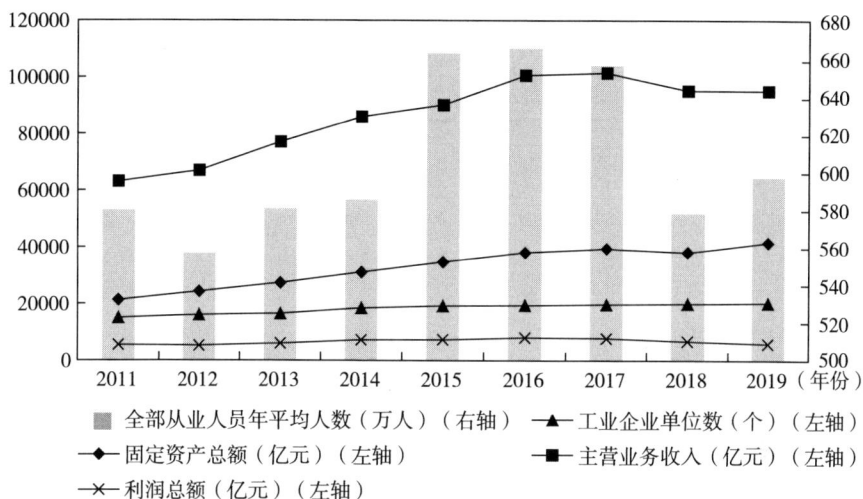

图 5-13　2011～2019 年我国交通运输设备制造业主要经济指标

资料来源：根据《中国统计年鉴》（2012～2020）整理得出。

（五）电气机械及器材制造业

近几年，在节能环保政策的不断推动下，风力发电、光伏发电和新能源电车的普及促进了电气机械及器材制造业产业规模的发展。从图 5-14 可以看出，2011～2016 年，该产业的规模每年都在增长，主营业务收入从 50148.85 亿元增至 73642.26 亿元、固定资产总额从 12556.26 亿元增至 23108.41 亿元。而 2017 年后，有略微的下降。究其原因，可能是由于国家坚决落实供给侧结构性改革，破除低效供给，使供给体系适应需求结构变化，倒逼传统产业加快转型升级，淘汰落后产能。

（六）计算机、通信和其他电子设备制造业

在全球互联网的大背景下，我国计算机、通信和其他电子设备制造业经历了多年的发展，自主创新能力得到了大幅提升，出现了"联想""华为""中兴"等一大批具有国际竞争力的设备制造商，并初步建立起比较完整的产业体系。从图 5-15 可以看出，2011～2019 年，我国计算机、通信和其他电子设备制造业的

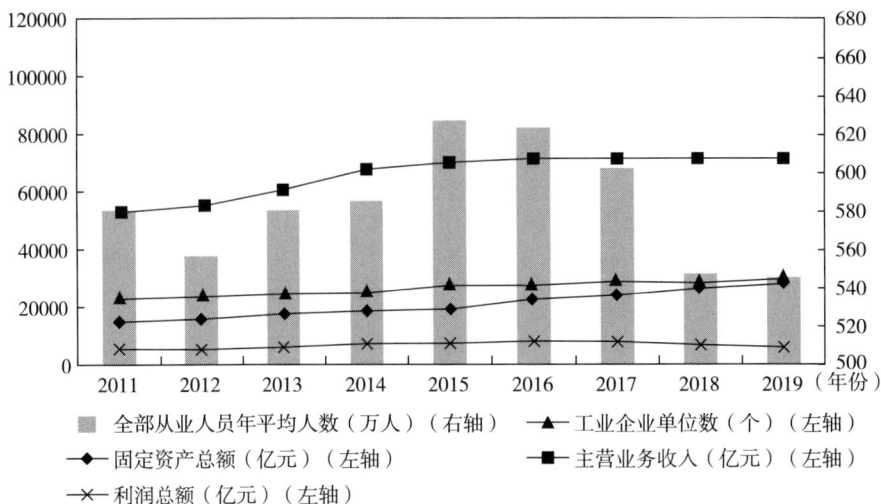

图 5-14　2011~2019 年我国电气机械及器材制造业主要经济指标

资料来源：根据《中国统计年鉴》（2012~2020）整理得出。

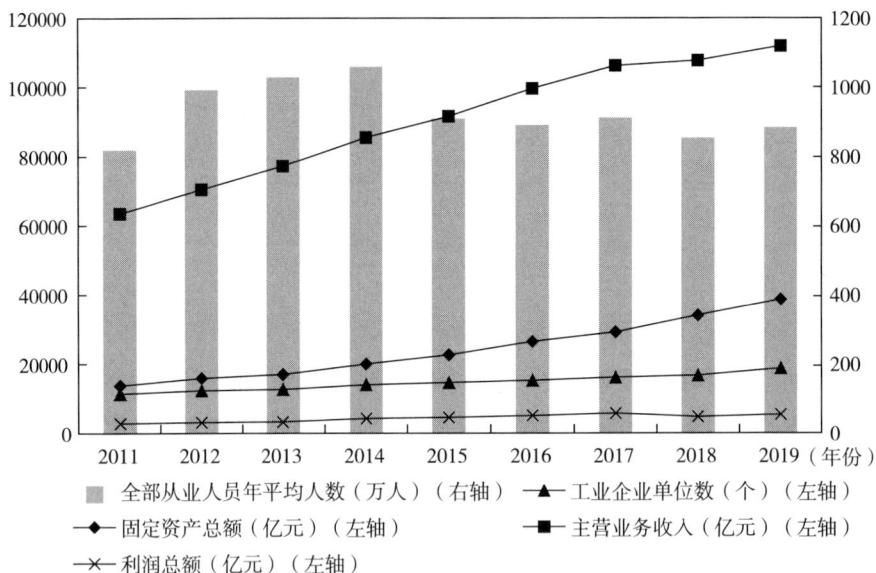

图 5-15　2011~2019 年我国计算机、通信和其他电子设备制造业主要经济指标

资料来源：根据《中国统计年鉴》（2012~2020）整理得出。

工业企业单位数、固定资产总额、主营业务收入显著增加。2018年，该行业的利润总额同比有所下降，虽然在2019年有所回升，但是仍然低于2017年的利润总额。可能有两个原因：一是2016年5G带来的通信行业的井喷，使办公设备、仪器仪表受到一定影响，无纸化办公、线上办公、仪表市场萎缩，利润总额在2017年有所回落；二是这个行业的竞争比较激烈，企业的利润比较低。总的来说，计算机、通信和其他电子设备制造仍然是最大的装备制造行业，对整个经济的增长和就业水平的提高起推动作用。

（七）仪器仪表制造业

在我国的装备制造业中，仪器仪表制造业的整体规模是最小的，但在大数据、云计算和人工智能等新兴技术的推动下，仪器仪表制造业得到了快速的发展。从图5-16可以看出，2011～2019年，仪器仪表制造业工业企业单位数不断增加，固定资产总额、主营利润和利润总额总体上升，但是增加额较低，在2017年达到最高水平，之后有所下降。主要原因是，在经历了十多年的发展之后，我国仪器仪表制造业的一些产品已经接近或者达到了目前的国际水平，并且具有自主知识产权的产品越来越多，竞争越来越大。

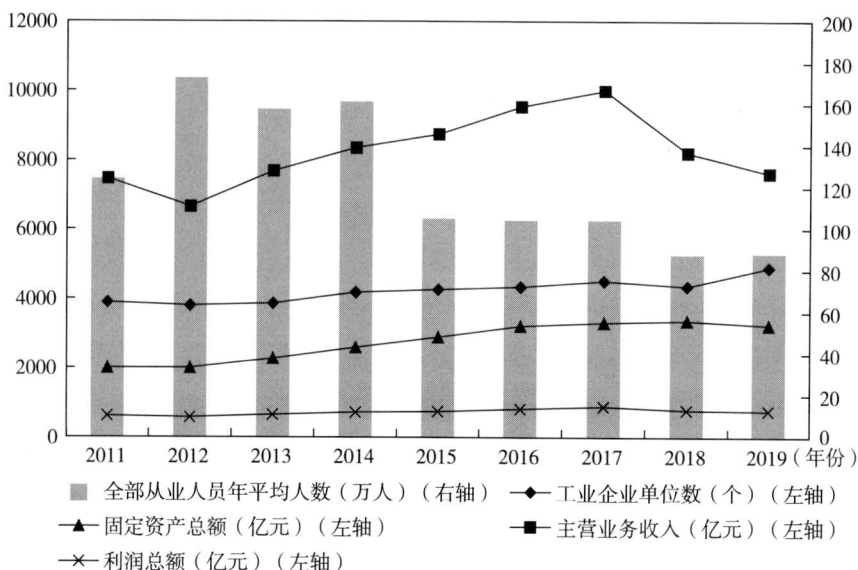

图5-16　2011～2019年我国仪器仪表制造业主要经济指标

资料来源：根据《中国统计年鉴》（2012～2020）整理得出。

第三节　山西省装备制造业发展现状

一、山西省装备制造业工业增加值现状

从表5-8可以看出，山西省装备制造业工业增加值整体呈现先上升后下降再上升的趋势。具体来看，2011~2013年，该行业工业增加值稳步上升；但2014~2016年，呈现逐年下降的趋势；2017~2019年，恢复上升趋势。装备制造业工业增加值占全省比重波动明显，2011~2015年逐年稳定上升，2015年占比达到10.05%，2016~2017年开始下降，原因可能是全国装备制造业发展进入迟缓阶段。

表5-8　2011~2019年山西省装备制造业工业增加值及比重

年份	全省工业增加值（亿元）	全省装备制造业		
		工业增加值（亿元）	占全省比重（%）	增加值同比增长率（%）
2011	6046.59	290.25	4.80	—
2012	6230.21	437.25	7.02	50.65
2013	6006.09	462.19	7.70	5.70
2014	5068.71	431.05	8.50	−6.74
2015	3965.00	398.50	10.05	−7.55
2016	3948.88	365.39	9.25	−8.31
2017	5771.22	416.18	7.20	13.90
2018	6260.22	476.53	7.60	14.50
2019	6569.51	510.84	7.78	7.20

资料来源：根据《山西统计年鉴》（2012~2020）整理得出。

二、山西省规模以上装备制造业产值增长现状

从图5-17可以看出，目前山西省的规模以上装备制造业的整体增速与规模

以上工业的增速呈现一个"V"形的结构，以 2015 年为界限大致可以分为两个时期。2015 年之前，这两个指数的增速除 2012 年规模以上装备制造业有所上升，其余年份一直处于下滑状态，2015 年达到了最低水平，且呈现负增长的态势。但 2015 年之后，这两者的增速开始逐渐回升，增速趋于稳定，总体呈现增长的趋势。山西省是一个以煤炭为主的大省，过去几年来，其工业产值增长仅依赖于煤化工等资源型重工业产业，导致其产业结构相对于其他地区较为落后和不合理。随着煤炭和其他资源原料价格的不断下跌，山西省的经济一直处于下滑状态，行业产值和装备制造业发展速度也持续下降。自 2015 年以来，山西省政府不断推动创新驱动发展，实现产业转型升级，加大供给侧结构性改革力度，并推动各个区域的综合改革试验区建设。这些措施已经取得成效，规模以上装备制造业和工业产值增速都有一定回升，山西省经济从停滞状态转为蓬勃发展状态。需要特别强调的是，山西省规模以上装备制造业的产值增速高于整个规模以上工业的产值增速，可见其在整个工业中所占比重相当大。

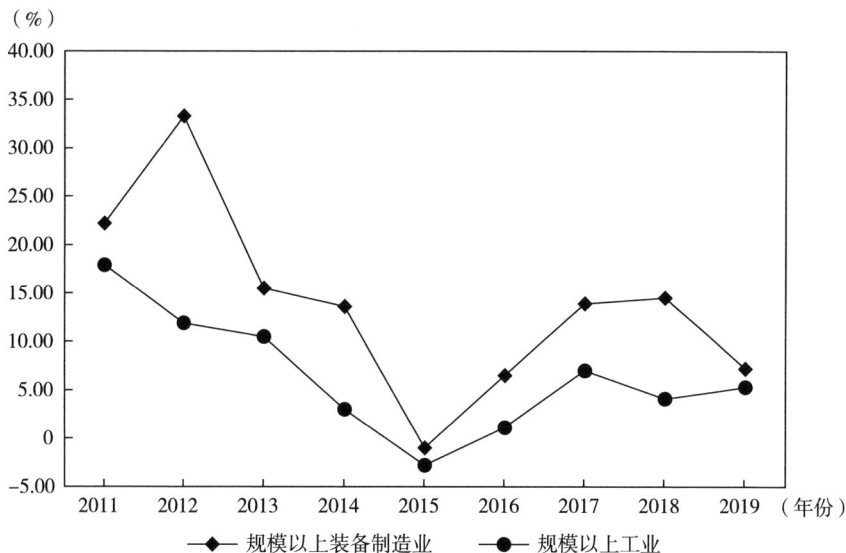

图 5-17　2011~2019 年山西省规模以上工业及装备制造业产值增长率

资料来源：根据《山西统计年鉴》（2012~2020）整理得出。

三、山西省装备制造业企业发展现状

从图 5-18 可以看出，山西省的装备制造企业单位数在 2016 年以前整体上呈现一定的波动性，2011~2016 年，山西省的装备制造企业数一直保持在 500~600 个，2017 年山西省装备制造企业数明显增加，2018 年小幅度减少，2019 年呈现增长较快的态势，达到 902 个。这九年来，山西省装备制造企业的总资产总体保持着上升的态势，虽然在 2016 年和 2018 年有所下滑，但 2019 年从 2018 年的 3166.82 亿元恢复到 3921.52 亿元。图 5-18 对山西省装备制造企业数量和总资产的变动趋势进行了全面的分析，结果表明，两者之间存在着一些相似之处，并且这些相似之处主要体现了山西省整体经济发展的趋势。如前所述，2011~2015 年，山西省面临着巨大的经济下行压力，因此，装备制造业也受到了冲击，增长缓慢。2016 年之后，由于各种扶持政策的出台，以及对产业结构的优化与调整，因此经济逐渐走上了正轨，装备制造业也重新得到了发展。

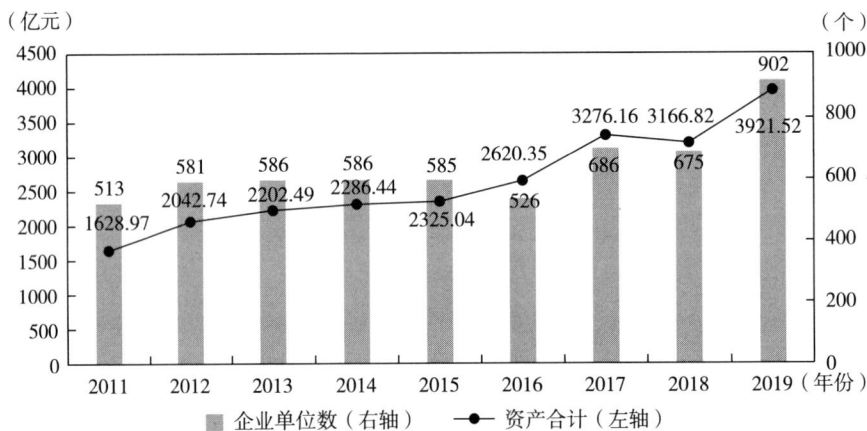

图 5-18　2011~2019 年山西省装备制造业企业单位数及资产规模

资料来源：根据《山西统计年鉴》（2012~2020）整理得出。

从表 5-9 可以看出，2011~2019 年，山西省装备制造业企业单位数及资产规模变化率整体呈现逐年递增的趋势。在企业单位数增长率方面，2015 年和 2016 年为负，且企业单位数在 2016 年下降较多，增长率降至 -10.09%，但 2017~

2019 年增长率有了大幅增加，2019 年增长幅度高达 33.63%，数量接近 1000 家。在资产合计方面，2012 年增速较快，达到 25.40%，但 2012 年之后，资产规模的增长趋势开始减缓，一直持续到 2016 年才有所回升。2018 年，资产合计出现小范围波动，资产合计增长率从 2017 年的 25.03% 降至 2018 年的 -3.34%。值得关注的是，在 2016 年企业单位数减少的情况下，资产合计数较 2015 年增长 12.70%，究其原因可能是在 2015 年，山西省成立了"山西煤机成套装备联合体"，整合了太重集团、太原矿山机械集团、山西煤矿机械制造公司等八家企业所致。

表 5-9　2011~2019 年山西省装备制造业企业单位数及资产规模变化率

年份	企业单位数（个）	资产合计（亿元）	企业单位数增长率（%）	资产合计增长率（%）
2011	513	1628.97	——	——
2012	581	2042.74	13.26	25.40
2013	586	2202.49	0.86	7.82
2014	586	2286.44	0.00	3.81
2015	585	2325.04	-0.17	1.69
2016	526	2620.35	-10.09	12.70
2017	674	3276.16	28.14	25.03
2018	675	3166.82	0.15	-3.34
2019	902	3921.52	33.63	23.83

资料来源：根据《山西统计年鉴》（2012~2020）整理得出。

四、山西省装备制造业分行业发展现状

山西省的装备制造业有悠久的历史，已经构建起较为完善的行业体系。从表 5-10 可以看出，2018 年计算机、通信和其他电子设备制造业资产总额、主营业务收入和利润总额在全省装备制造业中的占比均排名第一，分别为 29.74%、42.43% 和 36.08%。汽车制造业主营业务收入、利润总额在全省装备制造业中均排名第二，资产总额排名第三，占比分别为 16.62%、32.99% 和 12.38%，显示出该行业的发展潜力和趋势良好。此外，专用设备制造业资产总额在全省装备制造业中排名第二，但其主营业务收入仅排名第四且在利润总额排在末位，凸显了

该行业还需努力在发展中改进和突破。

表5-10　2018年山西省装备制造业八个行业相关经济指标及比重

行业	资产总额（亿元）	占全行业比重（%）	主营业务收入（亿元）	占全行业比重（%）	利润总额（亿元）	占全行业比重（%）
金属制品业	285.48	9.01	261.31	11.44	8.25	8.88
通用设备制造业	259.38	8.19	104.59	4.58	3.33	3.58
专用设备制造业	632.92	19.98	247.20	10.82	-0.29	0
汽车制造业	392.21	12.38	379.62	16.62	30.63	32.99
铁路、船舶、航空航天和其他运输设备制造业	22.75	7.03	123.96	5.42	13.04	14.10
电气机械和器材制造业	365.41	11.53	170.85	7.48	1.82	1.96
计算机、通信和其他电子设备制造业	942.05	29.74	968.81	42.43	33.50	36.08
仪器仪表制造业	66.59	2.10	26.67	1.16	2.56	2.75

资料来源：根据《中国统计年鉴2019》整理得出。

表5-11显示，截至2019年，计算机、通信和其他电子设备制造业资产总额、主营业务收入和利润总额仍然在全省装备制造业中排名第一，其占比分别为32.40%、37.16%和39.77%。专用设备制造业资产总额仍保持着第二名，占比为20.53%，主营业务收入占比排名从2018年的第四上升至2019年的第三，占比从10.82%增加到13.87%，发展态势较为良好。在汽车制造业方面，主营业务收入和资产总额占比分别排名第二和第三，占比分别为15.28%和10.52%，然而利润总额占比下降了22.14%，从2018年的32.99%降至2019年的10.85%，排名降至第四，变化较大。综上所述，计算机、通信和其他电子设备制造业，专用设备制造业，汽车制造业在山西省装备制造业八个行业中发展相对较好。

表5-11　2019年山西省装备制造业八个行业相关经济指标及比重

行业	资产总额（亿元）	占全行业比重（%）	主营业务收入（亿元）	占全行业比重（%）	利润总额（亿元）	占全行业比重（%）
金属制品业	365.07	9.30	337.17	12.78	11.61	14.04
通用设备制造业	289.00	7.36	139.96	5.30	4.77	5.77

行业	资产总额（亿元）	占全行业比重（%）	主营业务收入（亿元）	占全行业比重（%）	利润总额（亿元）	占全行业比重（%）
专用设备制造业	805.18	20.53	365.87	13.87	0.25	0.30
汽车制造业	412.61	10.52	403.20	15.28	8.97	10.85
铁路、船舶、航空航天和其他运输设备制造业	331.93	8.46	176.76	6.70	14.94	18.07
电气机械和器材制造业	378.37	964.00	205.98	7.81	6.62	8.00
计算机、通信和其他电子设备制造业	1270.87	32.40	980.14	37.16	32.87	39.77
仪器仪表制造业	68.45	1.74	28.00	1.06	2.58	3.44

资料来源：根据《中国统计年鉴2020》整理得出。

第四节　山西省装备制造业知识产权现状

加强知识产权保护，是完善产权保护制度最重要的内容，也是提高我国经济竞争力最大的激励。为了让知识产权保护更加高效快捷，近年来，我国持续加强知识产权快速协同保护机制建设。截至2021年，全国布局知识产权保护中心和快速维权中心共计60余家，为市场主体提供了便捷、高效、低成本的维权渠道。

一、山西省装备制造业企业有效专利拥有量

在山西省的装备制造业领域中，规模庞大的企业不仅在研发、创新方面表现突出，也在专利持有方面呈现出非凡的成就。从表5-12可以看出，能够进入有效专利持有量排名前十的大中型企业所持有的有效专利总数高达6942项。在排名前十的企业中，九家为国有企业，仅大同新成新材料有限公司一家为民营企业，排名第八。由此可见，山西省装备制造业民营企业的研发创新能力较弱，导致专利拥有量较少。此外，国家电网公司、山西太钢不锈钢股份有限公司和中铁三局集团有限公司的专利持有量位居前三，进一步凸显出企业研发能力强、创新能力高。

表5-12　山西省装备制造业有效专利拥有量前十位的企业　　单位：项

排名	企业	有效专利	发明	实用新型
1	国家电网公司	2202	602	1600
2	山西太钢不锈钢股份有限公司	1087	638	449
3	中铁三局集团有限公司	716	143	573
4	中铁十二局集团有限公司	600	108	492
5	山西晋城无烟煤矿业集团有限责任公司	547	125	422
6	太原重工股份有限公司	534	333	201
7	山西省工业设备安装集团有限公司	440	52	388
8	大同新成新材料股份有限公司	329	71	258
9	山西四建集团有限公司	238	30	208
10	中铁十二局集团第二工程有限公司	249	66	183

资料来源：根据国家知识产权局数据整理得出。

二、山西省装备制造业高校有效专利拥有量

从表5-13可以看出，山西省装备制造业有效专利持有量排名前十的大学，共计拥有4364项有效专利，占大学有效专利总数（4583项）的约95.2%。这一现象在某种程度上说明，山西省高等教育资源存在过度集中的问题。在这十所大学中，太原理工大学拥有最多的有效专利。事实上，该校有效发明专利占所有有效专利的95.7%左右，表明科研方面拥有着极高的竞争实力。中北大学和山西大学的发明专利在有专利中的占比则分别为86.0%和75.2%左右，处于第二梯队，它们表现出了较强的研究实力。太原科技大学拥有51.2%左右的有效发明专利比例，与第二梯队之间的有效发明专利占比存在较大差距。另有运城学院和吕梁学院两所高校位于省会城市之外，与省会高校在研究方面的水平差距较大。

表5-13　山西省装备制造业有效专利拥有量前十位的院校　　单位：项

排名	院校	有效专利	发明	实用新型
1	太原理工大学	1631	1561	70
2	太原科技大学	971	497	474
3	中北大学	881	758	123

续表

排名	院校	有效专利	发明	实用新型
4	山西大学	493	371	122
5	山西农业大学	141	57	84
6	山西医科大学	110	44	66
7	太原工业学院	43	14	29
8	太原师范学院	33	21	12
9	吕梁学院	32	7	25
10	运城学院	29	5	24

资料来源：根据国家知识产权局数据整理得出。

三、山西省装备制造业科研院所有效专利拥有量

从表5-14可以看出，在山西省装备制造业中，有效专利拥有量前十的科研院所共有2385项专利，其中煤炭行业中的中国科学院山西煤炭化学研究所表现出了绝对的优势。在前十家院所中，它的有效专利和有效发明专利分别占了23.1%和34.8%，表明中国科学院山西煤炭化学研究所在创新方面具有非常强的技术实力和人才资源。此外，煤炭相关行业的四家机构，中国科学院山西煤炭化学研究所、山西天地煤机装备有限公司、中国煤炭科工集团太原研究院有限公司、山西晋煤集团技术研究院有限责任公司的有效专利总数在前十大科研院所中占有较大的比例，有效专利和有效发明专利的数量和分别占了前十位的44.1%和57.4%左右。这表明，煤炭领域在山西省的科技创新中扮演着非常重要的角色，应该与山西省长期以来的能源结构密切相关。

表5-14　山西省装备制造业有效专利拥有量前十位的科研院所　　单位：项

排名	企业	有效专利	发明	实用新型
1	中国科学院山西煤炭化学研究所	552	504	48
2	国网山西省电力公司电力科学研究院	425	159	266
3	山西白求恩医院（山西医学科学院）	319	27	292
4	山西天地煤机装备有限公司	263	186	77
5	山西省交通科学研究院	225	189	36

续表

排名	企业	有效专利	发明	实用新型
6	中国煤炭科工集团太原研究院有限公司	196	132	64
7	中国辐射防护研究院	189	76	113
8	山西交科公路勘察设计院	100	91	9
9	中国日用化学工业研究院	75	75	0
10	山西晋煤集团技术研究院有限责任公司	41	11	30

资料来源：根据国家知识产权局数据整理得出。

第六章　山西省装备制造业知识产权管理系统构建

随着经济全球化的进一步深化，国际、国内市场的竞争日益激烈，且竞争类型复杂多变。以核心技术为关键竞争要素的装备制造业的发展对知识产权管理的依赖程度很大，然而因为知识产权产出效率较高等特点，所以在其开发过程中存在很多不稳定因素，且没有标准的操作流程。因此，构建装备制造业知识产权管理系统是装备制造业保持健康稳步发展的必由之路，有利于我国装备制造业对内部知识产权的管理更加科学合理，也利于我国装备制造业企业制定出更加科学的发展战略，从而在国际竞争中抢占一席之地。

第一节　装备制造业知识产权管理系统的构建

一、装备制造业知识产权管理系统的构建目标

所谓系统目标，指的是经过一系列合理操作后所期望达到的结果，一旦设定了系统目标，系统将持续指定的目标发展向，系统目标将平衡决定系统发展方向。只有装备制造业知识产权管理系统拥有明确的发展方向，才可以让系统不断发展、不断完善，给知识产权管理提供强有力的支撑。基于我国制造业的现状和系统目标的定义，本书认为装备制造业知识产权管理系统是一种基于多学科复杂环境和多个子系统共同作用的管理活动，通过各种有效手段对各类管理要素进行

整合，从而确保我国装备制造业拥有高技术创新效率、高知识转移效率和高知识产权管理能力。

我国装备制造业知识产权管理系统实质上应该将系统的不同组成部分和最终用途能够合理地联系起来，进而推动和保持相关部分之间的协调与合作，对装备制造业知识产权提供保护。因此，装备制造业知识产权管理体系的目标为：

（一）提高装备制造业管理工作人员知识产权保护意识

为不断提高装备制造业企业管理工作人员的知识产权保护意识提供良好的企业文化环境，在增加装备制造业知识产权对应的产品量的同时，不断加强行业管理人员对于知识产权的认知，可以为后期提升我国装备制造业知识产权管理能力奠定基础。

（二）提高装备制造业知识产权信息流动速度和质量

相关工作人员的素质尤为重要，要确保管理者能够尽可能提供创新、有效和方便的知识产权开发相关设施，能够让知识产权开发决策者可以以最高的效率得到与知识产权开发有关、完整、精确的相关资料，从而帮助决策者选择最佳开发方式提供可靠的管理信息，提升我国装备制造业自主创新能力。

（三）促进形成完善的装备制造业知识产权运营市场

对于我国装备制造业的发展前景问题，应扩大研发思路，通过改善学习环境、改进知识产权交易策略，不断改善知识产权运营市场，进一步不断提高我国装备制造业知识产权运营效率。

（四）改善装备制造业知识产权保护模式

根据我国装备制造业自身特点，需要系统地分析知识产权保护模式，制定和推行有利于知识产权管理的新模式，逐步完善与优化知识产权保护系统，把其中存在的风险与争议问题减少。

总之，我国装备制造业知识产权管理系统建设目标可归纳为：全面提高装备制造业自主创新能力与保护意识是衡量中国装备制造业知识产权系统建设运作与建设合理性的重要标志，要渗透在所有知识产权管理活动中，在完成各项小目标的前提下，促使最终目标得以完成。

二、装备制造业知识产权管理系统的构建原则

通过前文论述可知，装备制造业知识产权管理系统目标贯穿于知识产权各项活动中，要实现知识产权管理系统目标，知识产权各相关阶段均需介入并进行配合。为了达到装备制造业知识产权管理系统建设的最终目的，必须对知识产权管理系统进行设计和操作，以协调知识产权管理流程中各个组成部分之间的关系。我国装备制造业本身的特性，使其知识产权系统构建亦存在一些特殊性，但这一系统却是提升我国装备制造业知识产权管理水平、保证我国经济能够获得持续发展的重要保证，所以建设中国装备制造业的知识产权管理系统非常关键。

综上所述，我国装备制造业知识产权管理系统的构建应遵循以下原则：

（一）综合性原则

我国装备制造业知识产权管理系统建设是一个将企业内部组织结构和企业外部环境有效融合的过程，也是知识产权管理过程中开发、运营、保护等不同环节进行合理整合的过程，这说明构建装备制造业知识产权管理系统是一项全面且复杂的管理事务，对于它的管理需要综合考虑行业特性并确保管理系统的综合性与完整性。在企业知识产权管理系统建设中，应考虑系统各组成部分权利责任的设定，对装备制造各个部门利益进行取舍，并考虑智力成果完成人、知识产权使用人及社会公众等多方利益。创建合理吸引子，建立输入输出机制。同时，还应该对装备制造业知识产权发展、经营、管理等各方面进行充分的考虑与取舍，这就需要我们对各方面进行综合具体的思考，以构建合理可靠的知识产权管理系统。

（二）灵活性原则

装备制造业知识产权管理系统应该是一个适应系统，符合国家整体发展战略的要求，始终遵循相关指导方针、基本原则和政策走向，能够随着宏观政策调整而灵活调整，巧妙地利用国家的优惠政策。在贯彻执行国家知识产权管理政策的过程中，必须结合自身实际情况和技术、市场环境的发展情况，灵活调整战略目标，采取因地制宜的措施。在构建我国装备制造业知识产权管理系统时，内部主体也需要具备协调适应性，充分考虑自身特点和周围环境，制定并实施宏观政策和微观政策相结合的管理措施，打造具有中国特色的知识产权管理体系。

（三）开放性原则

在建立装备制造业知识产权管理系统时，应坚持开放性原则。系统中的每个主体都会与外部环境交换不同形式的能量、物质和信息，并在组分之间或主体之间形成相互作用，因此会产生负熵，提高系统的有序程度，推动系统不断发展演化。在企业内部构成部分之间及企业内部与外部环境之间，应实现协同合作，共享管理知识和资本，使系统成为一个时变体系。除了加强管理信息和物质资源的交换，企业还应积极加强自主创新能力，积极调整知识产权管理模式，创造出更适合装备制造业的知识产权管理新模式。同时，我国装备制造业既要致力于增强自身的自主创新能力，推动改革发展，在发展道路上走创新型企业之路，也要积极贯彻"引进来"政策，加强国际合作，开展合作研发，共同创造并发展。在不断增强自身创新能力的同时，应汲取国外的先进技术和经验，构建一个具有开放性的装备制造业知识产权管理系统。

(四) 利益平衡原则

在我国装备制造业的知识产权管理中，存在着各种利益相关者，包括创新主体、使用主体和公众主体等。针对不同利益群体，必须兼顾各自的利益，以达到利益均衡的目的。由于我国装备制造业快速发展，企业规模不断扩大以及知识产权管理相关的利益群体日益增多，因此需要保护各利益群体的权益。为此，我们不仅要激励创新主体持续创新和开发知识产权，还应保护使用主体的利益，避免其知识产权受到侵犯。同时，还需要关注公众主体和其他利益群体的权益。只有坚持利益平衡原则，促进各利益群体之间的合作，才能有效地保护知识产权。

(五) 服从性原则

与国家及地区层面的知识产权管理相比，虽然装备制造业的知识产权管理系统处于较低的层级，但仍担负着至关重要的角色。因此，构建装备制造业知识产权管理系统必须与国家和地方整体发展战略一致，从不同层面考虑并建立该系统。在构建知识产权管理系统时，必须确保各个子系统依据既定原则正常运行，并且量化和跟踪运行效果。同时，该系统必须服从国家和地方政策、指导方针及基本原则，并贯穿日常工作的各个方面，为更高层次的知识产权管理奠定基础。

(六) 可持续发展原则

为了建立一个可持续发展的知识产权管理系统，我国装备制造业需要从长远发展的角度出发，着重关注知识产权管理流程的关键节点，并且紧密关注装备制造业的长期发展目标。此外，我们也应该致力于确保企业内部的知识产权资源与企业未来发展的理念达成一致，以构建一个可持续发展的知识产权管理系统。

三、装备制造业知识产权管理子系统构建

系统论认为，世界上的一切事物都是以系统的方式运行的，无论它们所占据

空间的大小，或者它们所属的事物类型如何。正如 Bertalanffy 所指出的，每个系统都是一个独立的有机实体，其不同部分并不相互孤立，或者只是简单混合①。系统旨在达到的效果要远大于各组成部分的简单叠加。就知识产权管理而言，装备制造业知识产权管理系统可分为以下三个部分：开发子系统、运营子系统和保护子系统。这些子系统共同组成了装备制造业知识产权管理系统。知识产权管理开发子系统贯穿于装备制造业的不同研究和创新阶段，也就是说诞生智能创造的过程；知识产权运营子系统所涉及的内涵是实现装备制造业知识产权价值的过程；知识产权保护子系统中的关键环节则是相关知识产权的应用和保护等事宜。

企业装备制造业知识产权管理系统中的三个子系统围绕知识产权的诞生，实现与后期保护相互作用、相互促进，形成一个有机整体，如果缺少其中一个，知识产权管理系统的目标功能就会受到影响。如果该子系统不能与其他子系统保持同步开发速度，不仅会限制其他子系统的进一步开发，而且还会影响知识产权管理系统的整体运行效率。人力资源、知识产权保护意识及资产运营能力等所组成的内部因素约束和指导着装备制造业知识产权管理系统的运行方式。此外，三个子系统的输出也受限于外部环境，外部因素本质上是法律制度、社会文化、社会经济环境，技术环境和人口环境。内部和外部因素的综合作用使制造业的知识产权系统能够提高其自组织功能，并对其自组织结果进行限制、控制和改进，构建装备制造业知识产权管理系统。

装备制造业知识产权管理系统结构框架如图 6-1 所示。该系统的主体是开发子系统、运营子系统和保护子系统，由三大子系统组成的有机整体受到内部和外部因素共同的影响。其中，装备制造业知识产权管理开发子系统作为整个系统的原始动力，是装备制造业知识产权运营子系统的基础和装备制造业知识产权保护子系统的主要组成部分。它的功能是为整个知识产权管理系统提供安全的运行保障。与此同时，装备制造业知识产权管理系统能否有效运行不仅取决于不同子系统的相互作用和影响，还受到内部和外部因素的积极或消极影响。装备制造业知识产权管理行为一直处于连续修整中来应对环境的变化，最后实现装备制造业知识产权的最优配置状态。装备制造业知识产权管理开发子系统、运营子系统和保

---

① Bertalanffy. General System Theory［M］. New York：George Braziller, 1969.

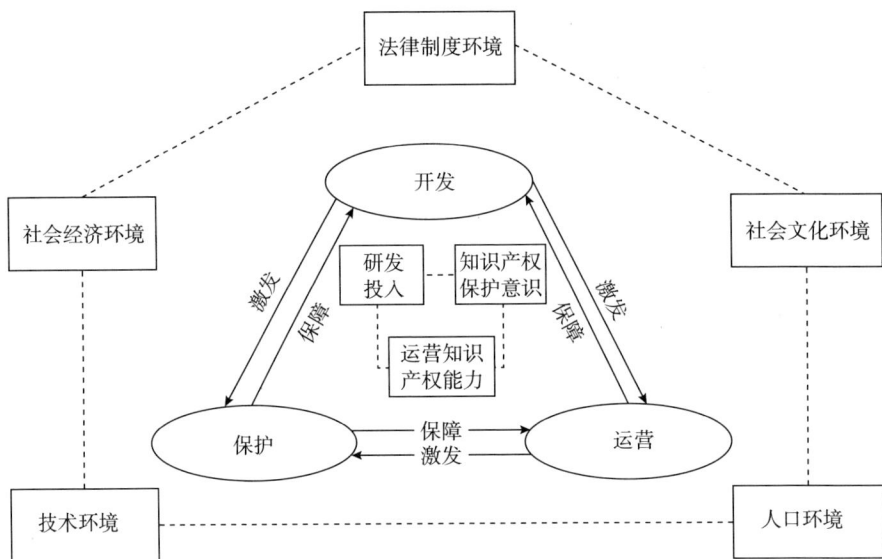

图 6-1　装备制造业知识产权管理系统结构框架

护子系统互相促进，是实现终极目标的有效途径。它们通过互相影响和制约，共同应对内部和外部影响因素，从而促进装备制造业知识产权管理系统的有效运行。三个子系统通过彼此影响，相互制约，在内部影响因素、外部影响因素的共同影响下促进装备制造业知识产权管理系统的有效运行。

四、装备制造业知识产权管理系统的各个子系统

系统的稳定程度和实现目标能力强弱与各个子系统的紧密关联和相互作用有关。然而，在实际运行中，由于多种原因的影响，子系统之间的关联模式较为松散，导致系统的实现目标能力较弱，如图 6-2 所示。

（一）知识产权开发管理子系统

知识产权的有效开发是管理活动的起点，只有获得知识产权才能进行运营和保护，装备制造业企业才能将技术优势转化为市场优势。知识产权开发包括一系列过程，从创新源产生到公司获得可能形成知识产权的技术，再到将此技术产权化的。新兴技术的生成应通过创新获取，而知识产权的确定应通过合理、及时的成功申报等方式，由此可将装备制造企业的知识产权发展拆解为研发管理和获取

图 6-2　系统紧密与系统松散

管理两部分。研发管理指的是从创新源产生、可行性论证、方案确定、研究开发到定型或验收的一系列过程。获取管理指的是贯穿研发管理过程的知识产权管理工作，包括一系列管理活动，如专利搜索、技术文件和相关信息的收集和应用、创新来源选择评估、相关法规研究、知识产权的申请和获取。这两个过程的工作看似内容不同，实则相互关系紧密，获取管理工作必须纳入整个研发管理过程，这两个过程没有严格划分前后时期，研发管理过程的不同阶段可以形成专利权、商业秘密和其他知识产权，研发管理过程中的不同阶段还必须开展与知识产权收购相关的工作，因此这两个过程重叠和交叉。

（二）知识产权运营管理子系统

装备制造业企业知识产权运营，是指装备制造业企业取得知识产权后，通过某种途径，使其发挥应有价值的管理过程。知识产权作为市场机制的产物，其发展的最终目的是为企业创造利益，因此知识产权管理的成功必须通过市场价值和社会价值来检验，实现价值的手段便是知识产权的运作。知识产权如果没有实现一定的市场和社会价值，只能造成投入资源的浪费，再多的知识产权都不能促进装备制造业的发展。因此，装备制造业知识产权运营管理是知识产权管理的关键部分。装备制造业企业知识产权价值运营的首要工作是确认知识产权的价值，接着是衡量知识产权的价值，最后是实现知识产权的价值。

（三）知识产权保护管理子系统

价值保护应融入创新过程的每个阶段，渗透企业科研、生产、销售等各个环节，通过技术借鉴、科研方向引导、专利战略布局及预防侵权与被侵权等重要作用辅助企业的自主创新蓬勃发展，确保实现装备制造业企业知识产权经济收益，从而进入良性循环。大多数装备制造业企业都是高技术企业或者技术密集企业，其核心技术是企业核心能力的重要构成部分，决定了关键零部件的水平，进而影响产品的整体性能。更重要的是，由于核心技术可以带动整个技术领域的发展，拥有核心技术的企业可以通过对技术专利的控制，一定程度上控制或影响产品或行业的发展进程，所以装备制造业企业核心技术的知识产权地位对于国防建设、企业的盈利能力及企业在激烈市场竞争中持续保持竞争优势地位十分重要。企业掌握核心技术后，通过专利申请或者保有技术秘密的形式来占领市场。一旦核心技术优势不再，企业的市场地位将受到极大的影响。企业主要是通过自主创新这一高风险、高投入活动来获得基础技术。在整个过程中，面对竞争对手和外部环境的变化，装备制造业企业难以保持或提高基础技术的知识产权地位，即使面对来自国内外竞争对手的各种威胁，也特别需要建立知识产权预警系统，为制造企业提供基本技术。

第二节　山西省装备制造业知识产权管理系统耦合及协调度

"耦合"一词来源于物理学，指的是两个或多个事物通过相互作用和相互影响紧密结合在一起的状态。本书主要考虑的是知识产权管理系统的内部耦合关系，特别是子系统之间的互补性和兼容性。子系统之间的耦合是知识产权管理系统内部机制和演变的关键。在装备制造业知识产权管理系统中，子系统之间相互作用、相互交流的动态过程是不可或缺的，这个过程不断进行信息交流、知识及能量交换，促进系统内部不同子系统之间的协同发展。但如果系统内部子系统之间的不平衡发展，或外部环境元素的不可控制进入等导致系统发展中断，系统将会失去秩序，处于难以控制的状态，此时系统将处于"熵增"的状态；相反，如果系统内部和外部之间的物质和能量交换产生的"负熵"不断流入系统，促进系统向平衡状态和有序方向发展，当"负熵"的增加达到某个数值时，可以抵消系统内部产生的熵增加，可以保障系统向有序状态的演化，此时系统处于"负熵"状态。正是在这种非线性影响作用机制下，系统内部通过相互作用的恒定耦合，改变了系统内部"熵增"与"熵减"之间的差异，使"负熵"占据主要位置，从而保障装备制造业的知识产权管理体系整体及其各子系统实现稳定、协同发展。

装备制造业知识产权管理系统包括开发、运营和保护管理子系统，三个子系统之间的耦合交互是子系统之间相互交互、相互促进知识、信息和能量交换的动态过程。知识产权管理系统的发展与这三个子系统的耦合相互作用密不可分，子系统之间的耦合相互作用促进了子系统和整个系统的联合发展。在整个系统中，知识产权开发管理子系统是系统运转的根基，资金、人才和信息的投入是进行知识产权运营和保护的先决条件；运营子系统是系统运营的核心，既是知识产权开发的价值和目的，也是知识产权保护的对象；知识产权保护管理子系统是系统运行的保障。这三个组成部分使知识产权管理系统成为一个有机整体，各个子系统之间相互关联、相关影响。此外，知识产权管理系统子系统的进化发展取决于每个子系统中主体主要元素的行为，且不同子系统中的主体间的耦合互动影响子系统间的耦合互动关系。下面以我国装备制造业的知识产权管理系统为案例，利用耦合协调度模型对其子系统间的耦合互动关系进行实证测量，并分析其耦合互动发展状态。

一、装备制造业知识产权管理系统耦合协调评价体系构建

在遵循评价指标构建的数据可获得性和易操作性等原则前提下，本书从《中国科技统计年鉴》中获取 2011～2019 年 30 个省份的统计数据（不含港澳台地区及西藏）。由于西藏的数据缺失量较大，因此未将其纳入测算范围。此外，由于数据统计口径、发展状况等方面的原因，因此也没有将港澳台地区纳入测算对象。并根据相关数据，构建我国装备制造业知识产权管理系统的耦合度指标体系。对于开发子系统，本书选取的指标有：研究与试验发展（R&D）人员全时当量、R&D 经费内部支出、新产品开发经费支出、R&D 机构数。对于运营子系统，选取的指标有：新产品销售收入、新产品开发项目数、新产品出口额占新产品销售收入的比重。保护子系统同样选取了三个指标：专利申请量、有效专利数量、商标注册件数。表6-1 为指标体系，表6-2 对其中的指标进行了解释，表6-3 为基于评价指标和统计数据的汇总。

表 6-1　装备制造业知识产权管理系统耦合协调度评价指标体系

子系统	指标	代码	单位
开发子系统 X_1	R&D 人员全时当量	X_{11}	人年
	R&D 经费内部支出	X_{12}	万元
	新产品开发经费支出	X_{13}	万元
	R&D 机构数	X_{14}	个
运营子系统 X_2	新产品销售收入	X_{21}	万元
	新产品开发项目数	X_{22}	项
	新产品出口额占新产品销售收入的比重	X_{23}	%
保护子系统 X_3	专利申请量	X_{31}	项
	有效专利数量	X_{32}	项
	商标注册件数	X_{33}	项

资料来源：根据《中国科技统计年鉴》（2012~2020）整理得出。

表 6-2　装备制造业知识产权管理系统耦合协调度评价指标解释

指标	指标解释
R&D 人员全时当量	R&D 人员全时当量是指报告期 R&D 人员按实际从事 R&D 活动时间计算的工作量，以"人年"为计量单位，为国际上比较科技人力投入而制定的可比指标
R&D 经费内部支出	R&D 经费内部支出是指企业在报告年度用于内部开展 R&D 活动的实际支出。包括用于 R&D 项目（课题）活动的直接支出，以及间接用于 R&D 活动的管理费、服务费、与 R&D 有关的基本建设支出和外协加工费等。不包括生产性活动支出、归还贷款支出及与外单位合作或委托外单位进行 R&D 活动而转拨给对方的经费支出
新产品开发经费支出	新产品开发经费支出是指报告年度内企业科技活动经费内部支出中用于新产品研究开发的经费支出。包括新产品的研究、设计、模型研制、测试、试验等费用支出
新产品销售收入	新产品销售收入是指企业在主营业务收入和其他业务收入中销售新产品实现的收入。新产品是指采用新技术原理、新设计构思研制生产，或结构、材质、工艺等某一方面有所突破或较原产品有明显改进，从而显著提高了产品性能或扩大了使用功能，对提高经济效益具有一定作用的产品，并且在一定区域或行业范围内具有先进性、新颖性和适用性的产品
新产品开发项目数	新产品开发是指从研究选择适应市场需要的产品开始到产品设计、工艺制造设计，直到投入正常生产的一系列决策过程。新产品开发既包括新产品的研制也包括原有的老产品改进与换代
新产品出口额占新产品销售收入的比重	新产品出口额是指报告期企业将新产品销售给外贸部门和直接出售给外商所实现的销售收入

指标	指标解释
专利申请量	专利申请量是指专利机构受理技术发明申请专利的数量，是发明专利申请量、实用新型专利申请量和外观设计专利申请量之和，反映技术发展活动是否活跃以及发明人是否有谋求专利保护的积极性。专利申请数量越多，表示一个社会的创新能力越高，社会就越有活力
有效专利数量	有效专利是指专利申请被授权后，仍处于有效状态的专利。要使专利处于有效状态，应确保该专利权还处在法定保护期限内，专利权人还需要按规定缴纳了年费

表6-3　装备制造业知识产权管理系统指标数据描述性统计

指标	有效个数	最小值	最大值	均值	标准差
R&D 人员全时当量	270	1157	642490	87146.3700	117915.49600
R&D 经费内部支出	270	57760.40	23148565.50	3357805.0344	4344974.57488
新产品开发经费支出	270	34745.20	38649831.70	3767384.5596	5523832.60615
R&D 机构数	270	24	25891	2160.0259	4509.24174
新产品销售收入	270	85659	429700648.30	52169701.7440	71508095.18321
新产品开发项目数	270	94	146954	13888.0444	20989.30187
新产品出口额	270	32.50	118461382.10	9781321.8150	19134808.59000
专利申请量	270	168	272616	23167.8370	37419.83431
有效专利数量	270	87	375515	21672.9741	44765.93638
商标注册件数	270	8296	4968118	393641.4300	579975.87000

二、装备制造业知识产权管理系统耦合协调性分析

本书运用熵权法确定指标体系权重，熵权法确定指标权重的具体步骤如下：

第一步，数据规范化。对矩阵 $X = (x_{ij})_{m \times n}$ 进行归一化处理，得到标准化矩阵 $R = (r_{ij})_{m \times n}$，计算公式为：

$$r_{ij} = (1-a) + a \times \frac{x_{ij} - \min x_j}{\max x_j - \min x_j}, \ j \in I$$

$$r_{ij} = (1-a) + a \times \frac{\max x_{ij} - x_{ij}}{\max x_j - \min x_j}, \ j \in I \tag{6-1}$$

其中，$0 < a < 1$。一般情况下，$a = 0.9$，I 是效益性指标，J 是成本型指标。

第二步，计算各指标在样本中出现的比重。第 j 项指标在第 i 个样本中出现

的比重为：

$$p_{ij} = r_{ij} / \sum_{i=1}^{m} r_{ij} \qquad (6-2)$$

第三步，计算各项指标的信息熵。第 j 项指标的信息熵为：

$$e_j = -k \sum_{i=1}^{m} p_{ij}, \quad k = 1/\ln m, \quad 0\ln 0 \equiv 0 \qquad (6-3)$$

第四步，计算指标差异系数：

$$d_j = 1 - e_j, \quad j = 1, 2, \cdots, n \qquad (6-4)$$

第五步，根据差异性系数，计算各指标的权重：

$$w_j = d_j / \sum_{j=1}^{n} d_j, \quad j = 1, 2, \cdots, n \qquad (6-5)$$

本书通过运用耦合协调度模型，对我国装备制造业知识产权开发—运营—保护子系统整体运行效果，以及开发—运营子系统之间的运行效果、运营—保护子系统之间的运行效果和开发—保护子系统之间的运行效果进行评价。具体分析如下：

由表 6-4 可知，2011~2019 年，我国装备制造业知识产权管理系统每年的耦合度平均值分布在 0.89~0.94，每年的耦合协调度平均值分布在 0.18~0.21。由此表明，我国装备制造业知识产权开发—运营—保护子系统之间呈现较高的契合度，较高的耦合互动关系可以促进整体系统稳定有序运行和演化，进而激发系统走向协同发展状态。但是，在动态协作方面还有待提高。就各省份于考察期间的平均表现水平而言，耦合协调度排名前六位的分别是广东、江苏、浙江、山东、上海和安徽。通过纵向均值和横向均值的对比发现，我国装备制造业知识产权管理系统耦合协调度相对集中，表现出较低水平。山西省装备制造业知识产权管理系统耦合协调度平均值约为 0.13。为探寻各个省份装备制造业知识产权管理体系各子系统的耦合关系及存在问题，本书还计算了开发—运营子系统耦合度、运营—保护子系统耦合度和开发—保护子系统耦合度。

表 6-4　装备制造业知识产权管理系统耦合度和耦合协调度

省份	耦合度/耦合协调度								
	2011 年	2012 年	2013 年	2014 年	2015 年	2016 年	2017 年	2018 年	2019 年
北京	0.99/0.26	0.97/0.25	1.00/0.24	0.98/0.23	0.97/0.22	0.95/0.22	0.99/0.19	0.96/0.20	0.97/0.20
天津	0.96/0.24	0.96/0.22	0.97/0.24	0.96/0.22	0.96/0.21	0.96/0.21	0.96/0.18	0.97/0.16	0.94/0.15

省份	耦合度/耦合协调度								
	2011 年	2012 年	2013 年	2014 年	2015 年	2016 年	2017 年	2018 年	2019 年
河北	0.97/0.20	0.97/0.19	0.96/0.19	0.95/0.19	0.95/0.19	0.97/0.19	0.91/0.18	0.97/0.18	0.96/0.19
山西	0.93/0.15	0.93/0.14	0.99/0.15	0.95/0.12	0.92/0.12	0.91/0.12	0.95/0.12	0.95/0.11	0.84/0.12
内蒙古	0.94/0.11	0.95/0.11	0.98/0.12	0.92/0.10	0.93/0.10	0.92/0.10	0.96/0.10	0.98/0.09	0.99/0.09
辽宁	0.95/0.22	0.95/0.20	0.96/0.22	0.96/0.20	0.97/0.18	0.97/0.17	0.96/0.17	0.98/0.16	0.97/0.16
吉林	0.94/0.13	0.97/0.12	0.99/0.13	0.95/0.12	0.93/0.11	0.94/0.10	0.97/0.10	0.99/0.09	0.98/0.09
黑龙江	0.95/0.14	0.97/0.13	0.96/0.13	0.97/0.12	0.98/0.11	0.95/0.12	0.97/0.11	1.00/0.08	1.00/0.08
上海	1.00/0.32	1.00/0.30	0.99/0.29	1.00/0.29	1.00/0.27	1.00/0.27	0.97/0.24	1.00/0.24	1.00/0.24
江苏	0.96/0.51	0.95/0.52	0.93/0.52	0.94/0.52	0.94/0.51	0.94/0.51	0.88/0.48	0.91/0.47	0.92/0.46
浙江	0.98/0.46	0.99/0.43	0.98/0.43	0.98/0.42	0.98/0.43	0.97/0.41	0.90/0.39	0.96/0.40	0.95/0.40
安徽	0.98/0.25	0.99/0.25	0.98/0.26	0.98/0.26	0.99/0.27	0.99/0.27	0.97/0.26	0.97/0.26	0.96/0.25
福建	0.99/0.26	1.00/0.25	0.98/0.25	0.99/0.25	0.99/0.25	0.99/0.25	0.96/0.23	0.99/0.23	0.99/0.24
江西	0.95/0.14	0.95/0.14	0.98/0.15	0.98/0.15	0.98/0.15	0.97/0.16	0.95/0.19	0.95/0.19	0.93/0.20
山东	0.94/0.38	0.95/0.37	0.92/0.38	0.93/0.37	0.93/0.36	0.93/0.35	0.88/0.34	0.94/0.31	0.96/0.30
河南	0.94/0.23	0.96/0.22	0.93/0.26	0.94/0.23	0.95/0.23	0.93/0.23	0.89/0.23	0.96/0.23	0.96/0.24
湖北	0.96/0.22	0.97/0.22	0.97/0.23	0.96/0.22	0.96/0.22	0.96/0.22	0.94/0.21	0.96/0.21	0.95/0.22
湖南	0.94/0.23	0.96/0.22	0.98/0.23	0.95/0.22	0.95/0.21	0.94/0.21	0.92/0.21	0.94/0.21	0.96/0.21
广东	0.97/0.54	0.98/0.52	0.99/0.52	0.98/0.52	0.98/0.52	0.99/0.54	0.96/0.56	0.96/0.56	0.97/0.57
广西	0.93/0.13	0.97/0.12	1.00/0.13	0.98/0.12	0.99/0.11	0.99/0.11	0.99/0.11	0.98/0.10	0.98/0.11
海南	0.42/0.05	0.40/0.05	0.47/0.06	0.48/0.05	0.55/0.05	0.46/0.05	0.31/0.05	0.45/0.05	0.77/0.03
重庆	0.99/0.19	1.00/0.17	1.00/0.17	1.00/0.17	0.98/0.19	0.97/0.19	0.93/0.20	0.95/0.17	0.94/0.18
四川	0.97/0.19	1.00/0.20	0.98/0.20	0.99/0.21	0.98/0.20	0.98/0.19	0.97/0.20	0.97/0.18	0.99/0.20
贵州	0.99/0.11	0.95/0.10	0.86/0.13	0.94/0.11	0.96/0.11	0.99/0.11	0.97/0.11	0.96/0.09	0.90/0.10	0.99/0.10
云南	0.93/0.10	0.99/0.11	1.00/0.11	0.99/0.11	0.99/0.11	1.00/0.11	0.98/0.11	0.95/0.10	0.99/0.11
陕西	0.94/0.15	0.99/0.15	0.95/0.15	0.96/0.16	0.98/0.15	0.95/0.14	0.94/0.14	0.95/0.13	0.98/0.14
甘肃	0.87/0.08	0.88/0.09	0.96/0.12	0.91/0.09	0.90/0.09	0.90/0.08	0.85/0.09	0.81/0.10	0.78/0.08
青海	0.10/0.01	0.09/0.01	0.01/0.01	0.06/0.01	0.97/0.01	0.74/0.01	0.04/0.01	0.33/0.01	0.95/0.01
宁夏	0.79/0.08	0.45/0.07	0.77/0.09	0.65/0.06	0.73/0.06	0.61/0.07	0.85/0.08	0.90/0.06	0.89/0.06
新疆	0.94/0.09	1.00/0.07	0.97/0.08	1.00/0.08	0.98/0.07	0.96/0.07	0.97/0.08	0.93/0.06	0.79/0.07

　　开发管理子系统由内部知识产权相关人员、知识产权相关资产、投入和权益分配系统、创新定位战略、创新模式等组成；运营管理子系统包括知识产权价值

评估、知识产权市场开放、知识产权交易和知识产权成果转化等。因此，两者之间的关联关系体现为：开发管理子系统为运营管理子系统提供丰富的知识产权资源支持，运营管理子系统为开发管理子系统提供强大的动力支撑。只有具备了合理的知识产权归属制度、明确的知识创造方向、高效的研发流程及相关资源的投入，装备制造业才能为技术贸易、技术成果和市场运作等活动提供源源不断的知识产权资源。通过对知识产权经营活动的反馈，知识密集型制造业更有动力进行研发，更好地优化投资资源分配，改善知识产权制度。具体而言，由表 6-5 所知，我国装备制造业知识产权开发—运营子系统每年的耦合度平均值分布在 0.91 ~ 0.95，每年的耦合协调度平均值分布在 0.19 ~ 0.22。就各省份于考察期间的平均表现水平而言，耦合协调度排名前六位的分别是江苏、广东、浙江、山东、上海和河南；山西省装备制造业知识产权管理开发—运营子系统耦合协调度平均值为 0.14，提升空间较大。广东、浙江、上海、江苏在经济、科技发展方面处于领先地位，在装备制造业知识产权开发经费、销售收入、新产品开发的项目数、知识产权开发人员在投入比率及绝对值方面都非常高。他们所处的地理位置优越，对外开放程度高，新产品出口额占新产品销售收入的比重都比较高，使开发—运营子系统耦合度排名靠前。值得一提的是，河南的平均排名水平超过了安徽，耦合协调度排在第六位，2013 ~ 2017 年的耦合协调度都处于较高水平，究其原因主要是在这些年份，河南装备制造业知识产权开发经费投入较多，新产品的销售收入也较高。

表 6-5 装备制造业知识产权开发—运营子系统耦合度和耦合协调度

省份	耦合度/耦合协调度								
	2011 年	2012 年	2013 年	2014 年	2015 年	2016 年	2017 年	2018 年	2019 年
北京	1.00/0.25	1.00/0.23	1.00/0.24	1.00/0.22	1.00/0.21	1.00/0.20	0.99/0.19	1.00/0.18	1.00/0.18
天津	0.99/0.26	1.00/0.25	1.00/0.26	1.00/0.25	1.00/0.24	1.00/0.23	0.99/0.20	0.99/0.18	0.97/0.17
河北	0.99/0.21	0.99/0.21	0.99/0.21	0.98/0.21	0.98/0.21	0.99/0.21	0.96/0.21	0.98/0.19	0.98/0.21
山西	1.00/0.17	1.00/0.16	1.00/0.16	0.97/0.13	0.98/0.14	0.98/0.14	1.00/0.14	1.00/0.13	0.93/0.15
内蒙古	0.99/0.12	0.99/0.12	0.97/0.12	0.97/0.11	0.99/0.12	0.97/0.11	0.96/0.12	1.00/0.09	1.00/0.10
辽宁	0.98/0.25	0.98/0.22	0.98/0.24	0.99/0.22	0.99/0.21	1.00/0.19	0.99/0.19	1.00/0.18	1.00/0.17
吉林	0.99/0.14	1.00/0.13	0.99/0.13	1.00/0.12	0.99/0.12	1.00/0.12	1.00/0.11	0.99/0.09	1.00/0.10

省份	耦合度/耦合协调度								
	2011 年	2012 年	2013 年	2014 年	2015 年	2016 年	2017 年	2018 年	2019 年
黑龙江	0.98/0.15	1.00/0.14	0.99/0.14	0.98/0.12	0.99/0.12	0.98/0.13	0.99/0.12	1.00/0.08	1.00/0.08
上海	1.00/0.32	1.00/0.29	1.00/0.30	1.00/0.29	1.00/0.27	1.00/0.27	0.99/0.26	0.99/0.24	1.00/0.24
江苏	0.95/0.54	0.95/0.55	0.94/0.57	0.94/0.55	0.95/0.56	0.95/0.55	0.91/0.54	0.91/0.50	0.93/0.50
浙江	0.97/0.47	0.99/0.43	0.99/0.46	0.99/0.44	0.99/0.46	1.00/0.45	0.98/0.45	0.98/0.43	0.98/0.45
安徽	0.98/0.25	0.99/0.25	0.98/0.27	0.98/0.26	0.98/0.27	0.99/0.27	0.97/0.28	0.97/0.27	0.96/0.27
福建	0.99/0.26	1.00/0.26	1.00/0.27	0.99/0.26	1.00/0.26	1.00/0.26	0.99/0.26	0.99/0.25	1.00/0.25
江西	1.00/0.16	0.99/0.15	1.00/0.16	1.00/0.16	1.00/0.16	1.00/0.28	0.99/0.20	0.98/0.20	0.99/0.23
山东	0.97/0.42	0.97/0.40	0.97/0.43	0.96/0.41	0.96/0.40	0.96/0.39	0.94/0.40	0.95/0.34	0.97/0.31
河南	0.94/0.25	0.95/0.23	1.00/0.30	1.00/0.29	1.00/0.29	1.00/0.29	1.00/0.29	1.00/0.26	1.00/0.26
湖北	0.97/0.24	0.98/0.23	0.97/0.24	0.97/0.24	0.97/0.23	0.97/0.23	0.96/0.23	0.96/0.23	0.97/0.23
湖南	0.98/0.23	0.99/0.22	0.99/0.24	0.99/0.24	0.98/0.24	0.98/0.23	0.95/0.24	0.96/0.22	0.97/0.23
广东	0.97/0.52	0.98/0.49	0.98/0.51	0.98/0.49	0.97/0.50	0.98/0.54	0.96/0.58	0.94/0.56	0.95/0.57
广西	1.00/0.15	1.00/0.13	1.00/0.13	0.99/0.12	1.00/0.12	1.00/0.12	1.00/0.12	0.99/0.11	0.99/0.12
海南	0.32/0.05	0.32/0.05	0.32/0.05	0.39/0.05	0.47/0.05	0.38/0.05	0.18/0.04	0.37/0.05	0.70/0.02
重庆	0.99/0.19	1.00/0.17	1.00/0.18	1.00/0.19	0.99/0.21	1.00/0.21	1.00/0.22	1.00/0.19	1.00/0.20
四川	1.00/0.21	1.00/0.20	0.99/0.21	0.99/0.20	0.98/0.19	0.98/0.19	0.96/0.20	0.96/0.20	0.99/0.20
贵州	0.99/0.11	0.94/0.10	0.95/0.01	0.92/0.11	0.95/0.11	0.98/0.11	1.00/0.10	0.96/0.09	0.99/0.10
云南	1.00/0.11	1.00/0.10	1.00/0.10	1.00/0.10	0.99/0.11	0.98/0.11	0.98/0.12	0.95/0.10	0.97/0.11
陕西	0.98/0.16	0.98/0.15	0.95/0.16	0.98/0.17	0.98/0.16	0.93/0.14	0.91/0.14	0.99/0.15	0.99/0.15
甘肃	0.99/0.11	0.96/0.10	0.98/0.11	1.00/0.10	0.98/0.10	0.98/0.10	0.87/0.11	0.78/0.10	0.83/0.09
青海	0.05/0.01	0.13/0.01	0.95/0.01	0.10/0.01	0.96/0.01	0.82/0.02	0.07/0.01	0.98/0.01	0.98/0.01
宁夏	0.77/0.09	0.58/0.09	0.68/0.08	0.78/0.08	0.81/0.08	0.71/0.09	0.81/0.09	0.98/0.07	0.98/0.07
新疆	1.00/0.08	1.00/0.07	0.97/0.09	1.00/0.05	0.98/0.07	0.95/0.06	1.00/0.07	0.98/0.07	0.77/0.08

如果知识产权成果不作为知识产权受到保护，就难以在市场上实现自身价值，知识产权经营管理体系也无法健康平稳运行。保护是知识产权实现价值的关键，只有知识产权运营起来，才有必要进行知识产权保护。因此，两者之间的相互关系反映在这样一个事实上，即知识密集型制造业在其知识产权业务中需要强有力的知识产权保护机制，只有经过保护，知识产权才具有可交易性特征，知识产权价值才能被有效的衡量。知识密集型制造业知识产权运营管理子系统的变化

也是调整保护管理子系统的依据，只有保护方案和措施适应知识产权业务，保护管理子系统才能更有效。由表 6-6 所知，我国装备制造业知识产权运营—保护子系统每年的耦合度均值分布在 0.92～0.96，每年的耦合协调度均值分布在 0.17～0.20。就各省份于考察期间的平均表现水平而言，耦合协调度排名前六位的分别是广东、江苏、浙江、山东、上海和安徽；山西装备制造业知识产权管理运营—保护子系统耦合协调度平均值为 0.12，整体水平有待提高。

表 6-6 装备制造业知识产权运营—保护子系统耦合度和耦合协调度

省份	耦合度/耦合协调度								
	2011 年	2012 年	2013 年	2014 年	2015 年	2016 年	2017 年	2018 年	2019 年
北京	0.99/0.26	0.98/0.26	1.00/0.24	0.98/0.24	0.96/0.23	0.94/0.23	1.00/0.18	0.95/0.20	0.98/0.21
天津	0.93/0.23	0.94/0.22	0.96/0.24	0.94/0.22	0.95/0.21	0.94/0.20	0.94/0.18	0.95/0.16	0.92/0.15
河北	0.99/0.18	0.98/0.18	0.98/0.18	0.98/0.17	0.99/0.17	0.99/0.18	0.96/0.16	1.00/0.17	0.99/0.18
山西	0.91/0.14	0.90/0.13	0.92/0.15	0.99/0.11	0.89/0.11	0.87/0.11	0.93/0.12	0.94/0.11	0.78/0.12
内蒙古	0.96/0.10	0.92/0.10	1.00/0.11	0.97/0.09	0.94/0.09	0.97/0.09	1.00/0.09	0.99/0.08	0.98/0.09
辽宁	0.98/0.18	0.98/0.18	0.98/0.20	0.99/0.18	0.96/0.16	0.96/0.17	0.97/0.16	0.99/0.16	0.97/0.15
吉林	0.91/0.12	0.96/0.12	0.99/0.13	0.94/0.10	0.94/0.11	0.94/0.10	0.97/0.10	0.99/0.09	0.98/0.09
黑龙江	0.99/0.13	0.97/0.12	1.00/0.13	1.00/0.11	0.99/0.11	0.93/0.12	0.95/0.11	1.00/0.08	1.00/0.09
上海	1.00/0.31	1.00/0.29	1.00/0.28	1.00/0.28	1.00/0.26	1.00/0.26	0.98/0.23	1.00/0.23	1.00/0.23
江苏	1.00/0.46	1.00/0.46	1.00/0.46	1.00/0.46	1.00/0.46	1.00/0.45	0.99/0.40	1.00/0.41	1.00/0.40
浙江	1.00/0.43	1.00/0.41	0.99/0.40	1.00/0.40	0.99/0.40	0.97/0.39	0.94/0.34	1.00/0.36	0.98/0.37
安徽	1.00/0.23	1.00/0.24	1.00/0.25	0.99/0.25	1.00/0.25	1.00/0.26	1.00/0.25	1.00/0.24	1.00/0.23
福建	1.00/0.25	1.00/0.25	0.98/0.24	1.00/0.24	1.00/0.24	0.99/0.24	0.97/0.21	1.00/0.22	1.00/0.23
江西	0.94/0.14	0.93/0.13	1.00/0.14	0.98/0.14	0.98/0.14	0.96/0.16	0.98/0.16	0.98/0.17	0.95/0.18
山东	0.98/0.34	0.99/0.33	0.97/0.33	0.99/0.33	0.98/0.31	0.99/0.31	0.96/0.29	1.00/0.28	0.99/0.27
河南	1.00/0.21	1.00/0.24	1.00/0.24	0.92/0.24	0.91/0.24	0.90/0.24	0.87/0.22	0.97/0.22	0.96/0.23
湖北	1.00/0.20	1.00/0.21	1.00/0.21	1.00/0.20	1.00/0.20	1.00/0.20	0.99/0.19	1.00/0.19	1.00/0.19
湖南	1.00/0.22	1.00/0.21	1.00/0.22	1.00/0.21	1.00/0.21	1.00/0.20	1.00/0.20	1.00/0.19	1.00/0.19
广东	0.96/0.52	0.97/0.51	0.99/0.49	0.97/0.50	0.98/0.50	0.99/0.52	1.00/0.51	0.99/0.52	0.99/0.52
广西	0.93/0.12	0.97/0.11	1.00/0.13	0.99/0.11	0.99/0.11	0.99/0.11	0.99/0.11	0.97/0.11	0.96/0.11
海南	0.70/0.08	0.66/0.08	0.96/0.11	0.72/0.07	0.75/0.07	0.69/0.07	0.87/0.09	0.64/0.07	1.00/0.04
重庆	1.00/0.20	1.00/0.17	1.00/0.17	0.99/0.18	0.97/0.20	0.96/0.19	0.91/0.19	0.95/0.16	0.92/0.17

省份	耦合度/耦合协调度								
	2011 年	2012 年	2013 年	2014 年	2015 年	2016 年	2017 年	2018 年	2019 年
四川	0.97/0.18	1.00/0.20	0.98/0.19	0.99/0.21	0.97/0.19	0.98/0.19	0.99/0.18	1.00/0.17	1.00/0.19
贵州	1.00/0.12	0.96/0.11	0.94/0.15	0.97/0.12	0.97/0.11	0.95/0.11	0.97/0.09	0.86/0.10	1.00/0.09
云南	0.90/0.09	0.99/0.11	1.00/0.11	0.98/0.10	0.99/0.10	1.00/0.11	1.00/0.11	1.00/0.09	1.00/0.10
陕西	0.97/0.13	1.00/0.15	1.00/0.14	1.00/0.15	1.00/0.14	0.99/0.13	0.98/0.12	0.97/0.12	1.00/0.13
甘肃	0.81/0.08	0.83/0.08	0.99/0.13	0.87/0.08	0.85/0.08	0.85/0.08	0.84/0.10	0.87/0.11	0.75/0.08
青海	0.03/0.01	0.98/0.01	0.01/0.01	0.99/0.01	0.99/0.01	0.69/0.01	0.02/0.01	0.36/0.02	0.92/0.01
宁夏	0.82/0.10	0.44/0.08	0.93/0.11	0.59/0.06	0.68/0.07	0.50/0.08	0.91/0.10	0.85/0.06	0.84/0.06
新疆	0.93/0.09	1.00/0.08	0.97/0.09	1.00/0.08	0.98/0.07	0.95/0.06	0.98/0.08	0.90/0.06	0.83/0.09

开发管理子系统与保护管理子系统关联。没有智力成果就没有保护的必要，发展是实施保护的先决条件，而保护则是健康发展和持有成果优势的保障。因此，两者之间的联系反映在这样一个事实上，即知识密集型制造只有在创造了智力成果的情况下才有可能诉诸法律、行政、体制、教育等手段，使智力成果标准化和合法化。只有通过全面且高效的制度与手段使智力成果获得有效的认可与保护，才能激发创造者更多开发新知识的热情。由表 6-7 所知，我国装备制造业知识产权运营—保护子系统每年的耦合度平均值最低为 0.55、最高为 0.99，最高最低之间有较大的差距。每年的耦合协调度平均值分布于 0.03~0.42。就各省份于考察期间内平均表现水平而言，耦合协调度排名前六位的分别是浙江、广东、江苏、安徽、上海、河南；山西装备制造业知识产权管理运营—保护子系统耦合协调度平均值约为 0.16，还需要增加投入，提高对外开放水平，从而达到整体协调度的提高。

表 6-7 装备制造业知识产权开发—保护子系统耦合度和耦合协调度

省份	耦合度/耦合协调度								
	2011 年	2012 年	2013 年	2014 年	2015 年	2016 年	2017 年	2018 年	2019 年
北京	0.99/0.26	0.97/0.26	1.00/0.24	0.98/0.24	0.98/0.24	0.96/0.23	1.00/0.20	0.96/0.21	0.96/0.20
天津	0.97/0.22	0.97/0.21	0.98/0.23	0.96/0.21	0.95/0.21	0.96/0.19	0.98/0.17	0.98/0.15	0.98/0.14
河北	0.95/0.20	0.96/0.19	0.94/0.19	0.93/0.19	0.93/0.19	0.95/0.19	0.87/0.18	0.97/0.19	0.95/0.20

续表

省份	耦合度/耦合协调度								
	2011 年	2012 年	2013 年	2014 年	2015 年	2016 年	2017 年	2018 年	2019 年
山西	0.92/0.13	0.93/0.13	0.99/0.15	0.94/0.12	0.96/0.11	0.94/0.10	0.96/0.11	0.94/0.11	0.94/0.10
内蒙古	0.91/0.11	0.92/0.10	0.98/0.12	0.89/0.10	0.89/0.10	0.89/0.10	0.97/0.10	0.98/0.09	0.99/0.09
辽宁	0.92/0.22	0.94/0.20	0.94/0.22	0.94/0.20	0.96/0.17	0.97/0.16	0.94/0.17	0.97/0.16	0.97/0.15
吉林	0.96/0.11	0.98/0.11	1.00/0.12	0.93/0.10	0.90/0.10	0.93/0.10	0.96/0.10	1.00/0.08	0.99/0.09
黑龙江	0.93/0.14	0.96/0.13	0.99/0.14	0.96/0.12	0.97/0.11	0.98/0.11	0.99/0.10	0.99/0.08	1.00/0.08
上海	1.00/0.32	1.00/0.30	0.99/0.29	1.00/0.29	1.00/0.27	1.00/0.27	0.96/0.24	1.00/0.24	1.00/0.24
江苏	0.96/0.54	0.94/0.55	0.92/0.55	0.94/0.55	0.93/0.54	0.93/0.53	0.86/0.50	0.92/0.51	0.91/0.49
浙江	0.98/0.49	1.00/0.45	0.96/0.43	0.98/0.43	0.97/0.42	0.95/0.40	0.85/0.38	0.94/0.40	0.93/0.41
安徽	0.98/0.25	0.99/0.26	0.99/0.27	1.00/0.28	0.99/0.28	0.99/0.28	0.96/0.28	0.97/0.27	0.96/0.26
福建	0.99/0.26	1.00/0.25	0.97/0.24	0.99/0.25	0.99/0.24	0.99/0.24	0.93/0.23	0.98/0.24	0.99/0.24
江西	0.95/0.14	0.96/0.13	0.98/0.15	0.97/0.14	0.97/0.15	0.96/0.16	0.93/0.18	0.93/0.19	0.90/0.19
山东	0.91/0.39	0.93/0.37	0.88/0.38	0.91/0.38	0.90/0.37	0.90/0.36	0.83/0.35	0.93/0.33	0.96/0.31
河南	0.94/0.25	0.96/0.23	0.92/0.24	0.94/0.24	0.93/0.23	0.93/0.23	0.86/0.22	0.95/0.22	0.96/0.23
湖北	0.95/0.23	0.96/0.22	0.96/0.24	0.95/0.23	0.95/0.23	0.95/0.22	0.91/0.21	0.95/0.22	0.94/0.22
湖南	0.99/0.24	0.99/0.22	0.98/0.24	0.97/0.23	0.97/0.23	0.96/0.22	0.90/0.22	0.95/0.22	0.95/0.22
广东	1.00/0.59	1.00/0.56	1.00/0.55	1.00/0.56	1.00/0.56	1.00/0.58	0.96/0.59	0.99/0.61	0.98/0.61
广西	0.91/0.12	0.95/0.11	1.00/0.13	0.97/0.12	0.98/0.11	0.99/0.11	0.99/0.11	1.00/0.10	0.99/0.10
海南	0.70/0.03	0.74/0.03	0.41/0.04	0.77/0.03	0.85/0.04	0.79/0.03	0.30/0.03	0.86/0.03	0.72/0.02
重庆	1.00/0.18	1.00/0.17	1.00/0.17	1.00/0.18	1.00/0.19	0.98/0.18	0.93/0.18	0.94/0.16	0.95/0.16
四川	0.96/0.18	1.00/0.21	0.97/0.20	1.00/0.22	1.00/0.21	1.00/0.21	0.99/0.21	0.98/0.20	1.00/0.20
贵州	0.99/0.11	1.00/0.09	0.81/0.13	0.99/0.10	1.00/0.09	1.00/0.10	0.94/0.09	0.97/0.12	0.99/0.10
云南	0.92/0.09	0.98/0.11	1.00/0.11	1.00/0.11	1.00/0.11	0.99/0.12	0.99/0.12	0.96/0.11	0.99/0.11
陕西	0.91/0.14	0.99/0.16	0.95/0.17	0.98/0.17	0.98/0.16	0.97/0.15	0.97/0.16	0.93/0.13	0.98/0.14
甘肃	0.88/0.07	0.94/0.07	0.94/0.11	0.91/0.08	0.93/0.08	0.94/0.07	1.00/0.08	0.98/0.08	0.99/0.06
青海	0.87/0.02	0.16/0.00	0.01/0.01	0.11/0.00	0.99/0.00	0.97/0.01	0.43/0.03	0.42/0.02	0.98/0.01
宁夏	0.99/0.07	0.95/0.04	0.87/0.07	0.93/0.04	0.97/0.05	0.97/0.05	0.97/0.07	0.94/0.05	0.92/0.05
新疆	0.95/0.10	1.00/0.07	1.00/0.08	0.99/0.08	1.00/0.08	1.00/0.08	0.97/0.08	0.97/0.06	0.99/0.06

第七章　山西省装备制造业知识产权管理系统效果评价

第一节　装备制造业知识产权管理系统评价指标体系的构建

为使装备制造业的知识产权管理系统指标更加科学化、系统化，并发挥其应有的作用，装备制造业知识产权管理系统评价指标体系构建应当遵循如下原则：

第一，代表性原则。在装备制造业的知识产权管理系统中，指标的设置应能精确地反映出装备制造业作为一个主体的整体特点，在保证指标的数量不会超出标准数量的前提下，尽量地体现出指标的可靠性和可操作性，为指标数据的计算和分析提供方便。装备制造业知识产权管理系统的每一项指标都要适合于它的操作环境和应用区域，指标的设置、指标不同的权重都要能充分地体现出企业的典型特征。

第二，实用性原则。装备制造业知识产权管理系统是一种为装备制造业开拓市场、取得市场竞争优势、实现既定目标而设计的经营战略管理系统。制定装备制造业的知识产权战略主要是为了提升企业的市场竞争力，因此，战略管理系统应该是在知识产权有关法律制度的监督和指导下，符合现实市场需求和企业竞争战略要求，对知识产权客体进行开发、保护并有效地运营。因此，装备制造业知识产权管理系统是一个实用性非常强的系统。建立和完善企业的知识产权管理体系，需要将知识产权制度特征、企业的研发特征、市场运营特征、企业的商业运作方式等有机地结合起来。

第三，系统与全局性原则。每项评价指标之间应该有一定的逻辑关系，不仅要在不同的层次上将评价指标之间的逻辑关系反映出来，还要从不同的角度将知识产权管理活动实施的情况反映出来，并且要将装备制造业知识产权管理的特点表现出来。全局性可以体现出评价指标体系是由几个子系统组成，每个子系统由一组指标组成，每个指标相互独立又相互联系，组成一个整体。而且，指标体系应该具有层次性，层层递进，形成一个紧密联系的评价体系。

第四，动态性原则。装备制造业知识产权管理与知识产权开发、运营和保护等多方面的内容有关。如何在体系中有效地反映或体现上述一系列问题，这就是指标构建的原则之一。坚持动态原则可以保证指标建立之后可以在一定范畴内发挥作用，能与不同的知识产权内容相结合，使之可以选择不同的尺度进行反映，从而保证了装备制造业知识产权管理系统评价的特点可以得到体现。

第五，科学性原则。在评价指标体系构建原则中，科学性原则是必不可少的，要真实地反映装备制造业知识产权管理的有关情况和状况，突出其特征，客观而更加全面地反映各个指标之间的真实关系。基于科学，各评价指标之间也要体现简洁，指标设置不能过于烦琐而造成相互重叠，要在保证指标信息有效的前提下，尽量简化指标，使指标数据容易获取。

第六，指标可量化原则。就评价指标而言，指标必须具有较强的可操作性和对比性，这样才可以确保指标是可量化的，可以反映出具体的数据，从而方便进行深入的数学计算和数据分析。

本书在遵循评价指标构建的数据可获得性和易操作性等原则下，从《中国科技统计年鉴》（2012~2020）中获取 2011~2019 年统计数据，并根据相关数据构建我国装备制造业知识产权管理系统的效率评价指标体系，如表 7-1 所示。

表 7-1 装备制造业知识产权管理系统效率评价指标体系

一级指标	二级指标	单位
第一阶段投入指标	R&D 人员全时当量	人年
	R&D 经费内部支出	万元

续表

一级指标	二级指标	单位
第一阶段产出指标 第二阶段投入指标	有效专利数量	项
	商标注册件数	项
	新产品开发经费支出	万元
第二阶段产出指标	新产品销售收入	万元
	新产品开发项目数	项
	新产品出口额	万元

资料来源：根据《中国科技统计年鉴》（2012~2020）整理得出。

第二节　山西省装备制造业知识产权
管理系统效果评价

装备制造业知识产权管理系统效率 DEA 两阶段理论模型如图 7-1 所示。

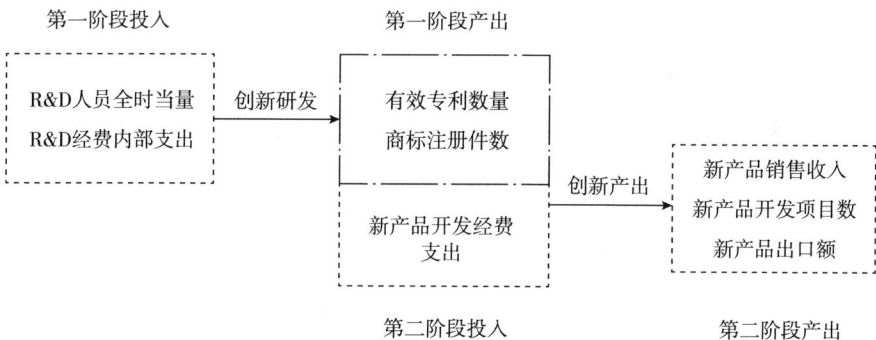

图 7-1　装备制造业知识产权管理系统效率 DEA 两阶段理论模型

由表 7-2 可知，2011~2019 年，我国装备制造业知识产权管理系统第一阶段综合技术效率年均值分布于 0.455~0.540，整体表现水平较低。就各省份考察期内的平均表现水平而言，排在前六位的分别是海南（0.925）、北京（0.914）、广东（0.885）、新疆（0.761）、四川（0.711）和上海（0.685）。其中，在考察期，综合技术效率曾达到1的省份为北京、广东、海南、贵州、甘肃和新疆，表明这些省份分别在不同时期代表着我国装备制造业知识产权管理系统第一阶段综合技术效率的最前沿。经过纵向均值和横向均值的对比发现，我国装备制造业知识产权管理系统第一阶段综合技术效率区域差异显著，从而拉低了我国整体的发展水平。山西省装备制造业知识产权管理系统第一阶段综合技术效率一直处于全国发展水平之下，表现相对较为落后。

表7-2　2011~2019年我国装备制造业知识产权管理系统第一阶段综合技术效率

省份	2011年	2012年	2013年	2014年	2015年	2016年	2017年	2018年	2019年	均值
北京	0.702	1	1	1	1	1	0.933	0.592	1	0.914
天津	0.455	0.461	0.529	0.444	0.462	0.456	0.460	0.314	0.573	0.462
河北	0.249	0.286	0.227	0.278	0.230	0.256	0.229	0.386	0.287	0.270
山西	0.260	0.303	0.315	0.280	0.367	0.295	0.267	0.287	0.366	0.304
内蒙古	0.198	0.266	0.191	0.230	0.183	0.170	0.212	0.449	0.334	0.248
辽宁	0.371	0.370	0.415	0.409	0.452	0.467	0.458	0.541	0.432	0.435
吉林	0.309	0.611	0.547	0.294	0.267	0.242	0.230	0.570	0.439	0.390
黑龙江	0.268	0.318	0.318	0.302	0.309	0.257	0.326	0.597	0.532	0.359
上海	0.663	0.777	0.773	0.840	0.694	0.617	0.640	0.556	0.604	0.685
江苏	0.431	0.569	0.546	0.496	0.465	0.423	0.367	0.347	0.481	0.458
浙江	0.554	0.521	0.426	0.391	0.301	0.199	0.237	0.724	0.349	0.411
安徽	0.441	0.587	0.699	0.694	0.720	0.682	0.578	0.360	0.557	0.591
福建	0.419	0.435	0.333	0.521	0.341	0.299	0.295	0.284	0.343	0.363
江西	0.264	0.372	0.286	0.407	0.328	0.325	0.313	0.294	0.244	0.315
山东	0.260	0.281	0.285	0.324	0.299	0.308	0.283	0.288	0.329	0.295
河南	0.279	0.308	0.283	0.272	0.249	0.194	0.240	0.394	0.291	0.279
湖北	0.363	0.369	0.364	0.390	0.421	0.404	0.327	0.417	0.38	0.382
湖南	0.595	0.505	0.506	0.533	0.509	0.419	0.347	0.997	0.392	0.534
广东	1	1	1	0.855	1	0.907	0.759	0.491	0.951	0.885
广西	0.240	0.319	0.324	0.348	0.445	0.502	0.504	0.885	0.459	0.447
海南	1	1	0.952	1	1	1	1	0.376	1	0.925
重庆	0.489	0.537	0.463	0.505	0.354	0.296	0.332	0.672	0.319	0.441
四川	0.753	0.649	0.683	0.740	0.707	0.649	0.741	0.882	0.599	0.711

续表

省份	2011 年	2012 年	2013 年	2014 年	2015 年	2016 年	2017 年	2018 年	2019 年	均值
贵州	0.762	0.634	1	0.783	0.727	0.556	0.474	0.386	0.498	0.647
云南	0.569	0.876	0.683	0.986	0.654	0.590	0.713	0.499	0.458	0.670
陕西	0.370	0.546	0.498	0.398	0.385	0.412	0.593	0.614	0.457	0.475
甘肃	0.265	0.342	0.545	0.252	0.344	0.312	0.330	1	0.396	0.421
青海	0.441	0.515	0.756	0.618	0.805	0.481	0.264	0.394	0.522	0.533
宁夏	0.762	0.361	0.299	0.333	0.389	0.356	0.365	0.613	0.392	0.430
新疆	1	0.782	0.369	1	0.769	0.644	1	0.592	0.690	0.761
均值	0.491	0.530	0.520	0.531	0.506	0.457	0.461	0.540	0.489	0.503

由表 7-3 可知，2011~2019 年，我国装备制造业知识产权管理系统第二阶段综合技术效率年均值分布于 0.750~0.835，相对于第一阶段综合技术效率，整体表现水平较高。就各省份考察期的平均表现水平而言，排在前六位的分别是天津（1）、浙江（0.994）、吉林（0.975）、宁夏（0.950）、重庆（0.949）和江苏（0.946）。其中，在考察期，综合技术效率曾达到 1 的省份为天津、吉林、江苏、浙江、安徽、福建、江西、山东、河南、湖北、湖南、广东、广西、海南、重庆、四川、云南、陕西、青海和宁夏，表明这些省份分别在不同时期代表着我国装备制造业知识产权管理系统第二阶段综合技术效率的最前沿。经过纵向均值和横向均值的对比发现，相对于第一阶段，我国装备制造业知识产权管理系统第二阶段综合技术效率区域跨度较小，整体表现优于第一阶段，发展水平相对较高。山西省装备制造业知识产权管理系统第二阶段综合技术效率相较于第一阶段，以 2017 年为转折点，表现突破全国平均水平，但全国排名并未出现较大的变化，排在全国第 25 位，表现相对较为落后。

表 7-3　2011~2019 年我国装备制造业知识产权管理系统第二阶段综合技术效率

省份	2011 年	2012 年	2013 年	2014 年	2015 年	2016 年	2017 年	2018 年	2019 年	均值
北京	0.735	0.706	0.698	0.725	0.565	0.587	0.581	0.581	0.678	0.651
天津	1	1	1	1	1	1	1	1	1	1
河北	0.760	0.907	0.906	0.980	0.702	0.685	0.644	0.745	0.786	0.791
山西	0.581	0.575	0.520	0.496	0.577	0.725	0.809	0.872	0.874	0.670

续表

省份	2011 年	2012 年	2013 年	2014 年	2015 年	2016 年	2017 年	2018 年	2019 年	均值
内蒙古	0.833	0.734	0.544	0.540	0.502	0.495	0.736	0.777	0.706	0.652
辽宁	0.693	0.832	0.755	0.775	0.719	0.667	1	0.840	0.762	0.783
吉林	1	1	1	1	1	1	1	0.778	1	0.975
黑龙江	0.854	0.598	0.618	0.730	0.623	0.612	0.746	0.827	0.680	0.699
上海	0.688	0.692	0.665	0.651	0.608	0.666	0.688	0.696	0.687	0.671
江苏	1	1	0.640	0.963	1	1	0.908	1	1	0.946
浙江	1	0.962	0.985	1	1	1	1	1	1	0.994
安徽	0.730	0.895	0.784	0.926	1	1	0.845	1	0.874	0.895
福建	1	1	0.730	0.676	0.633	0.643	0.608	0.594	0.656	0.727
江西	1	1	0.922	0.854	0.705	0.849	0.770	1	1	0.900
山东	1	1	1	1	1	0.951	0.781	0.889	0.738	0.929
河南	0.623	0.686	1	1	1	1	1	1	1	0.923
湖北	0.562	0.725	0.729	0.803	0.822	0.799	0.729	1	0.799	0.797
湖南	0.642	0.813	0.903	0.908	1	1	0.764	0.902	0.813	0.861
广东	1	0.701	0.684	0.615	0.679	0.717	0.689	0.901	0.776	0.776
广西	1	1	1	0.804	0.854	0.988	0.884	0.885	0.740	0.906
海南	0.797	0.831	0.865	1	0.771	0.692	0.773	0.695	0.728	0.795
重庆	1	0.884	1	0.959	1	0.961	0.934	1	0.807	0.949
四川	1	0.850	1	0.926	0.634	0.565	0.607	0.753	0.612	0.772
贵州	0.612	0.659	0.630	0.706	0.624	0.645	0.792	0.612	0.688	0.663
云南	1	0.609	0.642	0.576	0.646	0.690	0.628	0.631	0.642	0.674
陕西	1	0.619	0.830	0.656	0.441	0.381	0.424	1	0.552	0.656
甘肃	0.987	0.982	0.805	0.984	0.685	0.492	0.770	0.416	0.687	0.756
青海	0.349	0.174	0.217	0.290	0.256	0.323	1	0.747	0.756	0.457
宁夏	1	1	1	1	0.877	0.868	1	1	0.803	0.950
新疆	0.604	0.682	0.802	0.720	0.692	0.493	0.448	0.914	0.806	0.685
均值	0.835	0.814	0.796	0.811	0.752	0.749	0.786	0.828	0.799	0.797

由表 7-4 可知，2011~2019 年，我国装备制造业知识产权管理系统第一阶段纯技术效率年均值分布于 0.525~0.605，高于第一阶段综合技术效率。就各省份考察期的平均表现水平而言，排在前六位的分别是北京（0.955）、广东

（0.947）、海南（0.931）、青海（0.927）、新疆（0.793）和四川（0.787）。其中，在考察期，纯技术效率曾达到1的省份为北京、浙江、湖南、广东、海南、四川、贵州、云南、甘肃、青海和新疆，表明这些省份分别在不同时期代表着我国装备制造业知识产权管理系统第一阶段纯技术效率的最前沿。由表7-5可知，我国装备制造业知识产权管理系统第一阶段规模效率年均值分布于0.814～0.953。就各省份考察期的平均表现水平而言，排在前六位的分别是海南（0.993）、北京（0.958）、内蒙古（0.954）、新疆（0.951）、云南（0.949）和湖北（0.946）。其中，在考察期间，规模效率曾达到1的省份为北京、湖北、湖南、广东、海南、贵州、甘肃和新疆，表明这些省份分别在不同时期代表着我国装备制造业知识产权管理系统第一阶段规模效率的最前沿。由图7-2可知，山西省装备制造业知识产权管理系统第一阶段综合技术效率与纯技术效率发展趋势相对吻合，表明山西省装备制造业知识产权管理系统第一阶段综合技术效率的发展主要是因为纯技术效率的贡献，但是规模效率的发展保证了整体综合技术效率的高度。

表7-4　2011～2019年我国装备制造业知识产权管理系统第一阶段纯技术效率

省份	2011年	2012年	2013年	2014年	2015年	2016年	2017年	2018年	2019年	均值
北京	1	1	1	1	1	1	1	0.598	1	0.955
天津	0.558	0.471	0.532	0.478	0.463	0.500	0.599	0.319	0.578	0.500
河北	0.337	0.304	0.229	0.297	0.280	0.320	0.284	0.406	0.290	0.305
山西	0.268	0.325	0.324	0.304	0.377	0.351	0.349	0.303	0.378	0.331
内蒙古	0.213	0.286	0.206	0.233	0.183	0.176	0.230	0.454	0.358	0.260
辽宁	0.478	0.386	0.419	0.438	0.456	0.511	0.583	0.563	0.435	0.474
吉林	0.369	0.640	0.554	0.314	0.279	0.257	0.271	0.580	0.443	0.412
黑龙江	0.311	0.332	0.323	0.353	0.357	0.380	0.416	0.650	0.536	0.406
上海	0.891	0.829	0.815	0.934	0.709	0.682	0.752	0.692	0.659	0.774
江苏	0.484	0.643	0.568	0.578	0.487	0.502	0.493	0.614	0.563	0.548
浙江	1	1	0.426	0.783	0.584	0.336	0.317	0.725	0.527	0.633
安徽	0.478	0.596	0.701	0.818	0.760	0.789	0.753	0.362	0.561	0.646
福建	0.638	0.678	0.334	0.593	0.453	0.390	0.370	0.292	0.349	0.455
江西	0.315	0.417	0.298	0.411	0.336	0.352	0.358	0.374	0.249	0.346
山东	0.344	0.289	0.294	0.359	0.308	0.339	0.364	0.291	0.401	0.332
河南	0.350	0.322	0.284	0.307	0.302	0.302	0.295	0.396	0.293	0.317

续表

省份	2011 年	2012 年	2013 年	2014 年	2015 年	2016 年	2017 年	2018 年	2019 年	均值
湖北	0.400	0.375	0.365	0.420	0.421	0.442	0.414	0.418	0.381	0.404
湖南	0.668	0.512	0.508	0.575	0.509	0.459	0.433	1	0.392	0.562
广东	1	1	1	1	1	1	1	0.522	1	0.947
广西	0.288	0.331	0.344	0.351	0.446	0.541	0.591	0.984	0.475	0.483
海南	1	1	1	1	1	1	1	0.382	1	0.931
重庆	0.670	0.564	0.473	0.516	0.366	0.321	0.371	0.673	0.323	0.475
四川	0.785	0.654	0.686	0.917	0.723	0.714	1	1	0.600	0.787
贵州	0.895	0.662	1	0.866	0.780	0.640	0.628	0.412	0.518	0.711
云南	0.572	1	0.718	0.989	0.735	0.620	0.768	0.508	0.470	0.709
陕西	0.404	0.563	0.502	0.488	0.414	0.450	0.725	0.856	0.462	0.540
甘肃	0.284	0.417	0.568	0.253	0.350	0.322	0.370	1	0.434	0.444
青海	0.866	1	1	1	1	1	1	0.477	1	0.927
宁夏	0.825	0.588	0.544	0.540	0.459	0.419	0.383	0.701	0.439	0.544
新疆	1	0.858	0.439	1	0.781	0.724	1	0.598	0.733	0.793
均值	0.590	0.601	0.548	0.604	0.544	0.528	0.571	0.585	0.528	0.567

表 7-5　2011~2019 年我国装备制造业知识产权管理系统第一阶段规模效率

省份	2011 年	2012 年	2013 年	2014 年	2015 年	2016 年	2017 年	2018 年	2019 年	均值
北京	0.702	1	1	1	1	1	0.933	0.990	1	0.958
天津	0.814	0.978	0.995	0.930	0.999	0.913	0.768	0.985	0.990	0.930
河北	0.740	0.940	0.993	0.934	0.822	0.799	0.806	0.950	0.991	0.886
山西	0.969	0.931	0.972	0.922	0.974	0.840	0.766	0.945	0.967	0.921
内蒙古	0.929	0.928	0.929	0.990	0.998	0.963	0.924	0.988	0.934	0.954
辽宁	0.776	0.958	0.989	0.933	0.990	0.915	0.786	0.960	0.992	0.922
吉林	0.838	0.955	0.988	0.937	0.957	0.943	0.848	0.982	0.991	0.938
黑龙江	0.860	0.958	0.985	0.855	0.866	0.677	0.783	0.918	0.993	0.877
上海	0.744	0.937	0.949	0.899	0.978	0.904	0.851	0.804	0.915	0.887
江苏	0.890	0.884	0.961	0.858	0.954	0.843	0.745	0.566	0.853	0.839
浙江	0.554	0.521	0.999	0.499	0.515	0.592	0.747	0.999	0.661	0.676
安徽	0.923	0.985	0.997	0.848	0.947	0.864	0.767	0.995	0.993	0.924
福建	0.657	0.641	0.996	0.879	0.754	0.766	0.796	0.970	0.982	0.827

续表

省份	2011 年	2012 年	2013 年	2014 年	2015 年	2016 年	2017 年	2018 年	2019 年	均值
江西	0.836	0.892	0.960	0.992	0.977	0.922	0.874	0.786	0.981	0.913
山东	0.753	0.972	0.970	0.902	0.971	0.908	0.777	0.991	0.820	0.896
河南	0.798	0.956	0.995	0.885	0.824	0.642	0.815	0.996	0.996	0.879
湖北	0.907	0.984	0.998	0.926	1	0.912	0.789	0.997	0.998	0.946
湖南	0.891	0.987	0.995	0.927	1	0.912	0.801	0.997	0.998	0.945
广东	1	1	1	0.855	1	0.907	0.759	0.941	0.951	0.935
广西	0.834	0.965	0.944	0.992	0.998	0.929	0.853	0.899	0.965	0.931
海南	1	1	0.952	1	1	1	1	0.983	1	0.993
重庆	0.730	0.953	0.980	0.980	0.968	0.921	0.893	0.998	0.988	0.935
四川	0.959	0.991	0.995	0.807	0.978	0.909	0.741	0.882	0.998	0.918
贵州	0.852	0.958	1	0.904	0.932	0.869	0.755	0.938	0.963	0.908
云南	0.995	0.876	0.951	0.997	0.890	0.951	0.928	0.982	0.973	0.949
陕西	0.915	0.969	0.993	0.815	0.930	0.916	0.817	0.717	0.989	0.896
甘肃	0.935	0.821	0.960	0.997	0.984	0.968	0.892	1	0.912	0.941
青海	0.510	0.515	0.756	0.618	0.805	0.481	0.264	0.826	0.522	0.589
宁夏	0.925	0.614	0.550	0.617	0.847	0.849	0.953	0.875	0.892	0.791
新疆	1	0.912	0.841	1	0.984	0.889	1	0.990	0.941	0.951
均值	0.841	0.899	0.953	0.890	0.928	0.864	0.814	0.929	0.938	0.895

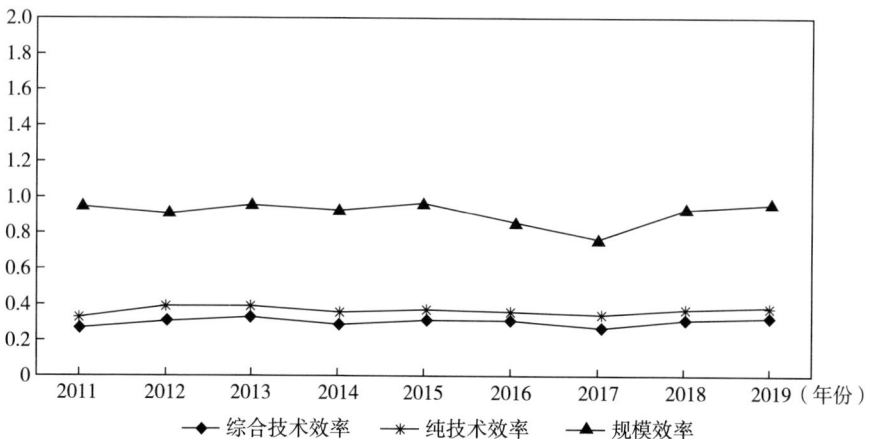

图 7-2　2011~2019 年山西省装备制造业知识产权管理系统第一阶段效率值

由表 7-6 可知，2011~2019 年，我国装备制造业知识产权管理系统第二阶段纯技术效率年均值分布于 0.825~0.900。就各省份考察期的平均表现水平而言，天津、江苏、浙江、广东、海南、青海和宁夏的纯技术效率均达到了 1。其中，在考察期，纯技术效率未曾达到 1 的省份仅有上海、黑龙江、山西、内蒙古和北京。由表 7-7 可知，我国装备制造业知识产权管理系统第二阶段规模效率年均值分布于 0.906~0.948。就各省份考察期的平均表现水平而言，排在前六位的分别是天津（1）、浙江（0.994）、吉林（0.993）、福建（0.991）、重庆（0.987）和辽宁（0.984）。其中，在考察期，规模效率未曾达到 1 的省份为北京、山西、内蒙古、黑龙江、上海、贵州、甘肃和新疆。由图 7-3 可知，山西省装备制造业知识产权管理系统第二阶段综合技术效率同样趋同于纯技术效率，表明纯技术效率的发展是第二阶段综合技术效率发展的关键因素，规模效率相对稳定。

表 7-6　2011~2019 年我国装备制造业知识产权管理系统第二阶段纯技术效率

省份	2011 年	2012 年	2013 年	2014 年	2015 年	2016 年	2017 年	2018 年	2019 年	均值
北京	0.736	0.742	0.725	0.736	0.571	0.592	0.581	0.619	0.691	0.666
天津	1	1	1	1	1	1	1	1	1	1
河北	0.773	1	0.945	0.982	0.719	0.692	0.644	0.765	0.787	0.812
山西	0.656	0.595	0.535	0.524	0.639	0.786	0.826	0.888	0.959	0.712
内蒙古	0.837	0.765	0.546	0.634	0.611	0.550	0.747	0.810	0.729	0.692
辽宁	0.698	0.880	0.790	0.775	0.722	0.683	1	0.846	0.763	0.795
吉林	1	1	1	1	1	1	1	0.831	1	0.981
黑龙江	0.859	0.736	0.661	0.738	0.653	0.649	0.778	0.898	0.736	0.745
上海	0.962	0.880	0.714	0.715	0.610	0.668	0.752	0.708	0.687	0.744
江苏	1	1	1	1	1	1	1	1	1	1
浙江	1	1	1	1	1	1	1	1	1	1
安徽	0.768	0.996	0.905	0.978	1	1	0.868	1	0.979	0.944
福建	1	1	0.738	0.686	0.641	0.652	0.612	0.603	0.663	0.733
江西	1	1	0.957	0.894	0.743	0.907	0.779	1	1	0.920
山东	1	1	1	1	1	1	0.967	0.954	0.766	0.965
河南	0.666	0.830	1	1	1	1	1	1	1	0.944
湖北	0.574	0.741	0.807	0.811	0.837	0.832	0.817	1	1	0.824
湖南	0.789	1	0.926	0.933	1	1	0.886	0.903	0.835	0.919

续表

省份	2011年	2012年	2013年	2014年	2015年	2016年	2017年	2018年	2019年	均值
广东	1	1	1	1	1	1	1	1	1	1
广西	1	1	1	0.843	0.918	1	0.886	0.891	0.754	0.921
海南	1	1	1	1	1	1	1	1	1	1
重庆	1	0.946	1	0.961	1	0.961	0.935	1	0.849	0.961
四川	1	1	1	0.983	0.649	0.580	0.608	0.764	0.621	0.801
贵州	0.659	0.700	0.632	0.741	0.676	0.692	1	0.663	0.737	0.722
云南	1	0.610	1	0.577	0.680	0.719	0.629	0.664	0.675	0.728
陕西	1	0.736	0.820	0.669	0.454	0.427	0.426	1	0.557	0.677
甘肃	1	1	0.807	1	0.827	0.770	1	0.552	0.733	0.854
青海	1	1	1	1	1	1	1	1	1	1
宁夏	1	1	1	1	1	1	1	1	1	1
新疆	0.708	0.834	1	0.888	0.848	0.591	0.486	1	0.858	0.801
均值	0.890	0.900	0.884	0.869	0.827	0.825	0.841	0.879	0.846	0.862

表7-7 2011~2019年我国装备制造业知识产权管理系统第二阶段规模效率

省份	2011年	2012年	2013年	2014年	2015年	2016年	2017年	2018年	2019年	均值
北京	0.999	0.951	0.963	0.985	0.989	0.992	0.999	0.938	0.98	0.977
天津	1	1	1	1	1	1	1	1	1	1
河北	0.982	0.907	0.959	0.999	0.976	0.990	1	0.974	0.999	0.976
山西	0.886	0.967	0.972	0.946	0.904	0.922	0.979	0.983	0.912	0.941
内蒙古	0.995	0.960	0.997	0.851	0.821	0.900	0.985	0.959	0.968	0.937
辽宁	0.993	0.946	0.957	1	0.997	0.976	1	0.993	0.998	0.984
吉林	1	1	1	1	1	1	0.936	1	0.993
黑龙江	0.994	0.813	0.935	0.989	0.954	0.942	0.958	0.922	0.923	0.937
上海	0.716	0.786	0.932	0.910	0.997	0.997	0.915	0.983	0.999	0.915
江苏	1	1	0.640	0.963	1	1	0.908	1	1	0.946
浙江	1	0.962	0.985	1	1	1	1	1	1	0.994
安徽	0.950	0.899	0.866	0.947	1	1	0.974	1	0.892	0.948
福建	1	1	0.989	0.986	0.987	0.987	0.995	0.986	0.989	0.991
江西	1	1	0.964	0.955	0.949	0.937	0.989	1	1	0.977
山东	1	1	1	1	1	0.951	0.808	0.931	0.963	0.961

省份	2011 年	2012 年	2013 年	2014 年	2015 年	2016 年	2017 年	2018 年	2019 年	均值
河南	0.935	0.826	1	1	1	1	1	1	1	0.973
湖北	0.979	0.978	0.904	0.991	0.983	0.961	0.892	1	1	0.965
湖南	0.814	0.813	0.975	0.973	1	1	0.863	1	0.974	0.935
广东	1	1	0.701	0.684	0.615	0.679	0.717	0.689	0.901	0.776
广西	1	1	1	0.955	0.930	0.988	0.999	0.993	0.981	0.983
海南	0.797	0.831	0.865	1	0.771	0.692	0.773	0.695	0.728	0.795
重庆	1	0.935	1	0.998	1	1	0.999	1	0.951	0.987
四川	1	0.850	1	0.942	0.977	0.975	0.998	0.986	0.987	0.968
贵州	0.928	0.941	0.998	0.953	0.923	0.931	0.792	0.923	0.933	0.925
云南	1	0.998	0.642	0.999	0.949	0.960	0.999	0.950	0.950	0.939
陕西	1	0.841	1.012	0.981	0.972	0.893	0.996	1	0.990	0.965
甘肃	0.987	0.982	0.998	0.984	0.828	0.639	0.770	0.754	0.937	0.875
青海	0.349	0.174	0.217	0.290	0.256	0.323	1	0.747	0.756	0.457
宁夏	1	1	1	1	0.877	0.868	1	1	0.803	0.950
新疆	0.853	0.818	0.802	0.811	0.816	0.835	0.921	0.914	0.939	0.857
均值	0.939	0.906	0.909	0.936	0.916	0.911	0.941	0.942	0.948	0.928

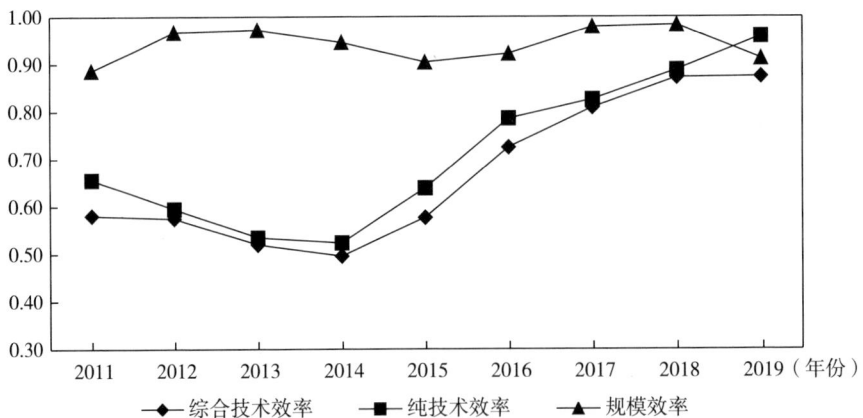

图 7-3　2011~2019 年山西省装备制造业知识产权管理系统第二阶段效率值

由表 7-8 的时间纵向分析可知，在 2011~2019 年我国装备制造业知识产权管理系统第一阶段中，全要素生产率总体呈现上升的趋势，综合技术效率波动幅度比较大，技术变动指数一直以来保持稳定的上升趋势。由表7-9的省际横向分析可知，考察期内，我国各省份装备制造业知识产权管理系统第一阶段全要素生产率呈上升趋势，平均增长率为17.4%。其中，综合技术效率均值为1.005，表明规模效率提高的边际报酬掩盖了纯技术效率的不足，从而带动了技术效率的提高；技术变动指数平均值为1.168，表明我国装备制造业知识产权管理系统第一阶段全要素生产率的增长得益于效率驱动和技术进步的共同作用。具体到各省份，全要素平均增长率排在前六位的是广西（28.7%）、黑龙江（27.1%）、山东（24.8%）、北京（24.7%）、内蒙古（24.5%）和辽宁（22.6%）。就山西而言，装备制造业知识产权管理系统第一阶段的全要素生产率为1.186，综合技术效率和技术进步指数分别为1.044和1.137，存在效率驱动和技术驱动，发展态势表现良好。

表7-8　2011~2019年我国装备制造业知识产权管理系统第一阶段

Malmquist 指数模型整体分析

时间	综合技术效率指数	技术变动指数	纯技术效率指数	规模效率指数	全要素生产率指数
2011~2012 年	1.111	0.922	1.041	1.067	1.024
2012~2013 年	0.962	1.257	0.900	1.069	1.209
2013~2014 年	1.016	1.062	1.094	0.929	1.078
2014~2015 年	0.955	1.470	0.912	1.046	1.404
2015~2016 年	0.900	1.356	0.971	0.927	1.221
2016~2017 年	1.003	1.135	1.072	0.936	1.138
2017~2018 年	1.216	1.159	1.054	1.155	1.410
2018~2019 年	0.916	1.073	0.907	1.009	0.983
均值	1.005	1.168	0.991	1.014	1.174

表7-9　2011~2019年我国装备制造业知识产权管理系统第一阶段

Malmquist 指数模型分析

省份	综合技术效率指数	技术变动指数	纯技术效率指数	规模效率指数	全要素生产率指数
北京	1.045	1.193	1.000	1.045	1.247
天津	1.029	1.161	1.004	1.025	1.195
河北	1.018	1.165	0.981	1.037	1.186

省份	综合技术效率指数	技术变动指数	纯技术效率指数	规模效率指数	全要素生产率指数
山西	1.044	1.137	1.044	1	1.186
内蒙古	1.067	1.166	1.067	1.001	1.245
辽宁	1.019	1.203	0.988	1.031	1.226
吉林	1.045	1.158	1.023	1.021	1.210
黑龙江	1.090	1.167	1.070	1.018	1.271
上海	0.988	1.221	0.963	1.026	1.207
江苏	1.014	1.155	1.019	0.995	1.171
浙江	0.944	1.146	0.923	1.022	1.081
安徽	1.030	1.157	1.020	1.009	1.191
福建	0.975	1.148	0.927	1.052	1.120
江西	0.990	1.170	0.971	1.020	1.158
山东	1.030	1.211	1.019	1.011	1.248
河南	1.005	1.161	0.978	1.028	1.167
湖北	1.006	1.174	0.994	1.012	1.181
湖南	0.949	1.172	0.936	1.014	1.112
广东	0.994	1.151	1.000	0.994	1.144
广西	1.084	1.187	1.065	1.018	1.287
海南	1.000	1.148	1	1	1.148
重庆	0.948	1.152	0.913	1.039	1.092
四川	0.972	1.147	0.967	1.005	1.115
贵州	0.948	1.121	0.934	1.015	1.063
云南	0.973	1.211	0.976	0.997	1.178
陕西	1.027	1.184	1.017	1.010	1.216
甘肃	1.051	1.165	1.055	0.997	1.224
青海	1.021	1.135	1.018	1.003	1.159
宁夏	0.920	1.140	0.924	0.996	1.049
新疆	0.955	1.244	0.962	0.992	1.187
均值	1.005	1.168	0.991	1.014	1.174

从表7-10的时间纵向分析可知，2011~2019年我国各装备制造业知识产权管理系统第一阶段全要素生产率呈下降趋势，综合技术效率年均增长率为-0.4%，

技术变动指数年均增长率为-10.8%，这是导致我国装备制造业知识产权管理系统第二阶段全要素生产率呈下降趋势的主要原因。从表7-11的省际横向分析可知，考察期内，我国各省份装备制造业知识产权管理系统第二阶段全要素生产率呈下降趋势，平均增长率为-11.1%。其中，综合技术效率和技术进步指数平均值分别为0.996和0.892，表明我国装备制造业知识产权管理系统第二阶段全要素生产率的增长受制于效率驱动和技术进步的共同作用。具体到各省份，平均增长率排在前六位的是北京（-4%）、青海（-4.4%）、贵州（-4.9%）、浙江（-6.4%）、海南（-6.7%）和江西（-7.2%）。就山西而言，装备制造业知识产权管理系统第二阶段的全要素生产率为0.904，综合技术效率和技术进步指数分别为1.053和0.859，存在效率驱动，缺乏技术支撑，发展态势表现较差。

表7-10　2011~2019年我国装备制造业知识产权管理系统第二阶段
Malmquist指数模型整体分析

时间	综合技术效率指数	技术变动指数	纯技术效率指数	规模效率指数	全要素生产率指数
2011~2012年	0.963	0.827	1.014	0.950	0.796
2012~2013年	0.984	1.441	0.984	1	1.418
2013~2014年	1.022	0.584	0.977	1.0470	0.597
2014~2015年	0.919	0.861	0.944	0.973	0.791
2015~2016年	0.994	1.016	0.995	0.999	1.011
2016~2017年	1.070	1.639	1.021	1.049	1.754
2017~2018年	1.056	0.402	1.056	1	0.425
2018~2019年	0.972	0.999	0.963	1.009	0.971
均值	0.996	0.892	0.994	1.003	0.889

表7-11　2011~2019年我国装备制造业知识产权管理系统第二阶段
Malmquist指数模型分析

省份	综合技术效率指数	技术变动指数	纯技术效率指数	规模效率指数	全要素生产率指数
北京	0.990	0.969	0.992	0.998	0.960
天津	1	0.896	1	1	0.896
河北	1.004	0.883	1.002	1.002	0.887

省份	综合技术 效率指数	技术变动 指数	纯技术效率 指数	规模效率 指数	全要素 生产率指数
山西	1.053	0.859	1.049	1.004	0.904
内蒙古	0.979	0.855	0.983	0.997	0.838
辽宁	1.012	0.860	1.011	1.001	0.870
吉林	1	0.849	1	1	0.849
黑龙江	0.972	0.920	0.981	0.991	0.894
上海	1	0.906	0.959	1.043	0.906
江苏	1	0.862	1	1	0.862
浙江	1	0.936	1	1	0.936
安徽	1.023	0.893	1.031	0.992	0.914
福建	0.949	0.942	0.950	0.999	0.893
江西	1	0.928	1	1	0.928
山东	0.963	0.852	0.967	0.995	0.820
河南	1.061	0.850	1.052	1.008	0.902
湖北	1.075	0.849	1.072	1.003	0.912
湖南	1.030	0.888	1.007	1.023	0.914
广东	0.987	0.919	1	0.987	0.907
广西	0.963	0.862	0.965	0.998	0.830
海南	0.989	0.944	1	0.989	0.933
重庆	0.974	0.862	0.980	0.994	0.840
四川	0.940	0.925	0.942	0.998	0.870
贵州	1.015	0.938	1.014	1.001	0.951
云南	0.946	0.910	0.952	0.994	0.861
陕西	0.928	0.870	0.930	0.999	0.807
甘肃	0.956	0.888	0.962	0.993	0.848
青海	1.101	0.868	1	1.101	0.956
宁夏	0.973	0.921	1	0.973	0.896
新疆	1.037	0.879	1.024	1.012	0.911
均值	0.996	0.892	0.994	1.003	0.889

第八章 山西省装备制造业知识产权管理系统现状与存在的问题

国务院印发的《"十四五"国家知识产权保护和运用规划》指出，要进一步加强知识产权保护，高效促进知识产权运用，充分发挥知识产权制度在推动构建新发展格局中的重要作用，为全面建设社会主义现代化国家提供有力支撑。装备制造业的知识产权发展状况是综合实力和技术水平的重要体现。全面、系统地了解山西省装备制造业自主知识产权的发展现状和主要问题，明确面临的省内外新形势，为进一步促进山西省装备制造业的可持续发展，加快知识产权的保护和应用，具有十分重要的意义。

第一节 山西省装备制造业知识产权管理内部现状

根据前文耦合协调分析得出的结论，从各省份考察期的综合表现可以看出，耦合协调度排在前六位的分别是广东、江苏、浙江、山东、上海和安徽，但从具体表现来看，开发—运营子系统、运营—保护子系统耦合度综合表现排在前六位的分别是江苏、广东、浙江、山东、上海和河南，开发—保护子系统耦合度综合表现排在前六位的分别是浙江、广东、江苏、安徽、上海、河南。因此，本书选取江苏、浙江、山东、广东、上海、安徽、河南七个省份与山西进行比较。从流程视角出发，分析山西省装备制造业知识产权管理活动在知识产权开发、运营、保护方面的发展情况，旨在揭示山西省装备制造业知识产权管理的基础概况及与江苏、浙江、山东、广东、上海、安徽、河南七个省份装备制造业知识产权管理活动之间的差异。

一、装备制造业知识产权管理开发子系统对比分析

（一）R&D 人员全时当量

R&D 人员全时当量是用于比较科技人力投入的重要指标，是专利产出的真正主体，是最根本的创新驱动要素。由表 8-1 可知，江苏、浙江、山东、广东、上海、安徽、河南装备制造业 R&D 人员全时当量在 2011~2019 年总体处于上升趋势。其中，广东装备制造业 R&D 人员全时当量位居第一，浙江装备制造业 R&D 人员全时当量增长速度最快，由于受资源禀赋、地理条件和政策导向等因素的影响，研究与开发人员集中于东部地区。山西装备制造业 R&D 人员全时当量与其余七省份差距明显。由此可见，山西研发人员投入不足，从事科技类工作的人员远远不够，这也是导致山西装备制造业发展水平不高，与东部沿海省份差距大的原因。

表 8-1　2011~2019 年八省份装备制造业 R&D 人员全时当量　单位：人年

省份	2011 年	2012 年	2013 年	2014 年	2015 年	2016 年	2017 年	2018 年	2019 年
江苏	287447.1	342262.4	393942.1	422865	441304	451885	455468	455530	508375
浙江	203904.4	228617.8	263506.7	290339	316672	321845	333646	394147	451752
山东	180831.9	204397.8	227402.9	230800	241395	241761	239170	236515	198205
广东	346260.1	424563.2	426329.8	424872	411059	423730	457342	621950	642490
上海	79146.7	82354.8	92136.4	93868	94981	98671	88967	88016	80694
山西	32475.9	31541.6	34023.6	35775	28927	29450	31757	27228	27478
安徽	56274.4	73355.7	85999.6	95287	96791	99451	103598	106744	124491
河南	93833.1	102846.4	125090.5	134256	131051	132731	123619	128054	140361

资料来源：根据《中国科技统计年鉴》（2012~2020）整理得出。

从图 8-1 可以看出，山西装备制造业 R&D 人员全时当量呈现波动变化趋势。其中，2014 年山西装备制造业 R&D 人员全时当量最多，为 35775 人年；2011~2019 年，山西装备制造业 R&D 人员全时当量整体呈下降趋势，年均增幅为-2.07%。根

据各年 R&D 人员全时当量数据分析，可将 2011~2019 年山西装备制造业 R&D 人员全时当量情况大致分成两个阶段：第一阶段是 2011~2014 年，此阶段我国装备制造业 R&D 人员投入量呈整体增长态势。第二阶段是 2015~2019 年，此阶段山西装备制造业在创新投入方面普遍表现低迷，R&D 投入量出现波动，呈整体下降态势。

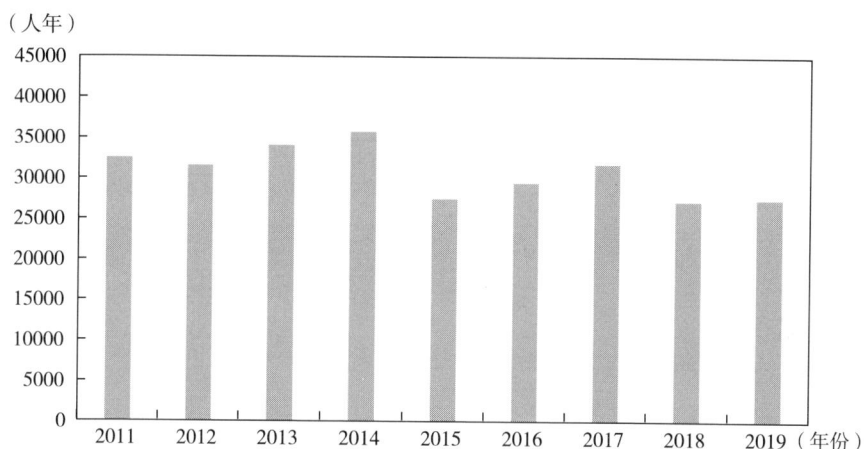

图 8-1　2011~2019 年山西装备制造业 R&D 人员全时当量

资料来源：根据《中国科技统计年鉴》（2012~2020）整理得出。余同。

（二）R&D 经费内部支出

随着中国知识产权法律制度的不断完善，在日趋复杂的市场供求压力的驱动下，装备制造业在知识产权的开发方面取得了显著的进展，大大提升了知识产权的开发强度，为进一步促进知识的开发和创造提供了充足的物质保障。从表 8-2 可以看出，2011~2019 年八省份 R&D 经费内部支出在逐年提高。江苏、浙江、山东、广东、上海、山西、安徽、河南装备制造业 R&D 经费内部支出年均增长率分别为 11.86%、12.98%、6.29%、12.54%、7.00%、5.56%、15.29%、12.46%，安徽 R&D 经费内部支出年均增长率最高，山西与山东年均增长率较低，不及其余六省份。

表8-2　2011~2019年八省份装备制造业 R&D 经费内部支出　单位：亿元

省份	2011 年	2012 年	2013 年	2014 年	2015 年	2016 年	2017 年	2018 年	2019 年
江苏	899.89	1080.31	1239.57	1376.54	1506.51	1657.54	1833.88	2024.52	2206.16
浙江	479.91	588.61	684.36	768.15	853.57	935.79	1030.14	1147.39	1274.23
山东	743.13	905.60	1052.81	1175.55	1291.77	1415.00	1563.68	1418.50	1210.95
广东	899.44	1077.86	1237.48	1375.29	1520.55	1676.27	1865.03	2107.20	2314.86
上海	343.76	371.51	404.78	449.22	474.24	490.08	539.99	554.88	590.65
山西	89.59	106.96	123.77	124.70	100.90	97.63	112.23	131.25	138.08
安徽	162.83	208.98	247.72	284.73	322.14	370.92	436.12	497.30	576.54
河南	213.72	248.97	295.34	337.23	368.83	409.70	472.25	528.93	608.72

资料来源：根据《中国科技统计年鉴》（2012~2020）整理得出。

由于装备制造业 R&D 费用属于一项规模较大的费用支出，且研发还存在很大的风险，这就要求企业对研发费用进行合理的控制。然而，随着企业和国家对研发价值的认识不断提高，企业不断增加研发经费的投入，同时政府在财政上给予了企业大力支持。表8-3 显示，企业资金是研发 R&D 经费的主要来源。山西研发经费额度与其余省份相差甚远，但政府资金占比相对于江苏、浙江、山东较高，说明山西省政府重视 R&D 内部活动，但山西省内企业及规模以上企业数量和质量都与东部沿海省份、内陆发展较好省份存在较大差距，因此，相较于江苏、浙江、山东、广东、上海、安徽、河南企业，山西资金支持相对较少。

表8-3　2011~2019年八省份装备制造业 R&D 经费内部支出资金来源

单位：亿元

资金来源	省份	2011 年	2012 年	2013 年	2014 年	2015 年	2016 年	2017 年	2018 年	2019 年
	江苏	19.60	22.05	24.07	24.33	24.96	25.53	25.94	26.18	28.61
	浙江	11.08	14.07	13.97	14.99	15.40	12.49	15.00	15.30	21.04
	山东	20.75	29.56	31.60	29.99	32.36	30.97	29.73	30.49	37.88
	广东	27.98	32.87	38.93	31.28	35.37	38.01	47.35	60.46	126.68
政府资金	上海	18.21	27.38	20.76	37.16	29.38	30.17	32.64	33.28	62.78
	山西	3.18	3.79	3.82	2.53	3.36	3.85	3.68	4.21	5.87
	安徽	13.90	13.00	17.60	22.40	20.30	19.90	22.00	19.90	17.10
	河南	6.80	8.70	9.80	9.80	11.60	9.60	10.70	10.10	13.50

资金来源	省份	2011 年	2012 年	2013 年	2014 年	2015 年	2016 年	2017 年	2018 年	2019 年
企业资金	江苏	860.54	1036.65	1192.33	1328.79	1456.27	1610.06	1794.13	1970.67	2177.06
	浙江	464.05	567.45	661.39	743.25	827.30	913.79	1006.53	1127.68	1253.17
	山东	713.56	862.07	1007.55	1131.30	1241.25	1363.80	1513.68	1354.71	1172.84
	广东	847.52	1029.85	1180.58	1325.44	1467.23	1624.84	1809.56	2037.04	2187.94
	上海	321.42	339.85	375.03	407.53	441.53	455.16	502.94	514.72	527.85
	山西	86.21	102.18	118.56	121.86	96.57	93.42	107.28	124.90	132.20
	安徽	147.80	192.80	228.00	259.20	299.10	348.50	411.60	475.50	559.40
	河南	206.10	239.10	283.40	324.80	354.90	397.60	457.40	507.80	594.60
其他资金	江苏	19.75	21.60	23.18	23.42	25.28	21.95	13.82	27.67	0.49
	浙江	4.78	7.09	9.00	9.91	10.87	9.51	8.61	4.41	0.02
	山东	8.81	13.98	13.66	14.25	18.16	20.23	20.27	33.29	0.23
	广东	23.94	15.15	17.97	18.57	17.96	13.42	8.12	9.70	0.24
	上海	4.13	4.28	8.99	4.53	3.34	4.74	4.42	6.88	0.03
	山西	0.20	0.98	1.39	0.32	0.96	0.36	1.27	2.14	0.01
	安徽	0.67	2.56	1.58	2.36	2.38	2.09	2.20	0.98	0.00
	河南	0.61	0.90	1.31	2.09	2.12	2.54	4.05	8.77	0.07

资料来源：根据《中国科技统计年鉴》（2012~2020）整理得出。

从图 8-2 可以看出，山西装备制造业 R&D 经费内部支出在 2011~2019 年呈现总体上升的态势。从数值来看，山西装备制造业 R&D 经费内部支出由 2011 年的 89.59 亿元增长到 2019 年的 138.08 亿元，其中 R&D 经费内部支出主要来源于企业资金。政府资金的年均增长率为 7.96%，企业资金的年均增长率为 5.49%，这表明在这一阶段，山西对装备制造业技术创新的重视程度与资金投入量在不断加大。

（三）新产品开发经费支出

在装备制造业的技术创新投入中，新产品开发经费支出作为其不可或缺的一部分，对于新产品的开发具有关键性的作用。从表 8-4 可以看出，江苏、浙江、山东、广东、上海、山西、安徽、河南装备制造业新产品开发经费支出都总体呈稳步提升的趋势，其中广东的装备制造业新产品开发经费支出增长速度最快，且数额在八个省份中从 2015 年开始超越江苏排在第一位。

（亿元）

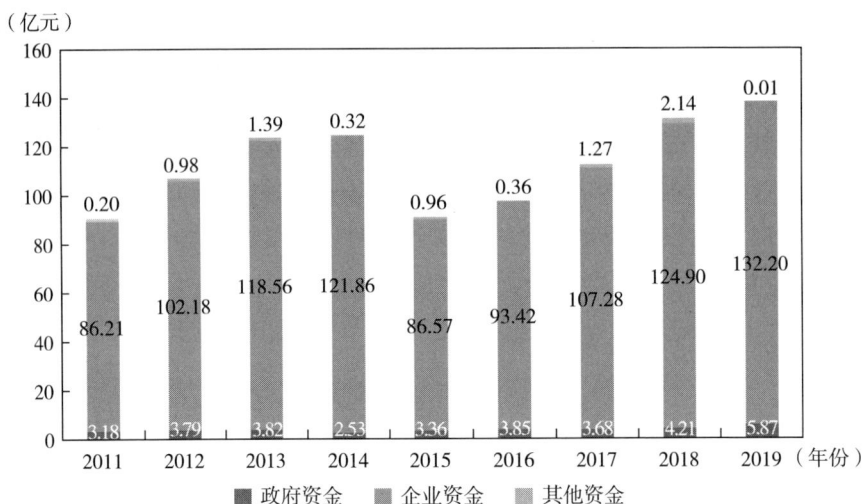

图 8-2　2011~2019 年山西装备制造业 R&D 经费内部支出资金来源

表 8-4　2011~2019 年八省份装备制造业新产品开发经费支出　单位：亿元

省份	2011 年	2012 年	2013 年	2014 年	2015 年	2016 年	2017 年	2018 年	2019 年
江苏	1182. 44	1494. 51	1669. 32	1764. 91	1711. 74	1909. 03	2150. 65	2468. 09	2701. 31
浙江	601. 47	714. 53	821. 66	896. 05	898. 93	1004. 16	1107. 40	1270. 04	1531. 68
山东	662. 33	814. 85	1020. 63	1160. 31	1122. 14	1252. 17	1383. 48	1160. 82	1056. 62
广东	1066. 29	1186. 56	1406. 57	1623. 33	1831. 04	2309. 73	2828. 65	3336. 70	3864. 98
上海	447. 62	484. 00	528. 26	587. 55	571. 62	622. 77	678. 70	755. 80	851. 62
山西	90. 01	102. 07	99. 20	100. 45	68. 17	68. 97	89. 55	135. 44	140. 32
安徽	236. 30	279. 30	324. 50	368. 50	380. 40	443. 20	511. 70	571. 10	6193. 30
河南	205. 30	231. 30	266	297. 10	306. 60	337. 10	398. 20	448. 10	498. 10

资料来源：根据《中国科技统计年鉴》（2012~2020）整理得出。

　　从图 8-3 可以看出，2011~2019 年山西装备制造业新产品开发支出总体呈递增趋势，从 2011 年的 90.01 亿元增长到 2019 年的 140.32 亿元，增长了约 0.56 倍，年平均增长率为 5.71%，这表明，山西装备制造业更注重企业的自主创新，而且在新产品的开发过程中，常常伴随技术和研发水平的提高。通过观察图 8-3 趋势可以得出，2011~2019 年山西装备制造业的新产品研发支出增长整体表现出"先慢后快"的发展态势，2011~2014 年新产品研发支出增长速度整体相对缓慢，但自 2017 年起，装备制造业的新产品开发费用表现出快速增长的发展趋势。

（亿元）

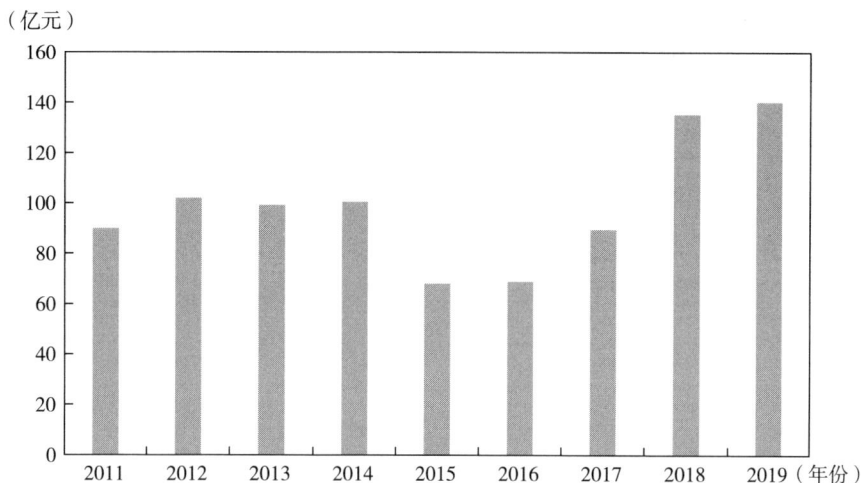

图 8-3　2011~2019 年山西装备制造业新产品开发经费支出

（四）研发机构数量

科研机构在产业创新体系中担负着至关重要的责任，同时这些机构的高效合作与创新对于产业技术革新具有很强的推动作用，因而拥有研发机构的数量是反映该省份技术创新能力和竞争力的关键性因素之一。从表 8-5 可以看出，除上海，其余七省份装备制造业研发机构数量总体呈现增长态势，江苏、浙江、山东、广东、上海、山西、安徽、河南装备制造业研发机构数量年均增长率分别为23.47%、9.62%、6.39%、32.82%、-2.73%、14.67%、19.34%、7.49%。广东研发机构数量年均增长率最高，为32.82%，2016 年的增长率较高，约为80.6%。上海研发机构数量年均增长率为负数。2011~2017 年总体持续下降的原因可能是：一方面，自 2008 年全球金融危机爆发以来，受国内外经济发展环境的变化影响，服务经济成为上海经济发展的主导力量；另一方面，制造业占比不断下降也说明制造业的发展缺乏新的动能。此外，上海粗放型经济开始向依赖技术进步、制度创新的集约化经济转型，在上海"腾笼换鸟"的背景下，占地多、能耗高、效益低的制造业外迁出上海。这三个主要原因导致上海装备制造业研发机构数量不断下降。山西装备制造业研发机构总数较少，但增长速度较快，说明山西研发机构建设步伐加快，研发机构的数量总体呈现增长的趋势。

表 8-5　2011~2019 年八省份装备制造业研发机构数量　　　单位：个

省份	2011 年	2012 年	2013 年	2014 年	2015 年	2016 年	2017 年	2018 年	2019 年
江苏	6518	16417	17996	20411	21542	23564	22007	22469	23015
浙江	6781	7498	8278	9049	9737	10137	10893	10769	13850
山东	2566	3325	3897	4134	3971	4528	5361	4087	3822
广东	3289	3455	3700	3930	6553	11834	20030	21740	25891
上海	884	914	890	818	738	666	621	628	695
山西	172	177	240	254	243	323	378	398	486
安徽	1514	2387	2737	3326	3986	4536	5110	5302	5874
河南	1273	1414	1577	1687	1997	2229	2397	1854	2141

资料来源：根据《中国科技统计年鉴》（2012~2020）整理得出。

研发机构是企业开展 R&D 活动的专门机构，能够保障企业持续、稳定地开展创新活动。从图 8-4 可以看出，2011~2019 年，山西装备制造业研发机构数量总体呈现持续上升趋势，研发机构数量稳步增加，由 2011 年的 172 个增长到 2019 年的 486 个，增长了约 1.8 倍。这说明，山西装备制造业研发活跃度明显增强。

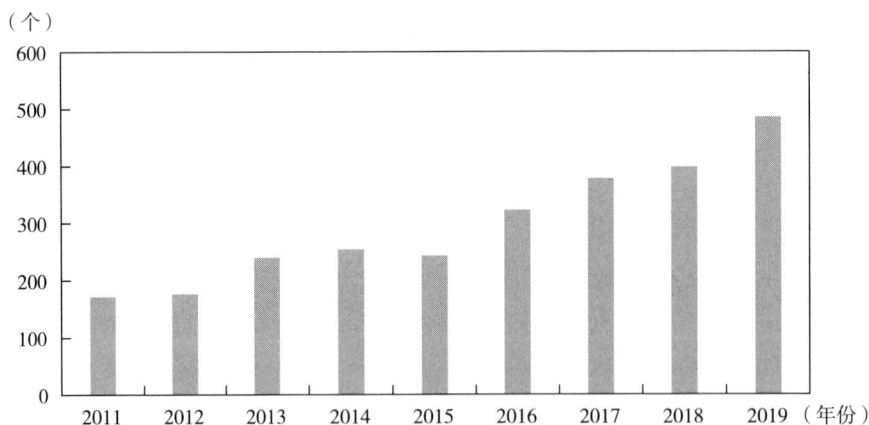

（个）

图 8-4　2012~2020 年山西装备制造业研发机构数量

二、装备制造业知识产权管理运营子系统对比分析

（一）新产品开发项目数

企业开发的新产品项目数量可以间接反映出其所实施的或许可专利所涉及的新产品种类，也可作为专利创造的新收益的一种体现。通过表8-6可以看出，基于动态值的角度，2011~2019年，八省份装备制造业新产品开发项目数都有了较大幅度的增加，反映了知识产权运营活动越来越活跃。2019年，江苏、浙江、山东、广东、上海、山西、安徽、河南装备制造业新产品开发项目数分别约为2011年的2.5、3.2、1.9、4.5、1.3、2.2、2.5、2.4倍。2019年广东新产品开发项目数是2011年的4倍多，表明广东科技实力雄厚，知识产权运营效果显著。山西的增长也较为明显，但通过比较截面数据发现，山西装备制造业新产品开发项目数量远远小于其余七省份。

表8-6　2011~2019年八省份装备制造业新产品开发项目数　单位：项

省份	2011年	2012年	2013年	2014年	2015年	2016年	2017年	2018年	2019年
江苏	38009	53973	58353	62306	57204	64029	69653	80921	95797
浙江	34186	41874	47778	51466	55123	63124	72083	87445	110063
山东	23040	28171	31100	34050	28306	32952	38273	40440	44196
广东	32879	43314	47387	49177	43456	66843	103149	121523	146954
上海	15726	17042	17295	18927	14378	15046	16121	18259	20836
山西	2171	2726	2938	2426	1910	2206	3119	3913	4778
安徽	11174	15137	17320	18185	17025	19920	22904	25728	27734
河南	7880	9106	11150	11341	9780	10385	13058	16230	19035

资料来源：根据《中国科技统计年鉴》（2012~2020）整理得出。

图8-5描述的是2011~2019年山西装备制造业新产品开发项目数。可以看出，研究期间，山西装备制造业新产品开发项目数总体处于不断增长阶段，2019年山西装备制造业新产品开发项目数达到4778项，年均增长率达10.4%，这表明山西装备制造业重视产品的创新。从图中趋势来看，山西装备制造业新产品开发项目数增长也总体呈现出"先慢后快"趋势，与新产品开发经费支出变化趋势相吻合，表明在此期间山西加大了在装备制造业技术创新方面的投入力度，随

之创新能力水平得到了提高。

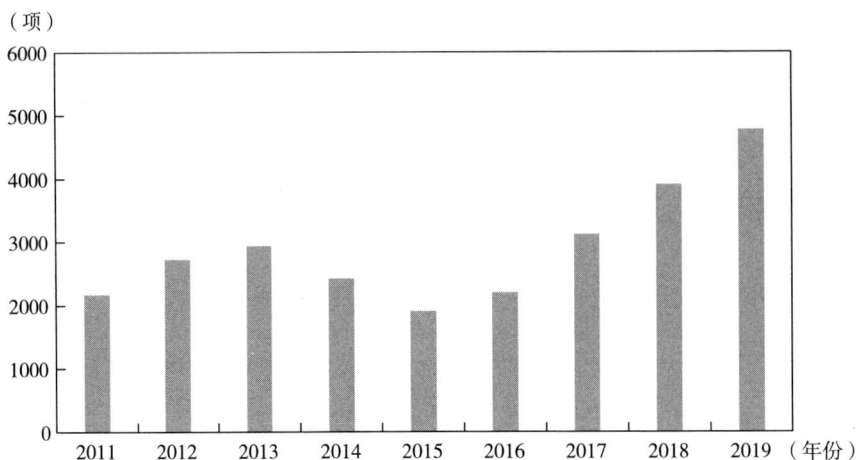

图 8-5　2011~2019 年山西装备制造业新产品开发项目数

（二）新产品销售收入

当新产品进入市场后，其销售收入能够迅速反映出产品创新的成功程度和满足市场需求的程度。它是专利创造出来的新收益的量化体现，是新产品带来的价值体现，也是技术创新产出中的一个重要衡量指标。从表 8-7 可以看出，装备制造业新产品销售收入差距较大，呈现地区差异。江苏、浙江、山东、广东、上海、安徽、河南装备制造业新产品销售收入明显高于山西，这与区域经济发展不平衡、创新投入差距较大等因素有关。这表明，虽然山西装备制造业的产业发展程度不高，但前期投入和销售收入比与其他省份均呈现均衡态势，因此，提高山西装备制造业的产业发展程度还需在前期投入中发力。

表 8-7　2011~2019 年八省份装备制造业新产品销售收入　　单位：亿元

省份	2011 年	2012 年	2013 年	2014 年	2015 年	2016 年	2017 年	2018 年	2019 年
江苏	14842.11	17845.42	19714.21	23540.93	24463.27	28084.67	28579.02	28425.04	30101.94
浙江	10049.39	11283.97	14882.10	16507.86	18839.14	21396.8	21150.15	23308.16	26099.37
山东	11184.41	12913.18	14284.18	14555.82	14698.43	16313.42	18126.40	15246.50	13480.08
广东	14382.27	15402.85	18013.74	20313.32	22642.50	28671.41	34863.03	39376.06	42970.06

续表

省份	2011 年	2012 年	2013 年	2014 年	2015 年	2016 年	2017 年	2018 年	2019 年
上海	7772.20	7399.91	7688.38	8446.96	7470.93	9033.47	10068.15	9796.73	10140.95
山西	860.99	928.39	1027.27	924.68	833.34	1085.01	1543.48	1941.30	1989.26
安徽	3182.6	3731.8	4379.1	5280.9	5882.2	7321.1	8843.1	9532.4	9698.6
河南	2550.2	2576.2	4791.4	5168.9	5789.4	6115.4	7095.9	7688.2	6788.4

资料来源：根据《中国科技统计年鉴》（2012~2020）整理得出。

从图 8-6 可以看出，近几年，山西装备制造业新产品销售收入总体呈现上升态势，由 2011 年的 860.99 亿元上涨到 2019 年的 1989.26 亿元，增长了 1.3 倍。山西装备制造业新产品销售收入变化趋势可以分为两个阶段：第一阶段为 2011~2015 年，此期间山西装备制造业新产品销售收入呈现出平稳浮动的趋势；第二阶段为 2016~2019 年，此期间山西装备制造业新产品销售收入呈现快速发展态势，这与新产品项目数的大幅增长有关。

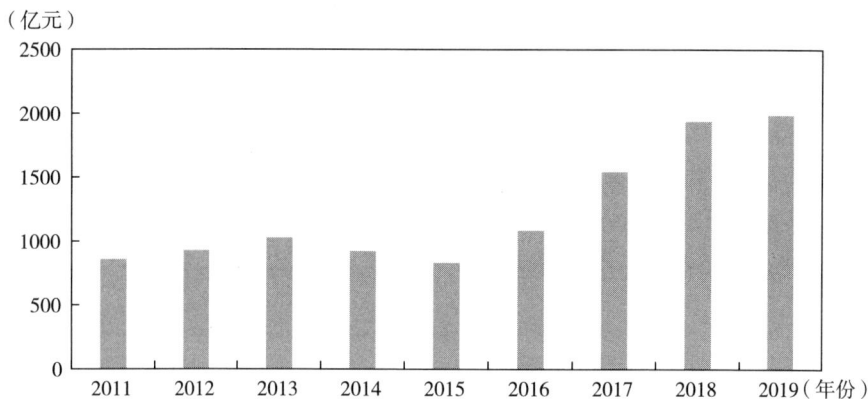

图 8-6　2011~2019 年山西装备制造业新产品销售收入

（三）新产品出口额

出口额是反映行业发展情况及国内外需求的重要指标之一，而销售收入中的出口额及其比重则能反映新产品在国际市场上的受欢迎程度，进而间接说明应用于该产品中的专利重要性和价值。表 8-8、表 8-9 反映了装备制造业新产品出口额及其占新产品销售收入的比重情况。可以看出，江苏、浙江、山东、广东、上海、山西、安徽、河南新产品出口额总体呈上升趋势，但江苏、浙江、山东、广东装备制造业新产品出口额占新产品销售收入的比重却呈逐年下降趋势，上海基本稳定在14%左右，山西略有上升，安徽、河南增长较为明显。这说明，装备制造业在新产品创新方面的能力在不断提升，新产品更新换代频率在不断提高、新产品市场竞争能力在逐步提升。我国装备制造业新产品出口销售收入占新产品销售收入的比重显示，装备制造业新产品技术创新溢出效应尚未得到明显体现。山西位于内陆地区，装备制造业新产品出口销售收入远不及东部沿海地区，但增幅仍较大。

表8-8　2011~2019年八省份装备制造业新产品出口额　　单位：亿元

省份	2011 年	2012 年	2013 年	2014 年	2015 年	2016 年	2017 年	2018 年	2019 年
江苏	4392.89	5272.78	4319.87	5362.47	5810.42	6583.75	5708.11	6349.33	7956.02
浙江	2535.51	2674.50	2981.38	3493.63	3728.68	4210.39	4155.25	4531.86	5142.15
山东	1768.80	1864.04	1733.71	1845.29	1794.81	2085.05	2332.85	1973.89	1657.51
广东	5684.91	5979.58	6039.39	7434.07	7484.14	9231.58	11051.72	10289.14	11846.14
上海	1032.64	1054.40	774.73	1028.81	1079.84	1241.08	1304.08	1309.64	1411.54
山西	152.28	152.73	126.69	58.10	158.36	160.73	195.48	203.83	395.72
安徽	234.40	313.79	277.41	275.55	466.52	555.69	819.22	1170.98	1062.71
河南	217.62	211.38	1967.78	2376.03	2873.03	2801.47	3177.37	3411.32	2133.02

资料来源：根据《中国科技统计年鉴》（2012~2020）整理得出。

表8-9　2011~2019年八省份装备制造业新产品出口额占新产品销售收入的比重

单位:%

省份	2011 年	2012 年	2013 年	2014 年	2015 年	2016 年	2017 年	2018 年	2019 年
江苏	29.60	29.55	21.91	22.78	23.75	23.44	19.97	22.34	26.43
浙江	25.23	23.70	20.03	21.16	19.79	19.68	19.65	19.44	19.70
山东	15.81	14.44	12.14	12.68	12.21	12.78	12.87	12.95	12.30
广东	39.53	38.82	33.53	36.60	33.05	32.20	31.70	26.13	27.57
上海	13.29	14.25	10.08	12.18	14.45	13.74	12.95	13.37	13.92
山西	17.69	16.45	12.33	6.28	19.00	14.81	12.66	10.50	19.89
安徽	7.37	8.41	6.33	5.22	7.93	7.59	9.26	12.28	10.96
河南	8.53	8.21	41.07	45.97	49.63	45.81	44.78	44.37	31.42

资料来源：根据《中国科技统计年鉴》（2012~2020）整理得出。

图8-7显示，在山西装备制造业领域，新产品出口额总体在逐年攀升，说明其创新能力在不断提升，且山西装备制造业新产品在国际市场上备受欢迎，其认可程度与日俱增。这一现象也折射出全球装备制造业新产品的需求量在日益增长。山西装备制造业新产品出口额占新产品销售收入的比重总体呈现增长趋势，但占比较小且不稳定。因此，企业对外要注重产品自主研制和开发，积累批量生产能力，进一步打开国际市场，对内应注重用内需拉动装备制造业的发展。

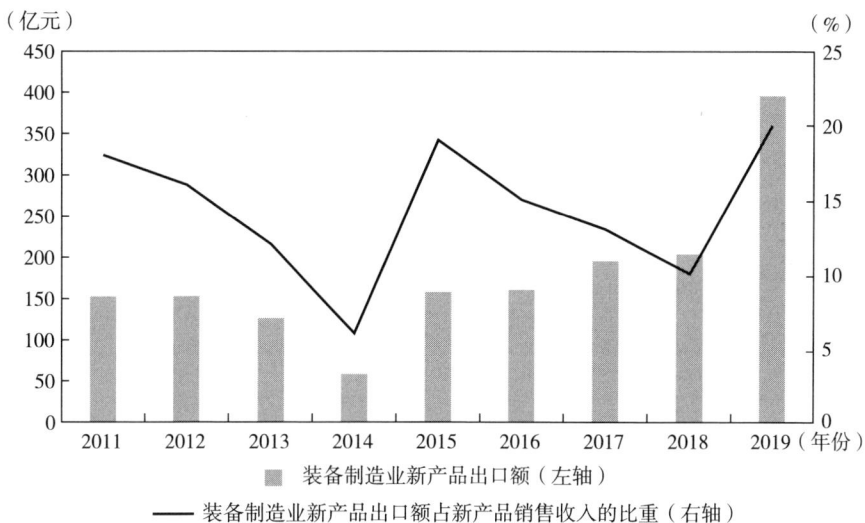

图8-7　2011~2019年山西装备制造业新产品出口额

三、装备制造业知识产权管理保护子系统对比分析

（一）专利申请量

专利是企业R&D活动的主要成果，其申请的数量是一个地区创新积极性和创新能力的体现。专利申请的数量越多，代表一个企业在研究和开发上投入了更多的资金和人力，间接证明创新技术对于企业价值创造起着至关重要的作用。从表8-10可以看出，在大量投入经费的保障下，2011~2019年江苏、浙江、山东、广东、上海、山西、安徽、河南装备制造业的专利申请量总体在逐年提高。一方面，表明装备制造业企业对于科技创新的力度在逐年加大，体现了各省份对科技

创新工作的认可，更体现了企业对自身科技创新重要性的重视；另一方面，表明装备制造企业对知识产权保护的意识有所增强。在专利类别中，发明专利是科技含量最高、授权审批难度最大的专利，代表了企业最核心的知识转化能力和技术创新实力。近年来，我国发明专利的申请数量呈现逐步增长的趋势，这是对知识产权保护的最有力证明。山西装备制造业专利申请量与发明专利申请量的绝对值都远低于其余七省份，但发明专利申请量所占比例较高，表明其科技产出和行业竞争力居于前列。

表8-10　2011~2019年八省份装备制造业专利申请量　　单位：项

专利数	省份	2011年	2012年	2013年	2014年	2015年	2016年	2017年	2018年	2019年
专利申请量	江苏	72763	84876	93518	115616	119927	131284	124980	165096	175906
	浙江	52207	68003	77067	77135	80512	78729	85639	100254	114326
	山东	27560	34689	40030	44466	42289	45921	55881	60928	57339
	广东	72520	87143	96646	114447	106038	145448	199293	241700	272616
	上海	19365	24873	25738	26848	21725	24228	27581	29258	35326
	山西	2848	3765	5083	4723	3569	3786	4398	5423	6201
	安徽	19214	26665	32909	40244	45598	49791	52916	56596	55520
	河南	10186	12503	14400	16505	16518	17457	22367	27603	30397
发明专利申请量	江苏	21649	27820	33090	39858	41744	49229	45719	55944	57429
	浙江	9335	12844	15036	16824	17242	19280	21817	27998	30914
	山东	9428	12202	15254	17299	19621	22769	28448	31329	21948
	广东	36053	44200	47213	55624	51672	68168	86724	103499	121320
	上海	8176	9901	11377	12524	10740	11293	12329	12541	15239
	山西	1104	1390	1807	1777	1303	1410	1632	2416	2543
	安徽	5385	8147	10866	15701	19967	23322	24394	26175	22975
	河南	2961	3496	4182	5072	5250	6197	7704	8911	8734

资料来源：根据《中国科技统计年鉴》（2012~2020）整理得出。

从图8-8可以看出，山西装备制造业专利申请量与发明专利申请量总体都呈增长态势，特别是2015年之后持续增长。山西装备制造业发明专利申请量占专利申请量的比重集中于35%~45%，且这一比重总体呈逐步增大趋势，说明山西装备制造业专利质量仍有很大提高空间。

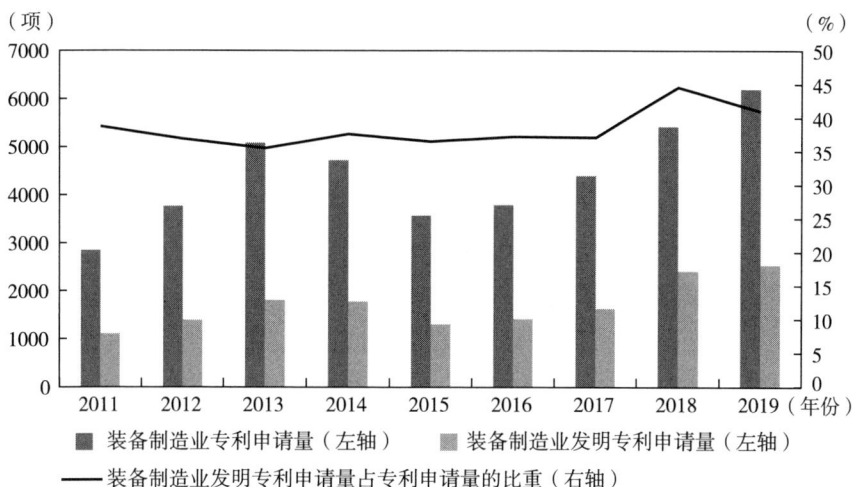

图 8-8　2011~2019 年山西装备制造业专利申请情况

（二）有效专利数量

有效专利数量是指经过国家知识产权局审批已经授权的专利数量。有效专利数量是衡量企业创新活动中知识产出水平的通用指标，是知识性成果的直接反映。从表 8-11 可以看出，江苏、浙江、山东、广东、上海、山西、安徽、河南有效专利数都保持较稳定的增长态势，这反映出随着装备制造业的快速发展，其知识产权保护意识在逐渐增强。从有效专利数量来看，装备制造业知识产权保护具有一定的规模，并逐步增强。2011~2019 年，江苏、浙江、山东、广东、上海、山西、安徽、河南年均增长率分别为 27%、19.60%、25.25%、24.17%、19.91%、22.87%、34.58%、28.58%，增长最快的是安徽，山西有效专利数量年均增长率在逐年上升且速度较快。这表明，山西知识产权保护工作有了显著成效，科技创新意识也在不断提高。

表 8-11　2011~2019 年八省份装备制造业有效专利数量　　　　单位：项

省份	2011 年	2012 年	2013 年	2014 年	2015 年	2016 年	2017 年	2018 年	2019 年
江苏	26720	45120	52718	73252	85485	117912	140346	176120	180893
浙江	18091	20553	22578	28235	31642	38661	49158	62341	75770
山东	11207	15104	18340	26122	33785	45917	56076	63496	67896

续表

省份	2011 年	2012 年	2013 年	2014 年	2015 年	2016 年	2017 年	2018 年	2019 年
广东	66453	83280	97052	126936	177047	236918	289238	328467	375515
上海	12530	16805	20140	27540	30815	37513	43416	47940	53559
山西	1659	2345	3008	3505	4468	5350	6567	7917	8619
安徽	5092	9215	13582	21667	28568	41791	49810	56296	54798
河南	4049	5133	6470	8497	11305	15863	19457	23857	30245

资料来源：根据《中国科技统计年鉴》（2012~2020）整理得出。

图 8-9 为 2011~2019 年山西装备制造业有效专利数量。可以看出，此期间山西装备制造业有效专利数量呈现快速增长的总趋势。2019 年山西装备制造业有效专利数量为 8619 项，是 2011 年的约 5.2 倍，年均增长率为 22.87%，表明山西的装备制造业对于专利的实效性和有效性的重视。

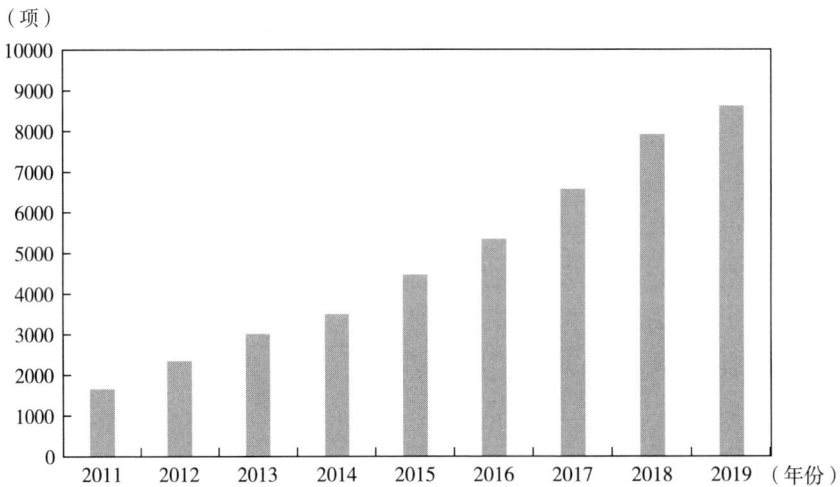

（项）

图 8-9　2011~2019 年山西装备制造业有效专利数量

（三）商标注册件数

商标拥有量是指企业拥有的在国内外知识产权部门注册的受知识产权法保护的商标数量，一定程度上反映了企业自主品牌拥有情况和自主品牌的经营能力。

从表8-12计算得出，江苏、浙江、山东、广东、上海、山西、安徽、河南装备制造业商标申请件数年均增长率分别约为24.40%、21.12%、27.95%、25.94%、22.96%、28.75%、30.41%、30.82%；商标注册件数年均增长率分别约为26.42%、21.70%、29.26%、27.79%、26.08%、26.14%、33.89%、32.20%；有效注册件数年均增长率分别约为20.21%、18%、22.14%、23.11%、24.10%、20.25%、27.37%、26.72%。从总量角度来看，山西商标申请量、注册量及有效注册量都偏少，与其余七省份差距还很大。从增长速度来看，山西装备制造业商标申请件数增长速度较快。江苏、浙江、山东、广东、上海、安徽、河南商标注册件数增长率比商标申请件数增长率高，说明这些省份商标注册通过率较高。

表8-12　2011～2019年八省份装备制造业商标申请、注册和有效注册件数

单位：件

商标数	省份	2011年	2012年	2013年	2014年	2015年	2016年	2017年	2018年	2019年
申请件数	江苏	85183	98704	110097	122817	155670	209900	352736	484227	488511
	浙江	158366	161835	178978	196993	231125	327572	546987	685713	733528
	山东	64769	77267	92765	107620	132613	184490	274475	398902	465121
	广东	231382	272505	318789	406393	512877	689434	1095053	1462435	1463989
	上海	83998	91867	106374	137615	207394	257616	343879	408916	438815
	山西	8720	11982	16753	16852	19380	25980	40016	52648	65833
	安徽	28003	33692	42981	47243	60054	88042	163261	201127	234339
	河南	41214	48823	57591	73789	89253	129946	208393	283085	353497
注册件数	江苏	63486	62328	60069	79943	127553	125314	159474	316045	414190
	浙江	126875	117201	105825	133874	210905	193348	254918	487041	610478
	山东	47749	47409	47202	64841	109015	109047	141238	252830	372223
	广东	167013	162766	162264	223470	395539	410207	514024	940624	1187686
	上海	56540	59679	57354	76482	131545	158380	192661	291732	361036
	山西	7450	6637	6731	10146	18117	15127	19948	33873	47756
	安徽	18019	19977	19523	29568	48570	47643	65423	140576	186040
	河南	29086	29416	29410	40853	70922	74276	97536	185704	271345

商标数	省份	2011年	2012年	2013年	2014年	2015年	2016年	2017年	2018年	2019年
有效注册 件数	江苏	354307	410472	459132	516356	632187	743670	888601	1180720	1545380
	浙江	665871	773912	864161	965127	1149703	1315742	1544827	1984367	2503624
	山东	262052	304480	343623	393880	493139	592018	722833	960070	1297764
	广东	848184	992334	1126595	1314188	1659477	2043798	2525055	3410021	4477109
	上海	261800	316442	364528	431987	548326	697251	878460	1149325	1472627
	山西	41537	47310	52842	61269	77018	90605	108969	139977	181625
	安徽	87845	106685	123834	149904	194580	239666	301957	436752	608523
	河南	131425	159024	184866	218631	285721	356106	448013	623730	873721

资料来源：根据2011~2019年"各省、自治区、直辖市商标申请与注册统计表"整理得出。

如图8-10所示，2011~2019年，山西装备制造业商标申请件数、注册件数、有效注册件数总体一直呈上升趋势。可见，近年来山西的商标申请注册工作取得了一定成效。但山西省装备制造业商标注册件数占申请件数的比重呈"W型"凹凸趋势变化，特别是在2013年和2017年比重偏低，不利于山西省商标保护的稳定发展。

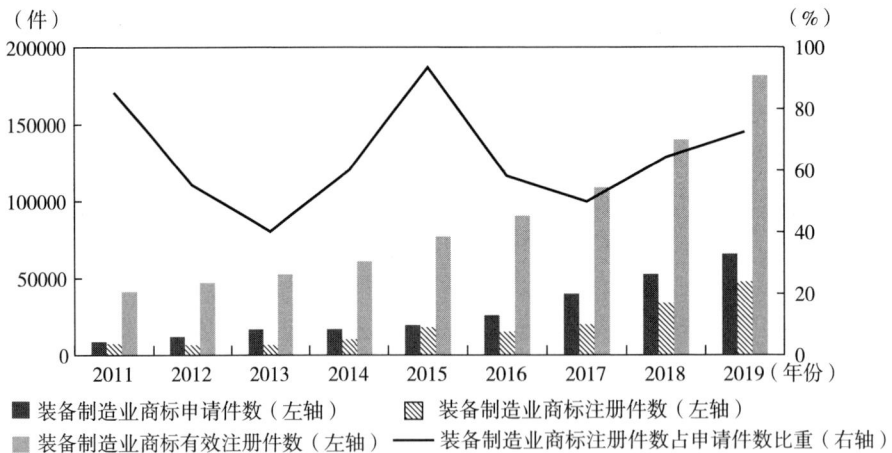

图8-10　2011~2019年山西装备制造业商标注册件数

资料来源：根据2011~2019年"各省、自治区、直辖市商标申请与注册统计表"整理得出。

第二节　山西省装备制造业知识产权管理外部现状

本节将通过梳理山西省装备制造业知识产权管理的经济、政策、技术、产业、人才、对外开放程度等外部现状，并对比上海市、江苏省、浙江省、山东省、广东省、安徽省、河南省七省份知识产权保护的外部现实情况，得出山西省装备制造业知识产权管理的外部特征。

一、经济环境

（一）地区生产总值

党的十九大报告指出"中国经济已由高速增长阶段转向高质量发展阶段"。当前，中国经济的空间结构正在发生着深刻变化，经济环境是企业营销活动的外部社会经济条件，包括消费者的收入水平、消费者支出模式和消费结构、消费者储蓄和信贷、经济发展水平、经济体制和地区行业发展状况、城市化程度等。市场规模的大小，不仅取决于人口数量，而且取决于有效的购买力。而购买力的大小要受到经济环境中各种因素的综合影响。为促进新形势下区域协调发展，习近平总书记提出了"推动形成优势互补高质量发展的区域经济布局"。高质量发展已经成为新时代中国特色社会主义经济建设的重要议题。因此，在制定创新生态战略发展规划时要把经济环境的因素考虑在内。2020年以来，在山西省委、省政府的坚强领导下，全省上下全面贯彻党的十九届五中全会和中央经济工作会议精神，深入贯彻落实习近平总书记视察山西时的重要讲话重要指示，全省主要指标回升强劲，短板领域韧性增强，新兴动能活力提升，民生福祉保障有力，总体呈现持续恢复、稳定向好的运行态势。

从表8-13可以看出，2011～2019年，山西生产总值总体呈现上升趋势，2019年山西生产总值达到17026.68亿元。山西生产总值的稳步增长为装备制造业经济环境改善提供了保障。除山东的生产总值在2019年有所下降外，上海、江苏、浙江、广东、安徽、河南的生产总值都在稳步增长。在比较的八个省份中，生产总值最高的是广东，最低的是山西。2019年上海、江苏、浙江、山东、广东、安徽、河南的生产总值大约是 2011 年的两倍。反观山西，2011～2019 年，只增长了 1/2，表明山西近年来发展较为缓慢。山西与上海、江苏、浙江、山东、广东、安徽、河南这些省份的差距很大。相比于其他省份的经济状况，山西的发展相对滞后。想要在经济发展程度上缩小与这些省份的差距，那么山西未来还有很长的一段路要走。

表 8-13　2011～2019 年八省份地区生产总值　　　　单位：亿元

省份 年份	山西	上海	江苏	浙江	山东	广东	安徽	河南
2011	11237.55	19195.69	49110.27	32318.85	45361.85	53210.28	15300.65	26931.03
2012	12112.83	20181.72	54058.22	34665.33	50013.24	57067.92	17212.05	29599.31
2013	12602.24	21602.12	59161.75	37568.49	54684.33	62163.97	19229.34	32191.30
2014	12761.49	23567.70	65088.32	40173.03	59426.59	67809.85	20848.75	34938.24
2015	12766.49	25123.45	70116.38	42886.49	63002.33	72812.55	22005.63	37002.16
2016	13050.41	28178.65	77388.28	47251.36	68024.49	80854.93	24407.62	40471.79
2017	14973.51	30133.86	85900.94	51768.26	72678.18	89879.23	27018.00	44552.83
2018	16818.11	32679.87	92595.40	56197.15	76469.67	97277.77	30006.82	48055.86
2019	17026.68	38155.32	99631.52	62351.74	71067.53	107671.10	37113.98	54259.20

资料来源：根据《中国统计年鉴》（2012～2020）整理得出。

图 8-11 显示，2011～2019 年山西生产总值在稳步提升，2019 年达到 17026.68 亿元。2013～2016 年增长趋势平缓，2013 年为 12602.24 亿元，2016 年为 13050.41 亿元，增长率约为 3.6%；2017～2018 年山西发展较快，2018 年为 16818.11 亿元，相较于 2016 年增长率约为 28.9%，是 2011～2019 年增长最快的一段时期；2019 年发展又趋于缓和。这都表明，山西经济实力强劲且发展良好。

（二）R&D 经费外部支出

国家统计局的统计显示，我国 2019 年在试验和研究方面消耗的资金同比上升了 10.5 个百分点，超过了 2 万亿元，其中 1209 亿元属于基础研究经费；国家科技重大专项共对 234 个课题展开研究，自然科学资金资助的项目超过了 4 万个。

（亿元）

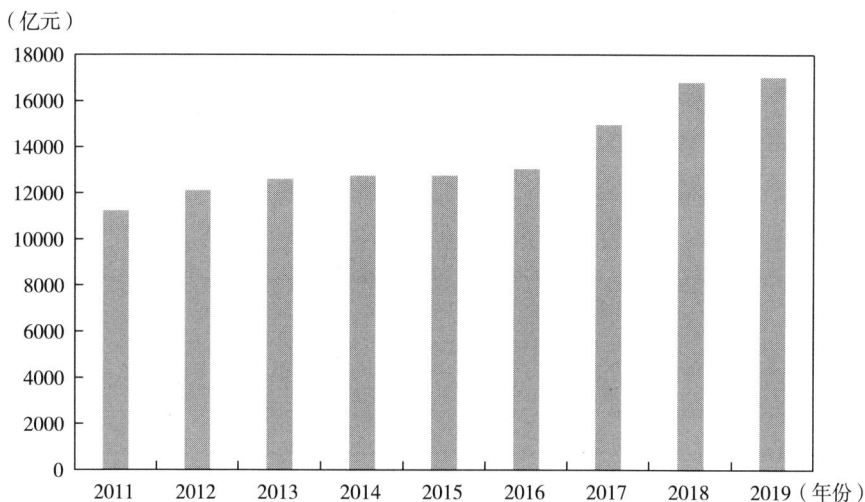

图8-11　2011~2019年山西省生产总值

资料来源：根据《中国统计年鉴》（2012~2020）整理得出。

截至2019年末，我国共建成了515个实验室、217个工程实验室、133个国家工程研究中心、1540个国家企业技术中心。2011~2019年的数据显示，各省份的R&D经费外部支出总体呈现上升趋势，说明各省份对于科技研发和科技水平的重视程度在提高。如表8-14所示，在山西、上海、江苏、浙江、山东、广东、安徽、河南这八个省份中，投入最多的是广东，2019年约为3329258万元，其次是浙江，约为1861997万元，而山西约为109268.9万元，2019年广东R&D经费外部支出约为山西的30倍；同时，2014年之后，广东和浙江的R&D经费外部支出呈迅猛增长趋势，而山西则增长缓慢，这不仅受地理位置的影响，还因为相关政策对长三角地区与沿海经济发达城市的倾斜，以及多年来经济发展的积累。山西应更加重视科学技术的发展，加大对科学技术的资金投入，完善相关政策的制定。另外，企业也急需寻求出路，与政府合力拉动山西经济发展，推动经济增长，为装备制造业及更多的企业谋求更好、更广阔的发展平台。

表8-14　2011~2019年八省份装备制造业 R&D 经费外部支出　单位：万元

年份 省份	山西	上海	江苏	浙江	山东	广东	安徽	河南
2011	67046.3	311553.9	514708.1	362407.5	481692.1	655765.7	153863.3	109950

省份 年份	山西	上海	江苏	浙江	山东	广东	安徽	河南
2012	98176.3	461167	447782.3	397205.7	551698	591226.3	203544.1	124398.7
2013	81822.7	592587.4	541216	362319.1	573485.7	626919.1	189619.4	109193.8
2014	96110	471807	839412	347508	644153	570623	212044	91021
2015	69271.7	720503	708262.6	481139.4	594238.8	1042773	190757.4	92040.2
2016	75218.3	705810.8	709290.3	804615.4	673059	1824677	213471.3	117269.9
2017	109716	956056	855542	1012274	722035	2026375	257322	146023
2018	120742.4	1072619	1010805	2011907	904284.6	3202094	280327.2	171764.2
2019	109268.9	1412669	1430090	1861997	721125.8	3329258	322970.5	229986.9

资料来源：根据《中国统计年鉴》（2012~2020）整理得出。

图 8-12 显示，山西装备制造业 R&D 经费外部支出在 2011~2019 年变化较大，2018 年最高，约为 120742.4 万元；2011 年最低，为 67046.3 万元；2015~2018 年稳步上升。R&D 经费支出是促进科技产出最直接和最有效的方式之一。未来，山西应通过加大科技经费支出力度来提高其科技进步水平。合理规划科技投入来源。除财政投入外，提高社会力量参与科研开发的积极性，通过政府资金

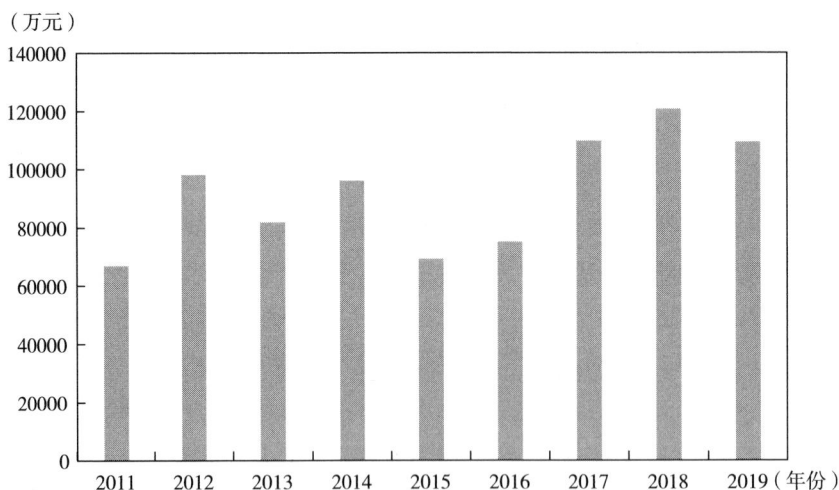

图 8-12　2011~2019 年山西装备制造业 R&D 经费外部支出

资料来源：根据《中国统计年鉴》（2012~2020）整理得出。

引导民间资本科技投入，形成政府、社会、企业三方力量共同参与的科技投入格局。R&D 经费支出投入强度必须与经济发展相匹配。山西的 R&D 经费支出需从服务本省发展战略和适应本省经济发展需求的角度出发，将 R&D 经费占 GDP 的比例保持在合理水平上，从根本上提高自主创新能力，全面带动装备制造业技术水平升级，为山西转型发展提供有力的科技支撑。

二、政策环境

近年来，一系列知识产权相关法律法规和条例的颁布，不仅加强了知识产权的保护，也提升了我国经济的竞争力。知识产权司法保护作为知识产权保护体系的重要力量，具有不可替代的作用。全面加强知识产权司法保护，既是我国遵守国际规则、履行国际承诺的客观需要，也是我国推动经济高质量发展、建设更高水平开放型经济新体制的内在要求。国家相关部门要充分认识到全面加强知识产权司法保护的重大意义，明确知识产权司法保护服务大局的出发点和目标定位，从而为建设创新型国家、建设社会主义现代化强国、完善国家治理体系和提高治理能力现代化提供强有力的司法服务和保障。

装备制造业是国防科技工业的重要产业，装备制造业发展水平的高低直接影响着国家安全和国际竞争力，装备制造业在国防领域的发展中一直得到国家的重视和支持。近年来，山西、上海、江苏、浙江、山东、广东、安徽、河南八个省份出台了相关装备制造业知识产权政策法律法规，紧跟国家政策号召，为装备制造业企业知识产权保护营造了良好的科研氛围。表 8-15 是近年来国家以及山西、上海、江苏、浙江、山东、广东、安徽、河南这八个省份出台的知识产权相关政策。

表 8-15 国家及各省份出台关于专利及知识产权的政策法规

出台地	名称	发文字号	相关内容
国家	《国务院关于印发"十四五"国家知识产权保护和运用规划的通知》	国发〔2021〕20 号	"十四五"知识产权规划成为国家整个"十四五"规划体系的重要组成部分，充分体现了党中央、国务院对知识产权工作一贯的高度重视和关心支持，也充分彰显了知识产权在国家经济社会发展中的重要地位和作用，更保障了规划实施工作的连续性和稳定性。下一步，国家知识产权局将按照中央精神，坚持走多边主义之路，进一步加强与世界知识产权组织的合作，促进全球知识产权事业发展，推动构建人类命运共同体

出台地	名称	发文字号	相关内容
国家	《国家知识产权局办公室印发〈关于强化知识产权保护的意见系统内分工方案〉的通知》	国知办发保字〔2020〕5号	计划涵盖八个要点，共133条具体措施，主要推进专利法修订审议工作，引入侵权惩罚性赔偿制度，推动延长专利有效期，加强药品专利保护等。做好专利审查指南配套修改工作。推进民法典侵权责任编制定中体现知识产权侵权惩罚性赔偿条款
	《国家知识产权局关于印发〈推动知识产权高质量发展年度工作指引（2020）〉的通知》	国知发运字〔2020〕13号	旨在全面落实党中央、国务院关于推动高质量发展的决策部署，抓实抓细2020年知识产权各项任务，确保各项工作落地见效
	《最高人民法院关于全面加强知识产权司法保护的意见》	法发〔2020〕11号	要求各级人民法院充分认识全面加强知识产权司法保护的重大意义，准确把握知识产权司法保护服务大局的出发点和目标定位，为创新型国家建设、社会主义现代化强国建设、国家治理体系和治理能力现代化提供有力的司法服务和保障
山西	《山西省人民政府办公厅转发省科技厅等部门关于加强战略性新兴产业知识产权工作引领资源型经济转型发展若干意见的通知》	晋政办发〔2012〕74号	到2020年，全省战略性新兴产业的知识产权创造、运用、保护和管理能力显著提升，知识产权有效支撑战略性新兴产业发展，在战略性新兴产业领域涌现出一批国际竞争力强、具有知识产权比较优势和较强产业影响力的企业，对山西省资源型经济转型跨越发展的引领和促进作用充分显现
	《关于印发〈山西省企业知识产权管理标准推行工作方案〉的通知》	晋科发〔2013〕61号	帮助企业全面落实"鼓励创造、有效运用、科学管理、依法保护"的知识产权方针，指导山西省企业建立科学、系统的知识产权管理体系，积极应对当前全球范围内重视知识产权的竞争态势，有效提高知识产权对企业经营发展的贡献水平，为建设创新型山西提供有力支撑
	《关于开展全省知识产权优势企业培育工程的通知》	晋科函〔2012〕52号	再造一个新山西的战略部署，紧紧围绕国家资源型经济转型综合配套改革试验区建设，大力实施知识产权战略，增强山西省企业自主创新能力，经研究决定在全省开展知识产权优势企业培育工程
	《山西省人民政府办公厅关于印发山西省知识产权战略实施行动计划（2015—2020年）的通知》	晋政办发〔2015〕19号	健全知识产权管理制度，强化研发人员和科技管理人员的知识产权意识，将知识产权管理纳入科技管理全过程，包括科研管理、成果管理、成果转化及产业化等各个环节，促进自主创新成果知识产权化，全面提高知识产权管理规范化水平

出台地	名称	发文字号	相关内容
山西	《山西省人民政府关于新形势下推进知识产权强省建设的实施意见》	晋政发〔2016〕51号	强化知识产权创造能力、提升知识产权运用水平、优化知识产权管理体制、严格知识产权保护、完善知识产权服务体系5项重点任务
	《山西省人民政府办公厅关于印发山西省全面推进知识产权强省建设行动方案的通知》	晋政办发〔2019〕81号	方案提出从构建高价值专利培育体系、构建知识产权保护体系、加快知识产权转化运用三个方面来推进山西知识产权强省建设
上海	《关于本市加快制造业与互联网融合创新发展的实施意见》	沪府发〔2017〕3号	上海制造业与互联网融合进一步深化，互联网"双创"成为制造业转型发展的新引擎，新模式、新业态成为经济发展新动能，跨界融合的制造业新生态初步形成，制造业数字化、网络化、智能化水平明显提升，两化融合发展综合水平指数保持国内领先水平
浙江	《浙江省人民政府办公厅关于新形势下加快知识产权强省建设的实施意见》	浙政办发〔2017〕27号	提出进一步发挥知识产权制度在创新发展中的支撑保障作用，加快建设质量效益好、经济贡献大、保护环境优、服务体系强的引领型知识产权强省的相关政策措施。重点围绕浙江省知识产权工作中存在的数量"大而不忧、多而不强"、保护满意度不高、服务水平不足等薄弱环节和电子商务领域知识产权保护等特色亮点，创新工作举措，补齐短板，做强长板，提出了共23条政策措施
	《中共浙江省委办公厅　浙江省人民政府办公厅印发〈关于全面强化知识产权工作的意见〉的通知》	浙委办发〔2019〕82号	有促进知识产权创造、激励知识产权运用、加强知识产权保护、提升知识产权服务4个板块共12条
江苏	《省政府办公厅关于印发江苏省"十三五"知识产权发展规划的通知》	苏政办发〔2016〕118号	在总体思路和发展目标中明确提出知识产权创造从量的积累向量质并举转变的战略导向，要求坚持数量布局、质量取胜，在保持知识产权产出快速增长的同时，把提升质量和效益贯穿知识产权创造的全过程
	《江苏省人民政府印发关于知识产权强省建设若干政策措施的通知》	苏政发〔2017〕32号	从鼓励高质量知识产权创造、促进高效益知识产权运用、实施高标准知识产权保护、发展高水平知识产权服务、培养高素质知识产权人才、实施高效能知识产权管理6个方面，提出了18条具体政策措施，力求细化知识产权强省建设配套政策，形成目标明确、任务清晰、政策完善、措施有力的知识产权强省建设格局

出台地	名称	发文字号	相关内容
山东	《山东省人民政府关于印发山东省"十三五"知识产权保护和运用规划的通知》	鲁政发〔2017〕25号	深化知识产权领域改革，完善政策体系，提升知识产权保护和运用水平，全面推进知识产权强省建设
广东	《中共广东省委　广东省人民政府关于加快建设知识产权强省的决定》	粤发〔2012〕4号	更好地发挥知识产权对经济社会科学发展的助推作用，推动创新型广东和幸福广东的建设
	《广东省人民政府办公厅转发省知识产权局关于促进我省知识产权服务业发展若干意见的通知》	粤府办〔2014〕3号	知识产权服务业是现代服务业的重要内容和高技术服务业的重点发展领域。促进知识产权服务业发展，贯彻广东省人民政府关于加快建设知识产权强省的决定的重要举措，对我省创建知识产权服务业发展示范省，提高产业核心竞争力，促进经济社会持续健康发展具有重要意义
	《关于印发〈广东创建知识产权服务业发展示范省规划（2013—2020年）〉的通知》	粤知〔2013〕244号	近年来，广东知识产权服务业取得了长足发展，但从总体上看，尚未形成完整的产业链，发展模式亟待创新，其发展对其他产业的关联和带动作用还没有充分表现出来，整体发展水平有待于进一步提高
安徽	《安徽省人民政府关于印发加快知识产权强省建设实施方案的通知》	皖政〔2016〕64号	深入实施创新驱动发展战略，推动安徽省由知识产权大省向知识产权强省转变
	《安徽省人民政府关于印发"十三五"安徽省知识产权保护和运用规划的通知》	皖政〔2017〕112号	到2020年，知识产权战略行动计划目标如期完成，知识产权重要领域和关键环节改革取得决定性成果，保护和运用能力得到大幅提升，建成一批知识产权强市、强县，基本建成知识产权强省
河南	《河南省人民政府关于印发河南省建设支撑型知识产权强省试点省实施方案的通知》	豫政〔2016〕66号	到2020年，知识产权对全省经济社会发展的贡献度显著提升，力争建成支撑和引领优势明显的知识产权强省
	《河南省人民政府关于新形势下加快知识产权强省建设的若干意见》	豫政〔2017〕17号	2020年，知识产权创造水平显著提高，知识产权运用能力根本增强，保护环境全面优化，管理机制更加完善，综合服务能力大幅提升，建成一批知识产权强市、强县，知识产权对全省经济社会发展的支撑和引领作用充分显现，努力建成知识产权强省

近年来，山西在专利及知识产权领域推出了一系列政策措施，包括《关于加强战略性新兴产业知识产权工作引领资源型经济转型发展若干意见》《山西省企业知识产权管理标准推行工作方案》等。这些政策措施旨在提升全省战略性新兴产业的知识产权创造、运用、保护和管理能力，促进企业自主创新，加速知识产权成果转化。山西的政策措施具有很强的针对性，紧密结合本省资源型经济的特点和转型发展的需求，重点支持战略性新兴产业的发展。这些政策有利于激发企业创新活力，提高知识产权的创造质量和运用效益，为山西的经济转型提供有力支撑。然而，山西的政策也存在一定局限性。在知识产权保护方面，政策的执行力度和惩罚力度有待加强，以遏制侵权行为的发生。此外，政策的宣传和普及工作也需要进一步加强，以提高全社会对知识产权的重视和尊重程度。

上海和浙江在专利及知识产权领域也制定了较为完善的政策体系。上海印发了《上海市人民政府印发关于本市加快制造业与互联网融合创新发展实施意见的通知》，强调互联网与制造业的深度融合，推动新模式新业态的发展。浙江则印发了《浙江省人民政府办公厅关于新形势下加快知识产权强省建设的实施意见》，从制度、服务、保护等方面全面提升知识产权工作水平。这些经济发达省份的政策措施具有以下优点：一是注重创新驱动，通过政策引导激发企业和社会的创新活力；二是强化知识产权保护，严格执法、加大侵权赔偿力度，有效遏制侵权行为；三是优化服务体系，提供全方位的知识产权服务，降低创新主体的维权成本；四是加强与国际接轨，积极参与国际知识产权交流与合作，提升本省知识产权的国际影响力。然而，这些政策存在一些不足之处：一是部分政策过于强调短期效益，可能忽视了长期可持续发展的需要；二是部分政策缺乏灵活性，未能充分考虑不同行业和地区的实际情况；三是政策落实过程中存在部门间协调不够、执行力度打折等问题。

通过以上分析可以看出，山西虽然在专利及知识产权政策方面取得了一定的成果，但仍需在学习先进经验和弥补不足上下功夫。建议山西在以下几个方面进行改进：一是强化政策导向，进一步明确政策目标，使企业更加清晰地了解政策意图和预期效果。通过加强宣传和培训工作，提高企业对政策的认知度和参与度。二是完善法律法规，结合实际情况，完善专利及知识产权相关法律法规，使之更加科学、合理、可行。加大执法力度，提高侵权成本，有效遏制侵权行为的发生。三是优化服务体系，加强知识产权服务机构建设，提高服务水平。为企业提供全方位的知识产权服务，包括申请、维权、交易等环节。降低创新主体的维权成本，提高知识产权的运用效益。四是加强国际合作，积极参与国际知识产权交流与合作，提升山西省知识产权的国际影响力。学习借鉴国际先进经验，推动山西省专利及知识产权工作与国际接轨。五是激发创新活力，通过政策引导，激发企业和社会的创新活力。加大对战略性新兴产业的支持力度，推动知识产权成果转化和产业化。同时，关注传统产业的转型升级，促进技术创新与产业升级融合发展。六是强化人才培养，加强知识产权人才队伍建设，培养一批高素质、专业化的知识产权人才。通过开展培训、交流等活动，提高全省知识产权工作人员的业务水平和综合能力。七是建立评估机制，建立专利及知识产权政策评估机制，定期对政策执行情况进行评估和调整。及时发现和解决政策执行过程中存在的问题和困难，确保政策目标的顺利实现。

综上所述，山西在专利及知识产权政策方面仍有较大的改进空间。通过借鉴先进经验、弥补不足之处、强化自身优势等措施的实施，将有助于提升山西在专利及知识产权领域的竞争力和影响力，也有利于促进山西省的经济转型和创新发展。

三、技术环境

从近几年的专利研发情况可以看出，我国的科研创新能力在不断提升，但是区域异质性较为明显，相较于广东等发达地区，山西的专利研发能力明显不足。创新始终是发展的永恒动力，也是一家企业的生命力所在，尽管目前山西的专利研发能力与一些沿海城市相比仍有较大的差距，但是增长潜力较为强劲，创新环境也在持续优化，山西的企业知识产权管理工作将长期处于良好的环境中。当前，鼓励发明创造、鼓励创新、鼓励先进技术转移转化已经成为一个永恒的主题，我们国家和企业在这一方面也不甘落后，进行了一系列的战略规划。2016年，国家印发的《国家创新驱动发展战略纲要》提出分三步走的战略：第一步，到2020年进入创新型国家行列，基本建成中国特色国家创新体系；第二步，到2030年跻身创新型国家行列，发展驱动力实现根本转换；第三步，到2050年建成世界科技创新强国，成为世界主要科学中心和创新高地。

除此之外，相关数据表明，在2019年经济发展相对滞后的情况下，世界各国却纷纷加大了对创新的投入力度。2019年，全球公共部门和政府在研发方面的支出增加了5%，而企业在研发方面的支出增加了6.7%，经济发展的速度已经不能满足研发方面对资金的需求。瑞士在国家创新指数方面始终处于领先地位，且在知识产权收入、专利申请和高端技术产品的研发领域呈现出较为迅猛的增长态势，其次是荷兰、英国等国家，而中国排在第14位，同比提高了3位。中国的科研创新年投入保持10%以上的增长速度，高于全球增长速度，在全球创新指数排名中不断靠前。但同时，我们也应清醒地认识到，全球创新能力我们还排在第14位，与瑞士、瑞典和美国等先进国家相比仍存在一定的差距，因此我们还需要继续不断努力增强创新能力。

（一）专利申请受理数

如图8-13所示，从专利申请受理数整体来看，2011～2019年，八省份的专利申请受理数总体呈现上升趋势，说明各省份对于创新活动的重视程度在不断增强，创新能力也在稳步提升。其中，2019年专利申请受理数排在前面的分别是广东、江苏、浙江，且广东专利申请受理数约为山西的25倍。同时，2014年之后，广东专利申请受理数增长迅速。因此，山西应不断引进各类人才，提升山西省的创新能力，激发创新活力。

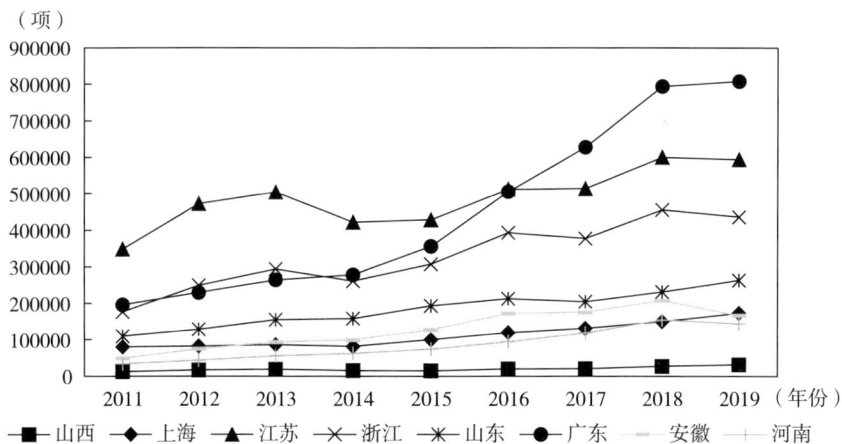

图8-13　2011～2019年八省份专利申请受理情况

资料来源：根据《中国科技统计年鉴》（2012～2020）整理得出。

从专利申请受理数构成来看，山西专利申请受理数由发明专利申请受理数、实用新型专利申请受理数和外观设计专利申请受理数构成。如图 8-14 所示，2011~2019 年，山西发明专利申请受理数所占比重波动变化，实用新型专利申请受理数所占比重逐年增长，外观设计专利申请受理数所占比重逐年下降。实用新型专利实用性较强，实用价值大，说明山西在推动专利转化、助力企业创新发展方面取得了一定进步。

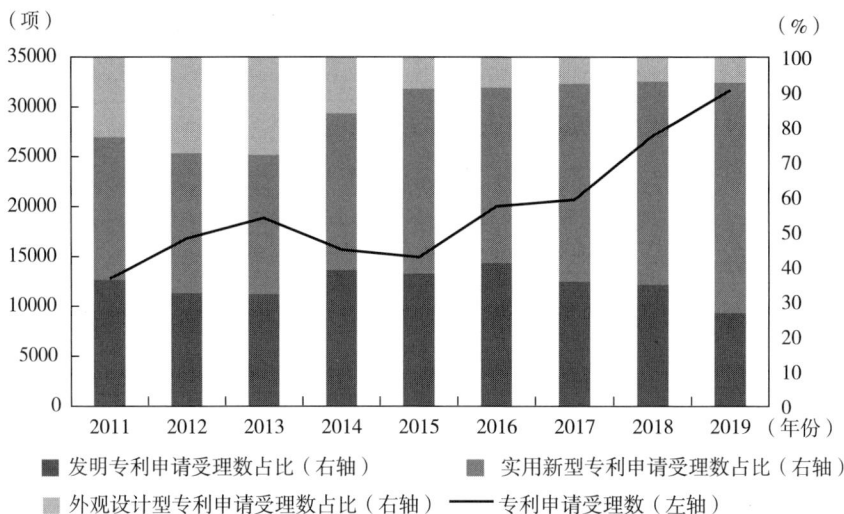

图 8-14　2011~2019 年山西专利申请受理情况

资料来源：根据《中国科技统计年鉴》（2012~2020）整理得出。

（二）专利申请授权数

图 8-15 显示，2011~2019 年，八省份的专利申请授权数总体呈现稳步上升的趋势，说明我国各地的创新活力不断被激发，创新能力也不断得到提升。具体而言，2019 年，广东、江苏及浙江的专利申请受理数位居前列，而山西排在最后一位。

就专利申请授权数来说，山西专利申请授权数主要由发明专利申请授权数、实用新型专利申请授权数和外观设计专利申请授权数构成。图 8-16 表明，2011~2019 年，发明专利申请授权数所占比重上下波动，实用新型专利申请授权数的比重逐年递增，而外观设计专利申请授权数的比重则逐年减少。

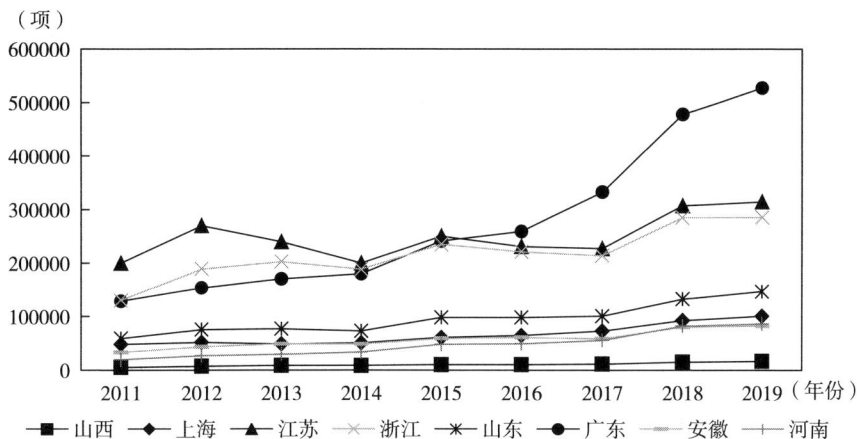

图 8-15　2011~2019 年八省份专利申请授权情况

资料来源：根据《中国科技统计年鉴》（2012~2020）整理得出。

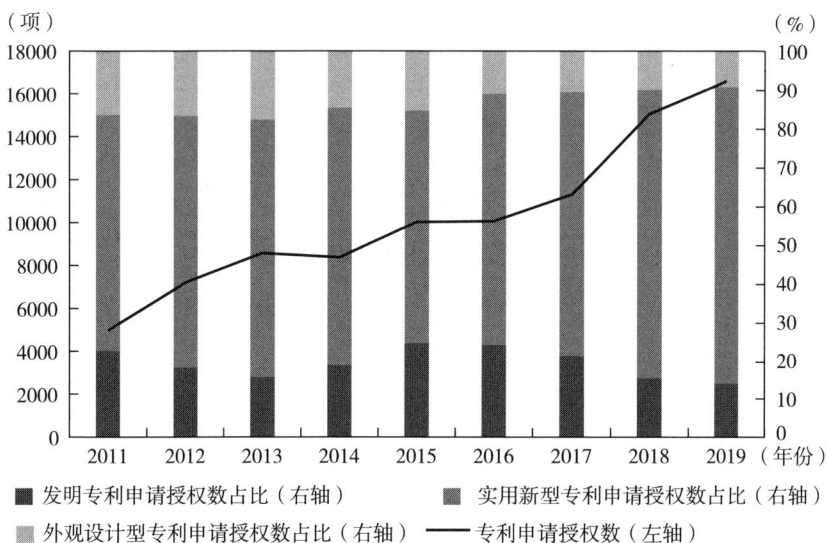

图 8-16　2011~2019 年山西专利申请授权情况

资料来源：根据《中国科技统计年鉴》（2012~2020）整理得出。

2011~2019 年八省份专利情况统计如表 8-16 所示。

表 8-16　2011~2019 年八省份专利情况统计　　　　　　单位：项

专利受理数	省份	2011 年	2012 年	2013 年	2014 年	2015 年	2016 年	2017 年	2018 年	2019 年
专利申请 受理数	山西	12769	16786	18859	15687	14948	20031	20697	27106	31705
	上海	80215	82682	86450	81664	100006	119937	131740	150233	173586
	江苏	348381	472656	504500	421907	428337	512429	514402	600306	594249
	浙江	177066	249373	294014	261435	307264	393147	377115	455590	435883
	山东	109599	128614	155170	158619	193220	212911	204859	231585	263211
	广东	196272	229514	264265	278358	355939	505667	627834	793819	807700
	安徽	48556	74888	93353	99160	127709	172552	175872	207428	166871
	河南	34076	43442	55920	62434	74373	94669	119240	154381	144010
发明专利 申请受理数	山西	4602	5417	6025	6107	5680	8208	7379	9395	8424
	上海	32142	37139	39157	39133	46976	54339	54630	62755	71398
	江苏	84678	110091	141259	146660	154608	184632	187005	198801	172409
	浙江	24745	33265	42744	52406	67674	93254	98975	143081	112981
	山东	25623	40381	67642	77298	93475	88359	67772	72764	69350
	广东	52012	60448	68990	75147	103941	155581	182639	216469	203311
	安徽	10982	19391	34857	49960	68314	95963	93527	108782	62743
	河南	8833	10910	15580	19646	21338	28582	35625	46868	30260
实用新型 专利申请 受理数	山西	5238	6735	7527	7055	7911	10079	11719	15788	20938
	上海	30926	33166	35584	33264	41736	51836	60925	69564	80604
	江苏	81097	107091	128898	124980	154281	192636	219503	294090	373495
	浙江	75860	108599	127122	116011	150172	199244	191372	219206	218628
	山东	63004	69170	73862	69323	85872	106100	118252	135461	166858
	广东	67333	78731	93592	96144	135717	203609	283564	367938	369143
	安徽	23209	36641	45148	41889	51559	67031	72333	86914	90655
	河南	19120	23594	29420	30716	40778	51358	66803	89620	96203
外观设计型 专利申请 受理数	山西	2929	4634	5307	2525	1357	1744	1599	1923	2343
	上海	17147	12377	11709	9267	11294	13762	16185	17914	21584
	江苏	182606	255474	234343	150267	119448	135161	107894	107415	48345
	浙江	76461	107509	124148	93018	89418	100649	86768	93303	104274
	山东	20972	19063	13666	11998	13873	18452	18835	23360	27003
	广东	76927	90335	101683	107067	116281	146477	161631	209412	235246
	安徽	14365	18856	13348	7311	7836	9558	10012	11732	13473
	河南	6123	8938	10920	12072	12257	14729	16812	17893	17547

续表

专利受理数	省份	2011 年	2012 年	2013 年	2014 年	2015 年	2016 年	2017 年	2018 年	2019 年
专利申请授权数	山西	4974	7196	8565	8371	10020	10062	11311	15060	16598
	上海	47960	51508	48680	50488	60623	64230	72806	92460	100587
	江苏	199814	269944	239645	200032	250290	231033	227187	306996	314395
	浙江	130190	188463	202350	188544	234983	221456	213805	284621	285342
	山东	58844	75496	76976	72818	98101	98093	100522	132382	146481
	广东	128413	153598	170430	179953	241176	259032	332652	478082	527390
	安徽	32681	43321	48849	48380	59039	60983	58213	79747	82524
	河南	19259	26791	29482	33366	47766	49145	55407	82318	86247
发明专利申请授权数	山西	1114	1297	1332	1559	2432	2411	2382	2284	2300
	上海	9160	11379	10644	11614	17601	20086	20681	21331	22735
	江苏	11043	16242	16790	19671	36015	40952	41518	42019	39681
	浙江	9135	11571	11139	13372	23345	26576	28742	32550	33964
	山东	5856	7453	8913	10538	16881	19404	19090	20338	20652
	广东	18242	22153	20084	22276	33477	38626	45740	53259	59742
	安徽	2026	3066	4241	5184	11180	15292	12440	14846	14958
	河南	2462	3182	3173	3493	5384	6811	7914	8339	6991
实用新型专利申请授权数	山西	3036	4689	5708	5569	6037	6532	7730	11258	12758
	上海	23351	29543	29859	30704	33131	34101	39942	55581	61640
	江苏	53413	77944	98246	100810	119513	117827	126482	200333	233114
	浙江	56030	84826	106238	99508	124465	123744	114311	172451	168340
	山东	43443	59084	58938	53555	68776	66068	67005	94249	106429
	广东	51402	65946	77503	83202	105254	118157	169017	268508	282741
	安徽	16128	27191	36003	36748	41094	38773	38304	55445	57511
	河南	13032	18680	21153	23539	32592	32197	35822	59417	65341
外观设计型专利申请授权数	山西	824	1210	1525	1243	1551	1119	1199	1518	1540
	上海	15449	10586	8177	8170	9891	10043	12183	15548	16212
	江苏	135358	175758	124609	79551	94762	72254	59187	64644	41600
	浙江	65025	92066	84973	75664	87173	71136	70752	79620	83038
	山东	9545	8959	9125	8725	12444	12621	14427	17795	19400
	广东	58769	65499	72843	74475	102445	102249	117895	156315	184907
	安徽	14527	13064	8605	6448	6765	6918	7469	9456	10055
	河南	3765	4929	5156	6334	9790	10137	11671	14562	13915

四、产业环境

从某种意义上说，一个国家或地区的整体经济发展水平和竞争能力，是由其产业的发展水平和竞争能力所体现的。产业发展是一个地区经济发展的基础，包括农业、制造业、轻工业、重工业、能源、交通和运输业、建筑业及服务业等众多基础产业资源。装备制造业所属的第二产业在国民经济发展中处于基础地位，对其他产业的发展有约束和决定性的影响，是民族复兴、大国崛起的物质保障，是"国之根本"。

改革开放以来，我国在经济建设方面取得了巨大的成就，我国的经济环境已经发生了翻天覆地的变化。虽然随着经济发展进入新常态，产业结构面临着一系列的调整与优化，经济增长的速度有所减缓，但是国家统计局相关数据显示，2019 年我国的宏观经济整体运行平稳，新增就业目标超额完成，供给侧结构性改革也在不断深化，这一切都充分说明了我国经济具有持续发展的韧性、潜力和活力。

如图 8-17、图 8-18、图 8-19 所示，除上海外，2011~2019 年其余七省份的第一、第二、第三产业均有较大幅度增长。从各省份产业增加值占生产总值的比重可以看出，2011~2014 年山西第一产业比重逐年上升，但 2015~2019 年有所下降；第三产业比重总体在逐年上升；第二产业比重在八个省份中算比较大的。

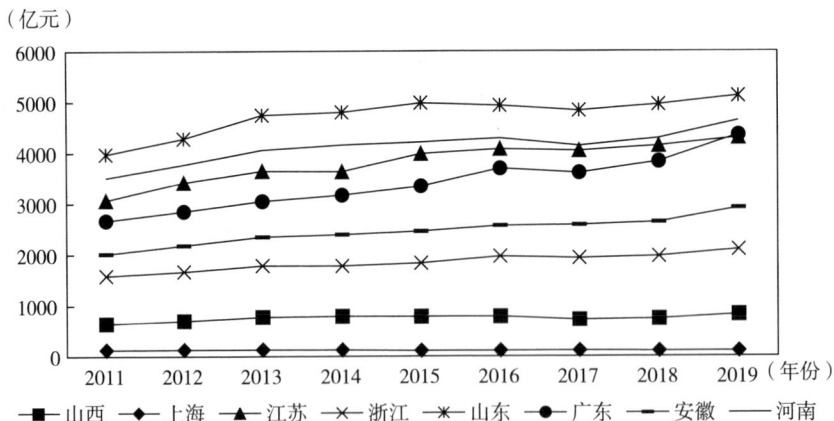

图 8-17　2011~2019 年八省份第一产业发展情况

资料来源：根据相关省份统计年鉴整理得出。

（亿元）

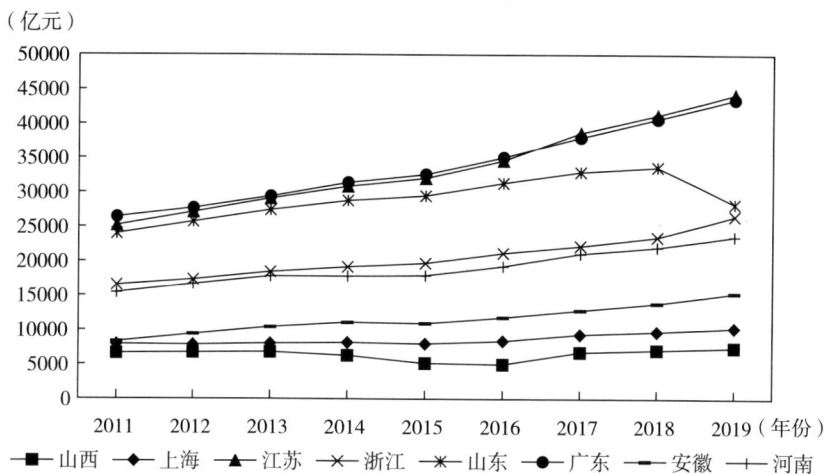

图 8-18　2011~2019 年八省份第二产业发展情况

资料来源：根据相关省份统计年鉴整理得出。

（亿元）

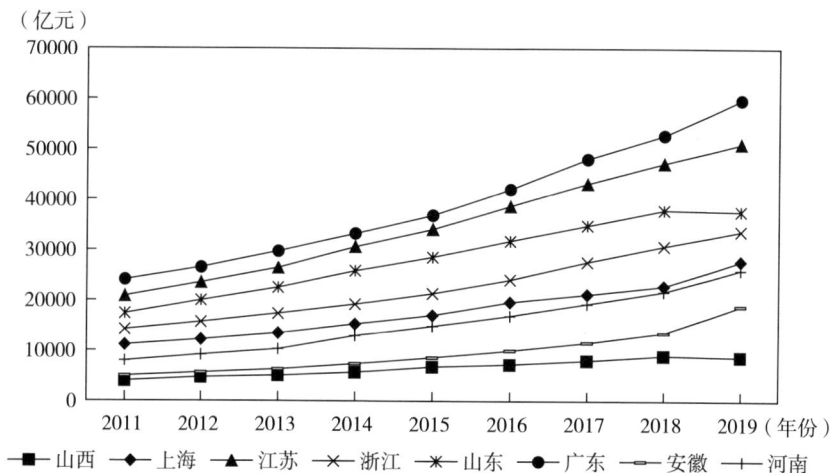

图 8-19　2011~2019 年八省份第三产业发展情况

资料来源：根据相关省份统计年鉴整理得出。

不难看出，山西的经济发展主要依靠第二、第三产业。此外，第一、第二产业增加值在山西生产总值中所占的比重总体呈下降趋势，第三产业增加值在山西生产总值中所占的比重总体呈上升趋势，三大产业分布科学合理，这表明山西经济实力强劲且运行良好。

从图 8-20 和表 8-17 可以看出，2011~2014 年山西产业结构呈现"第二、第三、第一产业"的布局。以工业为主体的第二产业增加值于 2013 年达到 6792.68 亿元，随后于 2015 年开始逐年下降，直至 2017 年才再次有所回升。第三产业的增加值从 2011 年开始连年上涨，并于 2018 年达到峰值，在 2019 年有所下降。2011~2018 年，第三产业的增加值从 3960.87 亿元增长到 8988.28 亿元，涨幅约为 126.93%。2011 年的第一产业增加值为 641.42 亿元，2019 年为 824.72 亿元，但由于其基数较小，所占比重仅为 4%~7%，并未成为山西的支柱产业。从 2015 年开始，山西第三产业增加值所占比重首次突破 50%，第二产业增加值所占比重降到 40% 左右，山西的产业结构逐渐转变为"第三、第二、第一产业"型。这表明，过去煤炭行业独大的时代已经一去不复返了，对资源有着过度依赖性的经济增长模式注定不会长久，要想彻底摘掉资源型大省这顶"帽子"，就必须将战略性新兴产业作为先导性和支柱性的产业来发展。目前，山西正聚焦 14 个战略性新兴产业，全力打造支撑高质量转型发展的 4 大支柱型产业、5 大支撑型产业、5 大潜力型产业，并打造战略性新兴产业集群。从 2011~2019 年的相关经济指标来看，山西的经济实力有了很大程度的提高，

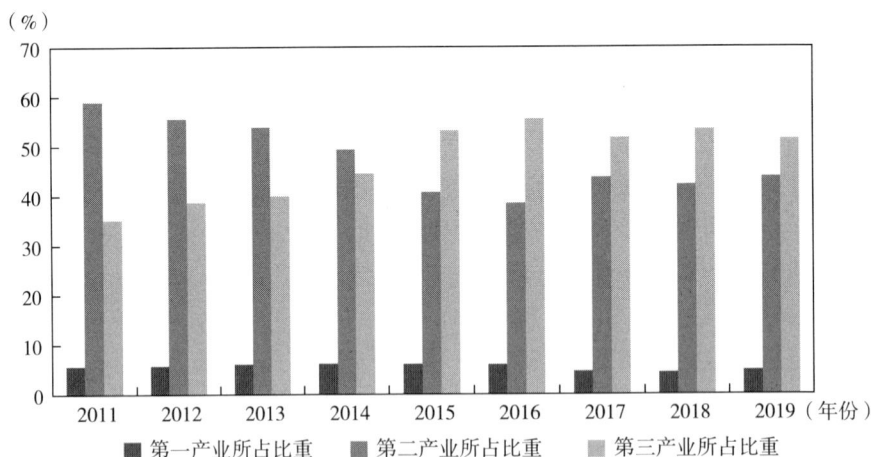

图 8-20　2011~2019 年山西第一、第二、第三产业占比情况

资料来源：根据《山西统计年鉴》（2012~2020）整理得出。

与沿海较发达城市的差距在逐年缩小，企业创新能力在持续提升。

表 8-17　2011~2019 年相关省份第一、第二、第三产业情况

三大产业情况	省份	2011 年	2012 年	2013 年	2014 年	2015 年	2016 年	2017 年	2018 年	2019 年
第一产业增加值（亿元）	山西	641.42	698.32	773.81	788.89	783.16	784.78	719.16	740.64	824.72
	上海	124.94	127.80	129.28	124.26	109.82	109.47	110.78	104.37	103.88
	江苏	3064.77	3418.29	3646.08	3634.33	3986.05	4077.18	4045.16	4141.72	4296.28
	浙江	1583.04	1667.88	1784.62	1777.18	1832.91	1965.18	1933.92	1967.01	2097.38
	山东	3973.85	4281.70	4742.63	4798.36	4979.08	4929.13	4832.71	4950.52	5116.44
	广东	2665.20	2847.26	3047.51	3166.82	3345.54	3694.37	3611.44	3831.44	4351.26
	安徽	2015.31	2178.73	2348.09	2392.39	2456.69	2567.72	2582.27	2638.01	2915.70
	河南	3512.24	3769.54	4058.98	4160.01	4209.56	4286.21	4139.29	4289.38	4635.40
第二产业增加值（亿元）	山西	6635.26	6731.56	6792.68	6293.91	5194.27	5028.99	6778.89	7089.19	7453.09
	上海	7927.89	7854.77	8027.77	8167.71	7991.00	8406.28	9330.67	9732.54	10299.16
	江苏	25203.28	27121.95	29094.03	30854.50	32044.45	34619.50	38654.87	41248.52	44270.51
	浙江	16555.58	17316.32	18446.65	19175.06	19711.67	21194.61	22232.08	23505.88	26566.60
	山东	24017.11	25735.73	27422.47	28788.11	29485.90	31343.67	32942.84	33641.72	28310.92
	广东	26447.38	27700.97	29427.49	31419.75	32613.54	35109.66	38008.06	40695.15	43546.43
	安徽	8309.38	9404.84	10403.96	11077.67	10946.83	11821.58	12838.28	13842.09	15337.90
	河南	15427.08	16672.20	17806.39	17816.56	17917.37	19275.82	21105.52	22034.83	23605.79
第三产业增加值（亿元）	山西	3960.87	4682.95	5035.75	5678.69	6789.06	7236.64	8030.37	8988.28	8748.87
	上海	11142.86	12199.15	13445.07	15275.72	17022.63	19662.90	21191.54	22842.96	27752.28
	江苏	20842.21	23517.98	26421.64	30599.49	34085.88	38691.60	43169.73	47205.16	51064.73
	浙江	14180.23	15681.13	17337.22	19220.79	21341.91	24091.57	27602.26	30724.26	33687.76
	山东	17370.89	19995.81	22519.23	25840.14	28537.35	31751.69	34858.60	37877.43	37640.17
	广东	24097.70	26519.69	29688.97	33223.28	36853.47	42050.88	48085.73	52751.18	59773.38
	安徽	4975.95	5628.48	6286.82	7378.68	8602.11	10018.32	11597.45	13526.72	18860.38
	河南	7991.72	9157.57	10290.49	12961.67	14875.23	16909.76	19308.02	21731.65	26018.01
第一产业所占比重（%）	山西	5.7	5.8	6.1	6.2	6.1	6.0	4.6	4.4	4.8
	上海	0.7	0.6	0.6	0.5	0.4	0.4	0.4	0.3	0.3
	江苏	6.2	6.3	6.2	5.6	5.7	5.3	4.7	4.5	4.3
	浙江	4.9	4.8	4.8	4.4	4.3	4.2	3.7	3.5	3.4

续表

三大产业情况	省份	2011 年	2012 年	2013 年	2014 年	2015 年	2016 年	2017 年	2018 年	2019 年
第一产业所占比重（%）	山东	8.8	8.6	8.7	8.1	7.9	7.2	6.7	6.5	7.2
	广东	5.0	5.0	4.9	4.7	4.6	4.6	4.0	4.0	4.0
	安徽	13.2	12.7	12.3	11.5	11.2	10.5	9.6	8.8	7.9
	河南	13.0	12.7	12.6	11.9	11.4	10.6	9.3	8.9	8.5
第二产业所占比重（%）	山西	59.0	55.6	53.9	49.3	40.7	38.5	43.7	42.2	43.8
	上海	41.3	38.9	37.2	34.7	31.8	29.8	30.5	29.8	27.0
	江苏	51.3	50.2	49.2	47.4	45.7	44.7	45.0	44.5	44.4
	浙江	51.2	50.0	49.1	47.7	46.0	44.9	42.9	41.8	42.6
	山东	52.9	51.5	50.1	48.4	46.8	46.1	45.4	44.0	39.8
	广东	49.7	48.5	47.3	46.3	44.8	43.4	42.4	41.8	40.4
	安徽	54.3	54.6	54.6	53.1	49.7	48.4	47.5	46.1	41.3
	河南	57.3	56.3	55.4	51.0	48.4	47.6	47.4	45.9	43.5
第三产业所占比重（%）	山西	35.2	38.7	40.0	44.5	53.2	55.5	51.7	53.4	51.4
	上海	58.0	60.4	62.2	64.8	67.8	69.8	69.2	69.9	72.7
	江苏	42.4	43.5	44.7	47.0	48.6	50.0	50.3	51.0	51.3
	浙江	43.9	45.2	46.1	47.8	49.8	51.0	53.3	54.7	54.0
	山东	38.3	40.0	41.2	43.5	45.3	46.7	48.0	49.5	53.0
	广东	45.3	46.5	47.8	49.0	50.6	52.0	53.6	54.2	55.5
	安徽	32.5	32.7	33.0	35.4	39.1	41.0	42.9	45.1	50.8
	河南	29.7	30.9	32.0	37.1	40.2	41.8	43.3	45.2	48.0

资料来源：根据相关省份统计年鉴整理得出。

五、人才环境

（一）R&D 人员

如图 8-21 所示，各省份的 R&D 人员数总体呈上升趋势，其中 2019 年 R&D 人员数排名前三的分别是广东、江苏、浙江，山西排名最后。2019 年山西 R&D 人员仅为 78778 人，约为广东的 1/14，人才总量远远落后于其他省份。在 R&D 人员数量增长速度上，广东的增长速度明显高于其余各省份，而山西的增长速度极为缓慢。山西人才数量少、人才优势不突出，要加强装备制造业人才队伍的建设，人才对于提高装备制造业知识产权管理水平具有重要的意义。

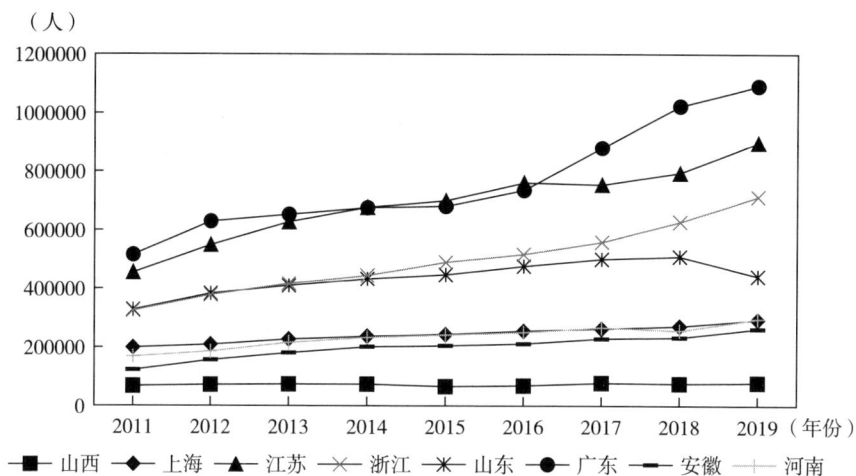

图 8-21　2011～2019 年八省份研究与试验发展人员情况

资料来源：根据 2012～2020 年相关省份统计年鉴整理得出。

（二）R&D 人员构成

如图 8-22～图 8-25 和表 8-18 所示，八省份的博士毕业人员数、硕士毕业人员数、本科毕业人员数总体呈上升趋势，广东均排名第一，山西均排名最后。

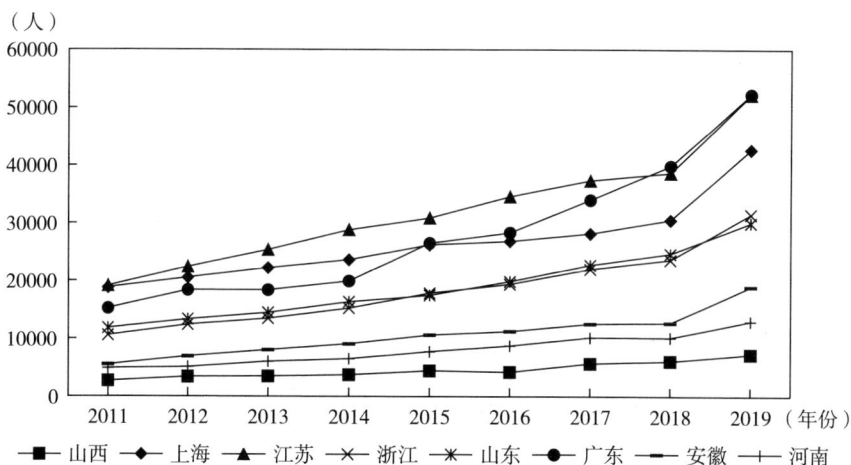

图 8-22　2011～2019 年八省份博士毕业人员情况

资料来源：根据 2012～2020 年相关省份统计年鉴整理得出。

可见，山西无论是从人才总数上还是从人才质量上都落后于其余省份。因此，山西不仅要解决人才数量问题，也要关注人才质量问题，以促进山西人才队伍建设。

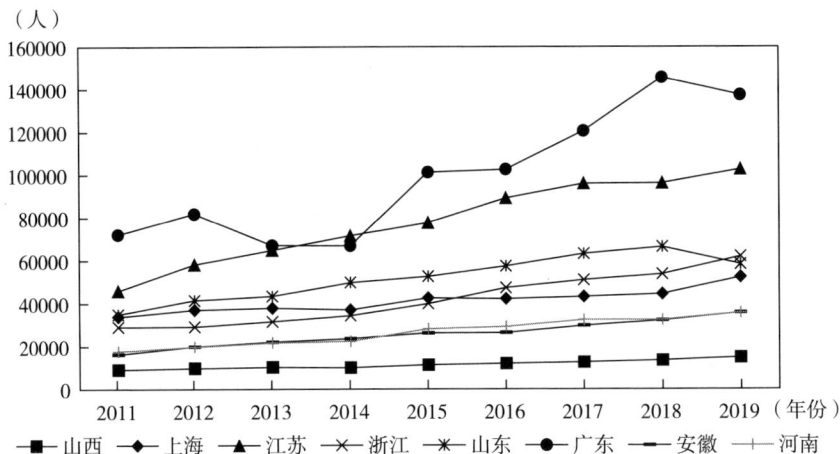

图 8-23 2011~2019 年八省份硕士毕业人员情况

资料来源：根据 2012~2020 年相关省份统计年鉴整理得出。

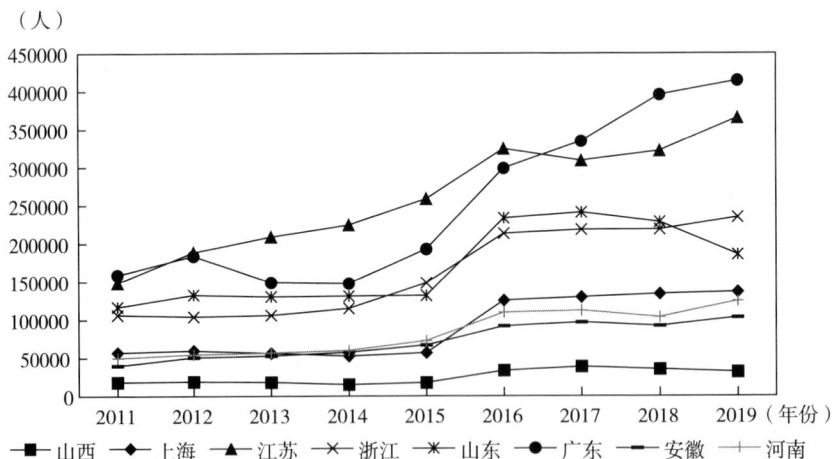

图 8-24 2011~2019 年八省份本科毕业人员情况

资料来源：根据《中国统计年鉴》（2012~2020）整理得出。

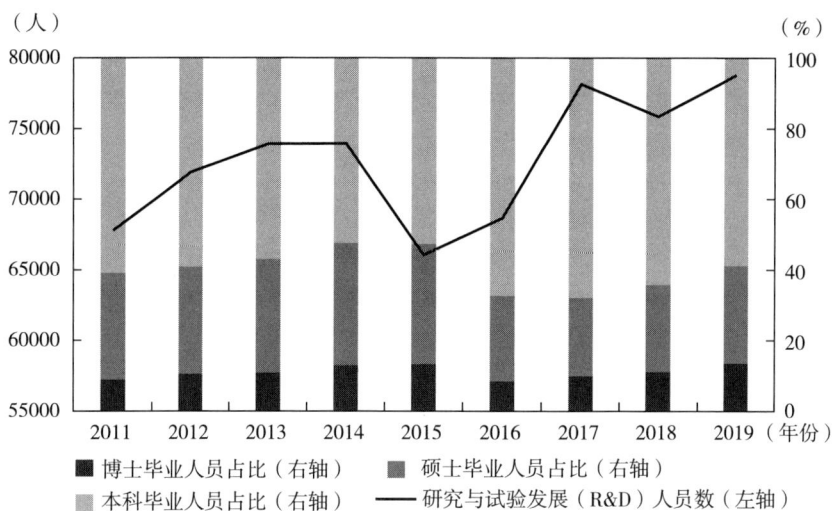

图8-25　2011～2019年山西人才发展情况

资料来源：根据《山西统计年鉴》（2012～2020）整理得出。

表8-18　2011～2019年八省份人才情况　　　　　　　　　　　　单位：人

相关人才	省份	2011年	2012年	2013年	2014年	2015年	2016年	2017年	2018年	2019年
R&D人员	山西	67777	71884	73896	73925	66063	68669	78142	75862	78778
	上海	198667	208817	226829	236836	242740	254754	262299	271223	293346
	江苏	455135	549159	626882	676526	699614	761046	754228	794123	897701
	浙江	324245	377315	416010	444737	489591	516664	558573	627330	713684
	山东	327252	382057	409441	432430	447191	476407	500357	509348	442233
	广东	515646	629055	652405	675206	680237	735188	879854	1023101	1091544
	安徽	122640	156257	180632	201085	204750	211053	228245	232730	262498
	河南	167386	185116	215608	232105	241171	249876	266427	256175	296349
博士毕业	山西	2711	3408	3495	3758	4455	4247	5698	6110	7284
	上海	18806	20534	22226	23645	26236	26871	28182	30528	42665
	江苏	19126	22427	25382	28845	30897	34573	37331	38626	52204
	浙江	10584	12414	13478	15251	17860	19394	22024	23638	31501
	山东	11822	13342	14478	16353	17489	19861	22737	24693	30018
	广东	15224	18384	18387	19933	26546	28369	33995	39856	52278
	安徽	5539	6936	8047	9089	10644	11283	12555	12702	18932
	河南	4880	5111	6051	6521	7759	8792	10185	10161	12985

续表

相关人才	省份	2011 年	2012 年	2013 年	2014 年	2015 年	2016 年	2017 年	2018 年	2019 年
硕士毕业	山西	9107	9816	10290	10025	11324	11990	12585	13484	14864
	上海	33920	37063	37955	37101	42598	42228	43257	44521	52381
	江苏	45939	58197	64924	71677	77694	89261	96082	96313	102750
	浙江	29128	29287	31641	34428	39949	47334	51011	53754	62018
	山东	34965	41509	43445	49835	52632	57442	63242	66471	58379
	广东	72177	81907	67155	66972	101328	102676	120610	145575	137336
	安徽	16420	20015	22163	23701	26251	26487	29792	32241	35839
	河南	17794	19906	21849	22406	28202	29240	32467	32440	35778
本科毕业	山西	18334	19057	18230	15155	17519	33444	38581	35123	31473
	上海	57150	59717	56282	52429	56800	125390	129743	133956	136561
	江苏	148431	188675	209162	224762	258803	324510	309023	321885	365275
	浙江	106256	104154	106070	115025	148427	213493	218566	218959	234793
	山东	116931	132781	130601	131007	131904	233740	241159	228713	185818
	广东	159011	183978	149027	147762	192838	298851	334445	395643	414323
	安徽	39995	50739	52750	57673	66929	91751	96646	92050	102993
	河南	50056	54734	56778	59843	72659	109637	112063	103616	124731

资料来源：根据《中国统计年鉴》（2012~2020）整理得出。

六、对外开放程度

高层次的对外开放枢纽门户，是指在一个国家或地区实行对外开放的战略指导下，以具备高水平竞争力的交通、信息和金融等枢纽为基础，来承载各要素的流动和集聚的门户城市或门户地区。它是在现代化和全球化进程中所产生的高层级城市。相比于上海、江苏、浙江、山东、广东、安徽、河南等省份，山西的资源集聚能力、制度创新水平、营商环境建设等方面还有待提高。同时，山西也正面临全球价值链日益凸显、贸易保护主义持续升级、生产要素成本不断上升、国内环境急剧变化、数字技术迅猛发展等新的对外开放格局。

（一）进出口总额

如图 8-26 所示，2011~2019 年八省份进出口总额总体上呈缓慢增长趋势，排名靠前的分别是广东、江苏、上海、浙江、山东。这五个省份均位于沿海地区，运输条件良好，与各国贸易往来密切，对外开放程度大，而山西属于内陆地区，地理区位优势不明显，与各国贸易往来不便捷。因此，山西应推动新型基础设施开放合作，加快"走出去""引进来"步伐。

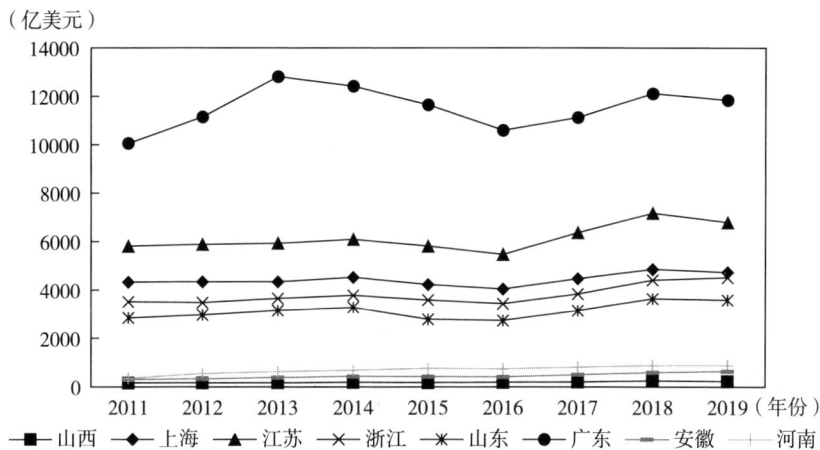

图8-26　2011~2019年八省份进出口总额情况

资料来源：根据《中国统计年鉴》（2012~2020）整理得出。

（二）投资总额

如图8-27所示，2011~2019年八省份投资总额总体上呈缓慢增长趋势，广东从2016年开始增势迅猛，2019年排名前三的分别是广东、江苏、上海，这三个省份均位于沿海地区，经济发达、人才聚集、投资环境良好。山西投资总额远远少于沿海省份，与其地理位置不优越、经济发展落后、人才匮乏、投资环境较差等有极大关系。

（三）出口额占生产总值比例

如图8-28和表8-19所示，广东、上海、江苏、浙江、山东等沿海省份2011~2019年的出口额占生产总值比重总体上呈逐年下降趋势；山西2011~2016年呈缓慢上升趋势，2016年后开始下降；安徽2011~2014年呈缓慢上升趋势，2014年后开始下降；河南2011~2015年呈缓慢上升趋势，2015年后开始下降。造成出口额占生产总值比例下降的原因，一是中国经济体量的扩大，二是服务业占比的提升。

（亿美元）

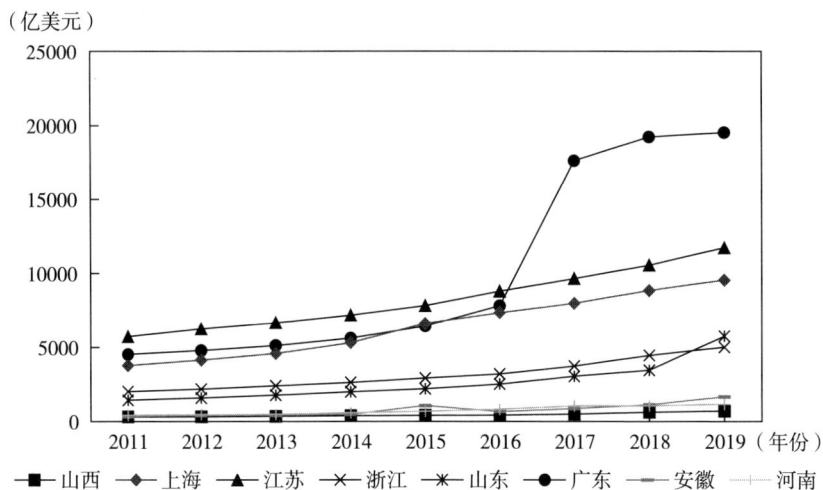

图 8-27　2011~2019 年八省份投资总额情况

资料来源：根据《中国统计年鉴》（2012~2020）整理得出。

（%）

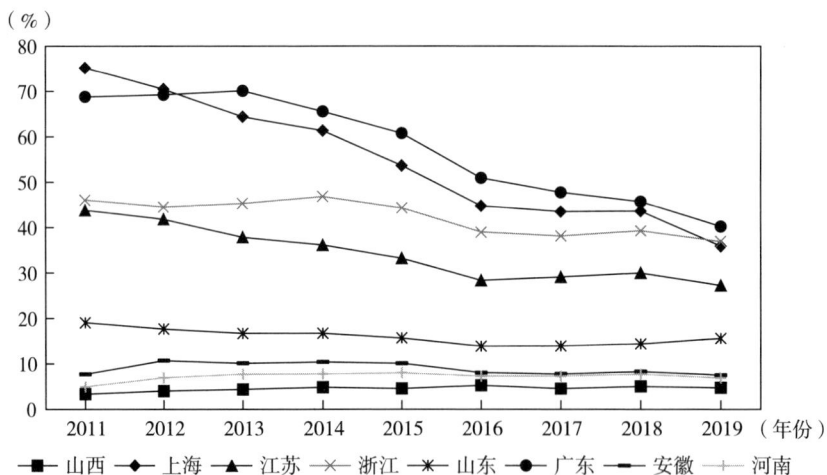

图 8-28　2011~2019 年八省份出口额占生产总值比例情况

资料来源：根据《中国统计年鉴》（2012~2020）整理得出。

表8-19　2011～2019年相关省份对外开放程度相关数据

相关项	省份	2011年	2012年	2013年	2014年	2015年	2016年	2017年	2018年	2019年
进出口总额（亿美元）	山西	162.22	165.92	171.61	185.12	174.47	188.39	207.54	246.50	228.58
	上海	4331.49	4341.57	4342.78	4526.03	4230.37	4046.14	4472.88	4858.64	4737.00
	江苏	5812.44	5886.66	5932.95	6091.29	5809.73	5471.36	6367.80	7171.30	6785.26
	浙江	3514.07	3481.87	3655.08	3782.70	3590.59	3434.49	3840.64	4414.49	4517.13
	山东	2845.56	2966.46	3149.42	3284.10	2783.54	2733.96	3147.42	3641.14	3587.56
	广东	10067.90	11153.30	12811.90	12419.40	11651.90	10601.20	11128.20	12112.50	11842.70
	安徽	303.31	329.59	389.28	432.03	424.93	409.69	506.15	594.01	637.78
	河南	355.88	543.33	627.74	684.75	769.57	741.14	813.52	874.90	879.96
投资总额（亿美元）	山西	319.00	320.00	342.00	391.00	411.07	421.63	497.24	630.11	701.36
	上海	3774.00	4138.00	4579.00	5305.00	6612.73	7342.46	7982.39	8849.11	9552.29
	江苏	5729.00	6250.00	6664.00	7181.00	7821.55	8798.68	9658.19	10560.40	11735.20
	浙江	2019.00	2178.00	2404.00	2629.00	2918.13	3198.70	3734.15	4457.88	5006.93
	山东	1434.00	1581.00	1765.00	1992.00	2193.34	2518.74	3042.18	3452.29	5754.32
	广东	4525.00	4786.00	5126.00	5621.00	6443.10	7815.71	17622.3	19234.7	195326
	安徽	328.84	399.62	416.00	480.00	1064.86	672.56	866.41	1129.84	1656.00
	河南	423.53	463.41	478.00	589.00	687.10	822.49	1045.38	1054.08	1163.00
出口额占生产总值比例(%)	山西	3.12	3.66	3.93	4.30	4.11	5.06	4.60	4.83	4.74
	上海	70.55	64.66	58.54	54.77	48.57	43.22	43.39	41.95	35.98
	江苏	41.11	38.36	34.42	32.26	30.08	27.38	28.53	28.87	27.34
	浙江	43.24	40.88	41.01	41.79	40.13	37.65	37.40	37.80	37.02
	山东	17.90	16.25	15.20	14.96	14.23	13.39	13.66	13.86	15.67
	广东	64.57	63.50	63.40	58.53	55.02	49.18	46.79	43.98	40.33
	安徽	7.69	10.70	10.11	10.40	10.10	8.02	7.77	8.30	7.50
	河南	4.92	6.90	7.70	7.76	8.01	7.28	7.27	7.70	6.88

第三节　山西省装备制造业知识产权管理存在的问题

本节将从知识产权自主创新能力、知识产权保护力度、人才队伍建设、知识产权成果运用与转化、产业集聚程度五个方面分析，得出山西省装备制造业领域知识产权管理方面存在的问题。

一、研发能力和自主创新能力低

(一) 受限于传统技术发展模式

相比于其他省份，山西省的装备制造业发明专利和新产品开发数较为稀少。这反映出山西省在装备制造业新技术、新产品研发能力方面存在明显的薄弱环节。缺少自主知识产权。除了仅有几家领军企业，山西省装备制造业整体仍处于技术引进和模仿的阶段。具体而言，山西省的集成创新能力在开发高附加值的大型成套设备和高精尖产品方面还有明显不足之处。长期以来，形成的"引进型"技术发展模式对于自主创新能力的培养造成了不小的限制。随之产生的问题为，产业主体在技术方面过度依赖国外，尤其是对于先进设备的依赖程度依旧较大。当前的设计手段已经滞后于现代世界装备制造业的发展水平，已无法满足其需要。制造业的发展离不开设计的支持，缺乏先进的、现代化的设计手段与方法，这将制约装备制造业的进步。目前，山西省的绝大多数装备制造企业仍然沉浸于传统的模仿、拼凑和经验设计模式之中，无法跳出束缚。

(二) 专利申请量少、质低

山西省内装备制造业领域的企业及科研院所数量相对于河北省、广东省等发达省份较少，专利数量也因此相应较少。山西省的专利授权率明显低于长三角和环渤海沿海地区的省份。这种现象的主要原因在于，山西省创新主体在申请专利时质量不高，缺乏高水平的研究机构和研究设施，而这个劣势也在历届专利奖评选过程中高价值奖项缺失这一点上得以体现。

(三) 研发经费投入不足

与其他省份相比，山西省的装备制造业在研发经费内部支出及新产品开发经费支出总量与增长速度方面尚存在差距。值得一提的是，该省的大型装备制造企业大多为国有企业，他们仍背负着许多历史包袱且存在相对较少的技术开发投入问题，随着原有制造技术逐渐过时，山西省装备制造业的核心技术难以有新的突破。这导致自主知识产权方面的积累比其他省份较少，从而限制了山西省装备制造业的发展空间。因此，加强技术创新、提高研发经费、加速新产品开发步伐及深化自主知识产权保护是山西省装备制造业未来发展的关键。

二、知识产权保护和布局意识弱

（一）知识产权保护意识淡薄

作为山西省实现转型发展的重要支撑力量，装备制造业的转型升级任务尚待进一步加强，山西省在知识产权意识方面急需逐渐形成自己的独特风貌。由于历史和地域等多方面的因素，山西省的多数创新成果仍然停留于内部使用阶段，缺乏专职的知识产权工作者来管理。这种情况导致很多申请人对专利制度的使用率并不高，对知识产权的重视程度不容乐观，缺乏系统化的知识产权管理体系。因此，一些创新申请者往往难以真正有效地运用专利制度来保护自己的成果。此外，一些企业虽然极为注重有形资产的管理，如工厂设备、生产车间等，却在知识产权保护方面稍显疏忽。这些企业缺乏长远的知识产权战略眼光，更多关注眼前的经济效益，忽视了知识产权保护的紧迫性，因此直接导致很多知识产权成果被错误地视为公共知识。除此之外，少数企业存在窃取他人知识产权的现象。

（二）侵权判定和维权困难

知识产权是企业和个人创造和创新的重要资产，但在当今复杂的商业环境中，侵犯知识产权的问题时有发生。为了保护自己的知识产权，维权成为必要的举措。与那些经济活跃的省份相比，山西省在知识产权保护意识和经验水平方面显得较为落后。就装备制造业领域而言，侵权判定尤为困难，主要是因为工业材料及其成分和加工工序会对材料的性能和质量产生显著的影响。因此，需要依靠专业人士和专业仪器来对侵权做出判定，即便维权成功，侵权赔偿金额的执行也存在许多困难。此外，很多企业仅仅选择在中国国内申请专利，而不在国外申请，这导致了他们的自主创新成果在全球范围内缺乏充分的保护。

（三）知识产权布局不完善

在装备制造业领域，缺乏布局意识或者存在不完善的布局会成为一个严重的问题。这是因为，单单凭借一个专利的保护范围和价值往往是十分有限的。因此，需要围绕核心专利进行合理规划。只有这样，企业核心的创新成果才能获得全面而充分的保护，仅仅获得一个专利并不能满足要求。然而，对于山西省装备制造企业而言，知识产权保护意识的缺乏和本地代理机构能力与经验的不足直接影响专利布局的质量，导致即使获得了专利，也无法实现充分的保护效果。

三、人才队伍和机构建设不完善

（一）高端人才缺乏

科技人力资源是推动创新事业发展不可或缺的力量。多年来，山西省的装备制造业一直受"平台有限"和"高端人才短缺"的制约，这一局面已经持续多年，导致大量的人才外流，而南方地区和沿海城市则因优渥的生活条件和高薪的职业机会而吸引了许多人才。相较于南方及其他沿海城市，山西省的装备制造业因薪资等问题难以吸引高端人才。此外，大量的毕业生也不愿意留在省内工作，这在一定程度上加剧了人才流失的程度。目前，装备制造业所需要的：一方面是行业专业技术，另一方面则是知识产权方面的专业知识。然而，装备制造业在专业人才的知识产权方面有较大的困难。虽然企业员工擅长于行业专业技术和知识产权专业知识，但高水平的知识产权运营人才相对较为缺乏。除此之外，还有许多企业存在着知识产权管理不到位的问题，未能将责任详细分配给相应职位的代理人，从而导致企业无法充分发挥知识产权高端人才的潜力，致使知识产权管理流于形式。

（二）未建立专业管理机构

要实现良好的知识产权管理，必须具备严密、系统的组织保障。然而，研究表明，我国企业在这方面存在多种问题。大部分企业通常会寻求律师的协助来解决知识产权问题，却没有建立专门的管理机构来负责此项工作。此外，公司缺乏专门致力于企业知识产权管理研究和开发的专业人才，以及严格的规章制度来指导其工作。再者，缺乏一套自己的知识产权管理细则，未能充分重视知识产权管理工作，既没有自我转变的能力，也未积极申请专利以实现其在社会中的价值。这不仅导致科研资金的利用率降低，而且使创新成果的真正价值无法得到体现。

四、知识产权成果运用转化不足

山西省的专利质量相对较低，价值较高的专利稀少，且未能将知识产权成果运用转化为具体的经济效益。大多数专利持有人为科研机构或国有企业，他们在知识产权的运用和转化的过程中，还未建立完善的制度和流程。知识产权拥有者很难与了解其创新价值的人和具有权限管理该知识产权的人进行有效的沟通和协调，导致知识产权无法得到符合其价值的转化与运用。另外，在山西省缺乏对于知识产权价值进行评估的第三方机构，在专利的转化和运用过程中，很难确定价值，导致转化过程困难、国有资产流失等问题的出现，这影响了知识产权的转化和运用效率。此外，山西省在新材料领域取得了一定的创新成果，但仍有许多基础专利和核心专利受到专利壁垒的限制，申请人难以突破这一难题。要突破这一困境，需要进行大量的研发投入，并吸引高端科技人才来支持。但是，山西省的新材料领域尖端科技人才相对缺乏，导致难以突破技术壁垒，知识产权成果运用和转化严重不足。

五、装备制造业产业集聚程度低

在山西省的装备制造业中，相关企业间及企业与其相关机构间的联系不够紧密高效，这不仅会对资源的高效利用和企业间的互动学习造成不利影响，也会对山西省的装备制造业企业发展的专业化、高效创新及实现产品生产过程中所需的高度灵活性产生不利影响，从而使企业难以满足客户针对特定需求的定制化要求，影响产业链上下游的有效协作。同时，产业集聚程度较低会使知识产权的保护力度相应变弱，企业间缺乏有效沟通，不利于企业的高效发展，无法充分实现经验、资源共享，在源头创新、推动产业发展的过程中，使高价值知识产权创造，难以充分发挥科技成果的转化效果。

第九章　山西省装备制造业知识产权管理系统优化的对策和建议

第一节　提高知识产权开发能力

一、加强装备制造业产学研合作

（一）选择合作产学研模式

根据山西省装备制造业的现实情况，要加强产学研合作，先要选择合适的产学研模式。基于前文的分析，山西省装备制造业应选择全面合作关系模式。全面合作关系模式是指在政府的支持下，企业和高校在多领域展开广泛的合作，促进知识产权人才培养、技术开发、技术咨询、信息交流。此外，通过学校与企业联合、智力渗透及技术转移等手段，逐步展开点对点合作，共同探索并建立一种全方位、多角度、深层次的产学研合作模式，以期在企业和高校长期信任的基础上不断地加强合作。该模式的实现可以为装备制造业产业升级和创新提供强有力的支持，也有助于提升装备制造业知识产权的开发能力，实现双方共同发展的目标。

（二）密切产学研主体间的联系

为加强产学研主体之间的联系，可以采取两大措施：一是强化信息网络建设。政府可以加大对地区信息网络建设的投入，致力于为企业、高校、科研机构和目标用户之间的协作提供更为全面的支持，包括提供更多的政策信息支持和成功案例的传播，以及为各方之间提供更加方便高效的信息共享和交流平台。同时，企业、高校和科研机构也可以在自身内部加强信息网络建设，以便更好地传递企业的发展动态和技术需求信息，以及学术界的科技成果资源和信息。二是通过协同创新公共平台服务机制，增强产学研各方之间的联系。这意味着需要更加积极地引导学术研究成果向企业、用户、科研机构等各方转化和应用，以便更好地提升装备制造业知识产权开发能力。

（三）共同组建产学研战略联盟

目前，山西省装备制造业存在知识产权开发能力不足的问题。为解决这一问题，山西省应成立装备制造业产学研战略联盟。该联盟应利用其优越的地理位置和装备制造产业内的各项优势资源，为促成战略组合创造条件。同时，该联盟还应依托省内外的高校科研设施条件、创新团队及成果优势，实现资源共享。这一举措有助于推动山西省装备制造业的知识产权成果运用和转化，推动关键核心技术在装备制造业领域的突破，从而快速提升山西省装备制造业在竞争中的地位。

二、加大装备制造业知识产权投入

（一）建立知识产权专项资金制度

为了更加有效地促进和推进企业的知识产权建设，必须不断加大资金的投入力度和提高对知识产权的资金保障水平，这样才能确保知识产权工作的顺利开展和实施。有条件的企业需要在其内部建立知识产权专项资金制度，不断增加资金投入，提高投入水平，以便为企业的知识产权工作提供可靠的资金支持。这种高效做法不仅可以保证企业的知识产权工作正常开展，还可以为新的知识产权技术的研发和推广提供充足的资金保障，从而促进企业的持续发展和长期稳定。因此，企业应投入更多的资源和资金来保护和巩固知识产权，不断加强知识产权保护，从而实现知识产权价值的最大化，为企业的发展提供强大的支持。

（二）设立知识产权管理运营基金

为了进一步提高知识产权运营水平，促进科技成果的概念验证、工程化和产品化，山西省需要设立知识产权管理和运营基金。该基金旨在实现专利的深度挖掘、布局、导航、高价值培育、风险防范、诉讼维权及人才队伍构建等方面的活动，全方位提高知识产权管理水平。同时，通过促进不同产业间的协作，共享技术和资源。该基金能够更好地保护装备制造业知识产权的发展，保障产业知识产权安全，为山西省装备制造业的繁荣发展和市场竞争力的增强做出积极贡献。

三、推进知识产权商业化进程

（一）将市场机制引入公共服务领域

政府在公共服务领域引入市场机制是一项重要举措，其显著意义在于推进服务主体多元化，进而提高公共服务的效率和质量。政府可以通过许多途径来推动知识产权商业化的进程。例如，政府可以采取多种公共采购形式，如预算控制、招标等，来引导鼓励政府部门、企业、事业单位优先采购国内高新技术及其设备和产品。这样一来，不仅可以推动装备制造业知识产权市场的蓬勃发展和壮大，还可以提升山西省装备制造业在国际市场上的竞争力。

（二）搭建有序的知识产权交易平台

由政府牵头搭建科学有序的知识产权交易平台，这个平台不仅可以提供知识产权的明码标价、按需收费、公平合理和售后完善的定价及交易系统，还可以极大地刺激并推动装备制造业的创新活动和创造性思维。另外，在关注知识产权交易平台建设中的数据库和服务工作时，根据知识产权交易平台的需求，结合企业、行业和产业发展特点，建立专题化的知识产权信息数据库和检索分析系统，以提升知识产权交易平台的信息化程度。同时，为了保护知识产权所有人的合法权益，要执行严格的反侵权和反盗版行动，加大对侵权行为的惩处力度，并建立完善的侵权清单体系。

（三）企业设立知识产权商业化转化部门

当前，随着商业化程度的提高，企业知识产权的价值和重要性越来越受到关注，因而有必要建立专门的知识产权商业化转化部门。这一部门不仅应该成为企业管理中不可或缺的一个部门，也应该在企业组织结构中得到重视。为此，企业应当根据其自身特点和经营情况，设立知识产权商业化转化部门，并建立一个高水准的专业管理团队。此外，为了确保该部门有效开展工作，还需要注意与企业其他部门之间的协作，如与法务部门、财务部门之间的协调合作和信息沟通非常重要。在设立知识产权商业化转化部门的同时，还应考虑如何与企业其他部门协调运作，确保知识产权管理商业化工作能够迅速开展。

第二节　提高知识产权保护水平

一、加强知识产权宣传力度

（一）积极参与宣传知识产权的社会活动

企业作为知识产权的主体之一，应该积极主动地参与、支持宣传和保护知识产权的各种社会活动，与各界人士共同致力于推动知识产权事业的健康、稳定和可持续发展。同时，企业还应该以高度的社会责任感和使命感为指导，认真履行与知识产权相关的各种社会责任，包括但不限于研究和制定相关法律法规、规范企业内部行为、对侵犯知识产权的行为进行强有力的打击，这样我们才能提高全社会对知识产权保护的认识、理解和支持知识产权保护，进而为山西省知识产权保护事业的长远发展和壮大奠定坚实的基础。

（二）强化知识产权宣传教育与知识普及

为了确保知识产权保护的相关知识得到充分宣传，要从基层做起，推进知识产权教育入社区与学校。在社区推广知识产权保护，可以采取多种方法，如编印普及读本并派发社区、举办知识产权公益讲座、挖掘并宣传知识产权典型案例和人物事迹、推出具有影响力的知识产权题材影视文化作品、开展"手拉手"活动等；同时，可以通过组织知识产权保护和运用新闻发布会、发布知识产权白皮书等渠道，进一步提高知识产权保护的宣传和推广力度。在学校推广知识产权教育，需要建立师资库，支持发明人、高新技术企业创始人在中小学校开展发明创造讲座，编印普及读本纳入课程体系，建立示范学校与试点，举办以知识产权为主题的班会活动，支持观摩实践基地，鼓励发明创造文艺竞赛活动等。

二、提高知识产权保护与管理意识

（一）普及全民知识产权意识

提高知识产权保护意识，必须深刻理解提高全民知识产权意识的紧迫性。因此，政府应采取多种手段和措施，以制订更加全面的计划和确保全社会都明确了解知识产权保护的重要性。措施包括但不限于对各大企业及事业单位的管理人员，特别是领导干部提供知识产权方面的传达和培训，将知识产权系列的知识纳入科技人员的继续教育计划，并为公众提供全方位的意识提升路径。此外，还需要通过其他必要的措施和策略营造出一种尊重劳动、知识、人才和创造的社会氛围，这将对知识产权保护发挥积极的推动作用。可以预见，通过这样全面而有效的举措，可以为全社会普及知识产权意识，推进知识产权保护工作取得新的阶段性突破。

（二）加强知识产权战略意识

为了更好地加强知识产权战略意识，企业必须从多个角度出发，采取一系列有力措施来充分利用知识产权这一重要资源。仅靠注重技术创新的过程还远远不够，还需要对企业经营战略进行深入思考，将技术创新与企业经营战略无缝融合，这样才能够实现专利进攻和防御策略的有机衔接，进而提升企业的知识产权拥有量和保护水平。除了将技术创新与企业经营战略相结合，还需要采取一系列其他措施来提高知识产权的管理和保护水平，包括培养和发掘创新人才，建立科学、系统、高效的知识管理系统，执行专业化的知识产权管理等。这些步骤的贯彻执行，可以全面提高公司的专利数量，进一步加强对企业知识产权的保护。

（三）搭建知识产权管理体系

对于装备制造业企业而言，在保护知识产权方面，应当充分考虑企业自身的实际情况，并建立适应性强、规范化的知识产权管理体系。这不仅能够促进企业创新环境的建设，还能够有效提高企业的竞争实力。企业的知识产权管理体系应从两方面来构建：一方面是核心技术的保密与风险控制。在面对核心技术的保密与风险控制时，企业可以采用灵活多样的人力资源策略，如签署知识产权保密协议、进行知识产权风险评估等，以确保技术经验和商业机密的安全。另一方面是合同和知识产权资源的管理。企业在搭建知识产权管理体系的过程中，需要加强对管理人员的培训，如组织专家进行授课、举办研讨会或与其他领域的人进行交流等多种形式，以帮助企业进一步保护知识产权领域的实践水平和研究成果。

三、依法强化知识产权保护力度

（一）强化知识产权行政保护

加强知识产权行政保护的措施有很多，其中之一便是通过指导自然人、法人和非法人采取一系列方法来保护自己的合法权益，如进行著作权登记、专利申请、商标注册或地理标志申请。除此之外，负责知识产权保护的部门还需要依法处理那些非正常的专利申请、恶意商标注册申请及其他侵犯知识产权的不法行为。为了更好地保护商标权益，市场监督管理部门应该建立并完善省级重点商标保护名录制度，将本省知名度高、市场影响力大、易遭受侵犯和冒充的注册商标列入重点保护范畴。县级以上人民政府应当鼓励地理标志商标和地理标志产品的申请注册，加强地理标志使用管理；鼓励、引导自然人、法人和非法人组织使用地理标志集体商标、证明商标。县级以上市场监管部门应当负责指导企业经营者提高商业秘密管理意识，并采取合适的措施来保护商业秘密不被泄露。

（二）强化知识产权司法保护

为了加强知识产权司法保护，迫切需要建立并健全知识产权法律服务机构，并完善法律服务体系。在推进知识产权法律服务发展方面，应该重点扶持并引导专门的知识产权法律服务机构在主要城市和地区设立办公地点，以此依据国际通行做法，遵守法律法规，并为客户提供及时且高效的法律服务。此外，还需要相关部门制订有针对性的培训计划，针对知识产权专业人员以及司法、执法和法律服务人员进行重点和分层次的培训。尤其对律师、公证人员和仲裁人员要加强在知识产权执法、司法和法律服务方面的能力提升。另外，应进一步完善国家知识产权法律，构建尊重和保护知识产权的法治环境，强化对侵权行为的惩罚，坚决打击各类知识产权侵犯行为，有效保障知识产权的权益。

（三）强化知识产权执法力度

知识产权执法是实现知识产权保护的重要环节，也是创建优良商业环境的重要因素。目前，各个知识产权类别都可以建立健全的分类执法体系，规范执法标准和流程，提高执法效率，并推进知识产权行政执法的标准化、流程化和体系化。市场监管机构要积极开展知识产权执法行动，采用源头打击、终端监管、链条破坏和溯源查处等全方位打击模式，提升知识产权执法力度。对于群众反映强烈、社会关注度高、存在侵权复制现象的领域和地区，必须加强行政执法力度和刑事打击力度，同时落实知识产权惩罚性赔偿制度并确立"严格保护"的导向。

第三节 优化知识产权运营效果

一、增强企业技术吸收（应用）改造能力

（一）加快企业科技成果转化频率

装备制造业企业科研成果呈现递增的趋势，然而在转化过程中却难以成为市场上具有竞争力的产品，这主要是由于科研成果的应用转化性较低。部分科研成果仅有科学上的可行性，缺少开发上的可行性和效益上的可行性，这就需要装备制造业企业做出努力，加快科技成果的转化频率，使科技成果适应如今的市场。

（二）提高企业对科技成果的适应能力

装备制造业企业要培养对新科技成果的适应能力，能够对科技成果完成掌握、转化并且逐步应用到企业的创新发展中，增强装备制造企业的创新能力，必须促进科研成果的转化，使其能够成为企业的生产力，从而提高企业的竞争力。装备制造企业可以引入新技术，并对其进行吸收和消化，以创造适合自身需求的技术，并持续进行二次创新，进而建立企业自身的知识产权，从而取得更高的经济效益。

（三）强调企业技术创新主体地位

充分强调企业在创新中的主导角色，发挥市场驱动作用。企业是创造性技术研发和产品开发的主体，既要推动现有科技成果的快速转化，又要激发内部的创新动力，不断产生新的创新成果。对于装备制造业企业而言，应该鼓励那些有资质的企业在国家和地方的重大技术创新项目上积极进行竞争性申报，在政府干预的基础上，让市场迸发活力。

二、完善知识产权对外转让机制

（一）规范对外转让审查程序与规则

近年来，我国在科技创新方面发展迅速，知识产权的数量和质量都有显著提升。我国应对涉及国家安全的核心知识产权转让行为进行严格的审查，明确知识

产权对外转让的审查范围、审查内容、审查机制以及制定审查细则等相关事项，为技术出口和外商投资提供更加公平透明的制度规则，使装备制造业企业对外转让机制健康有序发展。

（二）规范对外转让平台、中介机构、企业行为

在知识产权对外转让过程中，不免会接触到知识产权平台、涉及知识产权对外转让的中介机构及企业本身，由于专利交易牵涉专利技术价值评估、法律风险等多方权益，所以在对外转让过程中，寻找专业的知识产权顾问服务以保障双方的合法权益是更为保险的选择。因此，规范对外转让平台、中介机构、企业的行为显得尤为重要。一方面，通过法律来约束相关平台、中介机构及企业对外转让行为。另一方面，通过宣传知识产权对外转让不规范行为的危害，以达到对知识产权的保护。

（三）打造知识产权对外转让新模式

装备制造业国际产业转移加速，产业向后发展国家和地区转移的趋势日益明晰，在提倡大力对外开放的同时，技术对外转让的模式应适应对外开放发展新格局。一是在区域方面，加强装备制造业知识产权政策对接和国际交流，积极开辟多元化国际市场，加快与国际知识产权新技术的交流合作，借助京津冀协同开放共同体优势，深化跨区域战略合作，建设山西省内区域性开放高地；二是在平台方面，通过实施创新发展战略加强高水平开放合作，搭建制造业发展平台，打造类似长治高新技术产业园区等装备制造业产业园先行区；三是在制度方面，创新审批方式，优化准入条件，完善监管服务机制，提高政务服务水平，推动高标准规则先行先试，加强制度型创新力度，提高通关便利化水平，持续优化知识产权对外转让环境。

三、加强知识产权的效能评估

（一）完善知识产权效能评估机制

有序推进各类知识产权效能评估标准规范制定的工作，充分发挥知识产权领域社会组织作用，完善知识产权效能统计数据和发布机制，进一步健全我国知识产权效能评估体系。相关职能部门要结合知识产权运用场景、知识产权保护需求、知识产权金融创新等方面构建知识产权效能评估体系，从功能定位、政策协调、准则规范、技术保障、成果运用等方面探索健全我国知识产权效能评估体系

的路径。

（二）明确知识产权效能评估范围和内容

针对不同的知识产权特点和评价目标，必须对科研成果进行定向评价，以展现其多元价值。在科学价值方面，应评估其在新发现、新原理和新方法等方面的创新贡献程度。在技术价值方面，则应突出对于重大技术创新难题和装备制造业关键共性技术问题等方面的实际成效，特别是在解决关键核心技术问题方面的突出表现。在经济价值方面，需要重点评估其对于产业发展、经济效益、市场前景及潜在风险的影响。在社会价值方面，则应关注其在关键领域中解决人民健康、国防与公共安全、生态环境等重大瓶颈问题方面所做出的突出贡献。在文化价值方面，则应注重其在倡导科学家精神、塑造创新文化、弘扬社会主义核心价值观等方面所发挥的影响和作用。在实践中，我们应将评估工作制度化、规范化、标准化、常态化，从而更好地展现科研成果的价值和贡献。

（三）鼓励引入第三方评估机构

为了加强科技成果评价工作，可以引入第三方评估机构并利用行业协会、学会、研究会及专业化评估机构等资源，来强化自律管理，健全利益关联回避制度，同时促进市场评价活动规范发展。此外，还需要重点培养知识产权评估机构和评估人员。那么可以考虑开设知识产权保护相关课程，以及加强高校的教育力度，使其服务机构能够在知识产权领域提供更好的服务。再者，应建立科技成果第三方评价机构的行业标准，以明确其资质、专业水平等要求，并制定相关的管理制度、标准规范及质量控制体系，从而更好地推动科技成果的评价和发展。

第四节　完善知识产权管理制度

一、保密制度

（一）完善知识产权保密法律法规

对于知识产权的保密，最直接的就是通过法律法规来保障，完备的法律法规对知识产权的保护是非常必要的。县级以上的市场监督管理机构有责任促进经营者加强商业秘密管理意识，推动其采取适当的保护措施，以避免商业秘密泄露。

（二）完善涉密网络保密管理制度

现如今，互联网发展迅速，我们的任何信息在互联网上都可能被轻易窃取。因此，对于知识产权的保密，需要严格注意网络安全，杜绝泄密的可能，政府应强调网络安全，明确网络不是法外之地，对于泄密者要严惩。同时，企业也要注重网络安全，涉密信息远程传输要采取加密措施，在信息交换时要使用符合保密要求的中间转换方式，不得利用电子文件传递、转发或抄送秘密信息。严禁通过私自与因特网进行连接等来防范网络泄密。

（三）建立完善的企业知识产权预警机制

为了防止知识产权泄密，需要建立一套完善的预警机制，包括信息情报收集、分析处理和预警等方面的机制。这套机制应该覆盖装备制造业企业，对其专利、商标和商业机密进行紧密监控，以加强对企业核心技术与知识产权的保护，并且建立各种应急机制。同时，加强员工的知识产权保护意识，根据装备制造业企业发展现况制定规章制度；加强对工作人员的管理，建立一个严格的管理机制，制定科学的方针，并加大力度执行，为企业知识产权管理提供坚实的保障。

二、激励制度

（一）进一步完善知识产权激励和奖励机制

鼓励装备制造业企业研发人员不断提高创新能力，实现员工个人利益和企业发展双赢。人力资本具备高水平时，更注重自我实现的价值，因此在激励机制上，不仅需要物质激励，更需要精神激励。在物质方面，企业必须建立一套系统的激励和惩罚机制，以确保员工的权益受到保障。同时，对于那些表现卓越的高级人才，应当通过虚拟股份等形式进行奖励。在精神方面，人力资本也应当被授予更广泛的参与企业内部管理和决策的权利，这将进一步提高员工的归属感和忠诚度。

（二）充分发挥政府的主导作用

政府作为产业健康发展的引路人，应当积极鼓励装备制造企业开展知识产权申报工作，建立和完善知识产权保护体系，提高装备制造业企业科技附加值。一是提供资金支持，对于成功申报科技成果的企业给予资金奖励，对于实现知识产权成果转化的企业对应不同标准给予不同数额的资金支持；二是由政府牵头对装备制造企业积极开展科研活动的系列培训工作，让科技创新在企业之间充分涌流；三是政府积极引导，搭建平台，聘请对装备制造业的知识产权保护模式理论和实践均有丰富经验的国内外专家来对装备制造企业提供培训和指导，通过与相关领域专家进行交流和咨询，并可请其根据装备制造企业的实际情况"量体裁衣"。

三、信息管理制度

（一）建立与其他省份的知识产权合作机制

针对知识产权的信息管理相关的制度，需要优化立案协助、调查取证、证据互认及应急联动等工作程序，以期实现知识产权信息的共享和执法、监督互助与互动。考虑到知识产权纠纷一旦发生常波及范围较广，山西省负责知识产权保护的部门应当会同省工业和信息化、商务、科技等部门，根据国家有关规定，制定和完善知识产权保护、应用、技术转让等相关法律法规，更要同其他省份建立起合作机制，且完善信息管理制度。

（二）建立和完善多元化知识产权纠纷处理机制

知识产权纠纷的解决方式多种多样，如自主协商、行政裁决、调停、仲裁和诉讼等途径皆可采取。为了更有效地应对知识产权纠纷，鼓励在网络信息技术的支持下线上解决，并致力于完善知识产权保护的行政执法机制和司法衔接机制，以促进行政机关和司法机关在违法线索、监测数据、典型案例等领域的信息共享和互通。

第五节　推进装备制造业集聚发展

一、设立装备制造业企业联盟

（一）培育中等规模的集群企业

山西省应由龙头企业牵头设立装备制造业企业联盟，以充分发挥企业集聚能力，让资源得以充分应用。装备制造业培育中等规模集群企业有两种模式：以大型装备制造企业为龙头发展产业集群和以中小企业联盟为龙头发展产业集群。以大型企业为龙头、以大型装备制造企业为中心，且发展其龙头带动作用，将与其发展相关联的中小企业和机构集中，规划产业链上下游要素资源，不断壮大产业集群规模，提升企业在产业集群内部的整体竞争力；以中小企业联盟为龙头发展产业集群，深化产业合作，加强知识产权成果运用和转化能力，提升核心产品竞争力，从而逐步扩大产业集群规模。通过产业集聚集群的建设，可以优化生产力布局，提高生产效率，并完善相关的功能设施配套，促进资源的集约利用，合理配置生产要素，来减少企业成本，提高企业在市场风险中的应对能力。同时，还要完善促进生产工艺、技术和管理创新的产业发展体制机制，打造特色鲜明、优势互补、集约高效的现代产业体系，促进相关产业提档升级。此外，产业集聚集群有利于延长和完善产业链建设，从根本上推动所在地域的经济发展，实现"科技创新+产业发展+知识产权"三方面的融合发展。

（二）鼓励建立广泛的合作创新关系

为了实现创新，高效的知识转移是至关重要的。为此，可以通过建立内部学习机制和培养组织学习型文化来提高山西省装备制造企业的知识学习和吸收的能力。此外，建立广泛的合作创新关系和跨组织边界的学习型组织也是必不可少的，可以通过派遣相关人员到联盟企业进行学习交流、定期组织技术交流研讨会等方式，来快速获取并吸收联盟伙伴互补性的知识资源。这些措施将发挥知识转移在装备制造联盟管理能力与创新绩效之间的催化作用，加强组织间的交流学习，更有助于知识产权的转化和升级。

（三）建立科技中介和完善信息流通机制

科技中介和信息传递机制是集群创新网络中合作创新的基础和保障。为了激励网络主体建立广泛的合作创新关系，以及促进网络外部企业快速成长为中型集群企业，我们应完善科技中介和信息传递机制，减少装备制造业各主体之间的信息不对称程度，并提高合作创新的信任度和协作度。还需加强科技信息网、科技成果汇交平台等资源平台建设，来推动装备制造业各专业信息系统互联和整合，且鼓励相关部门、高等院校、研究开发机构、行业协会主动开放非涉密科技信息资源，以推动政策法规、科技成果、行业专家、企业需求等科技资源开放共享，降低科技中介机构及其从业人员服务成本，从而提高服务效率。引导和支持科技中介机构充分利用山西省技术市场等线上线下平台开展技术需求分析和成果查询、甄别、筛选、评估、对接等增值服务。

二、共建装备制造研发机构

(一) 优先发展特色产业

山西省装备制造业主要分为八个行业,每个行业各具特色,如果同时大力发展八个行业,山西省的经济压力会较大。因此,山西省装备制造业应根据市场需求和行业发展趋势,来确定独具特色的技术创新方向,促使产业链向中高端领域拓展,向研发设计和品牌营销两端不断拓展,从而不断提高企业的加工转化和增值能力。这可以是某一特定领域的技术研发,也可以是跨领域的技术集成和创新产业协同发展。并考虑装备制造业的产业链和价值链,确定机构在产业协同发展中的角色和定位。可以通过与上下游企业的合作和协同创新,来推动整个产业链的协同发展。

(二) 政府提供技术支持和服务

共建装备制造研发机构不仅要进行技术研发,还要提供技术支持和服务,帮助企业解决技术难题,促进技术的应用和转化。这包括设立产业服务中心、技术转移中心等,提供全方位的技术支持和服务。一是建立产业服务中心,提供企业注册、融资、法律咨询、人才培训等一站式服务,帮助企业解决运营中的问题。中心可以提供市场调研、商业计划编制、项目评估等服务,帮助企业实现技术的商业化和市场化。二是建立技术转移中心,促进研发成果的转化和应用。中心可以与企业合作,以推动技术的转移和商业化,促进技术的产业化和市场化。三是为企业提供技术咨询和评估服务,协助企业排解技术方面的困难,提高产品质量和技术水平。也可以设立专家咨询团队,来提供专业的技术咨询和评估服务。

三、全力打造装备制造产业园

(一) 打造开放发展先行区

在平台开放方面,推荐采用创新开发战略,加强高水平的开放合作。构建开放发展的先行区,类似于太原高新技术产业开发区和长治高新技术产业园区,以促进制造业的发展。同时,通过开放创新、科技创新和制度创新,来加快经济开发区能级水平提升。此外,还要完善资金筹措机制、扩大投融资渠道、制定优惠政策,充分利用可行资源,以培育和壮大装备制造业龙头企业。并且鼓励和引导装备制造业龙头企业创建企业和产品品牌，从而提高其市场竞争力和信誉度。

（二）强化政策支持

制定加快山西省装备制造业发展的若干政策措施，鼓励各产业园加强统筹整合相关资金的力度。为满足各产业园在不同产业关键环节及全产业链发展需求，加速提升产业园的装备制造业加工能力，倡导综合使用优惠利率、奖励补贴等政策，根据规定整合相关资金来支持装备制造企业的发展。实施审批方式创新，优化准入条件，并完善监管服务机制，提高政务服务水平，推进先行先试和高标准规则，增强制度创新力度，不断提高通关便利化水平。

第六节　加强装备制造业人才队伍建设

增加装备制造业企业人力资源的储备是提升企业知识创新能力所必需的。要实现知识创新，尤其是知识产权的管理，必须有充足的人力资本作为支持。具备大量专业知识的人才是企业的核心力量，要提升企业的知识创新能力和保证子系统的有效运营，企业必须增加人力资本的存量。在此过程中，以下措施值得企业采取：

一、加大装备制造业人才引进力度

（一）制定特色人才引进制度

引进人才是推进山西省装备制造业人才队伍建设的关键手段之一。当前，山西省装备制造业的区域发展呈现不平衡态势。主要缘由在于产业内人才资源的分布不均，其中装备制造业所需的人才资源主要集中在东南沿海地区，导致中、西、北部产业在发展速度和水平上受到制约。为了达到行业整体水平，大量装备制造企业迫切需要引进具有创新能力的人才。因此，山西省装备制造业应根据自身特色专门出台针对高档装备制造企业的扶持政策和实施意见，加快谋划布局，制定结构完善、内容丰富、符合实际、为高端制造企业量身打造的专项政策体系，引导企业走"专业化、精品化、特色化、创新化"发展道路。同时，积极争取在财政税收、知识产权保护等方面扩大对高端制造企业的政策支持力度，为制造企业打造"差异化"的适合自身的政策环境。通过延期纳税、投资抵免、加速折旧等多重方式，来引导制造企业加大对创新研发活动的投入力度。同时，给予引进人才税收优惠、住房补贴等福利待遇，吸引装备制造产业发展所需的各类人才。在引进和培养本土科技人才的同时，山西省装备制造业大型企业应更注重引进高层次科技与管理人才，并建立完善的人才使用机制。此外，应结合人才技能特点与岗位要求，合理分配人才工作内容，充分挖掘人才的创新能力。

（二）加强装备制造业人才需求预测

加强对装备制造业人才需求的预测，对整个装备制造业的稳定发展起着非常重要的作用。必须定期进行调研，以了解装备制造业人才总量、结构和分布等情况，探索建立制造人才调查统计工作机制，对装备制造业人才的需求结构和层次进行分析，来建立和完善人才信息库，为培养和引进各类装备制造业人才提供数据支持。为了推动装备制造业转型升级，需要建立评价制度、发布需求信息、进行需求预测，以提供培养方向和依据，从而有效地为装备制造业培养经营管理、专业技术和高技能人才。

（三）拓展人才引进渠道

当前，山西省装备制造业的人才引进渠道主要是通过校招及企业自主招聘，引进渠道单一，招聘质量参差不齐。拓宽人才引进渠道首先应加大宣传力度，通过利用专业学术期刊发布招聘信息，积极利用微信、微博等网络媒体宣传，以及定期赴专业人才集聚的专场招聘会、交流探讨会等，提升企业知名度与美誉度；其次要实现通过引进人才来吸引更多的优秀人才，必须发挥先期引进优秀人才所产生的"聚合效应"，为他们提供发展平台，改善生活环境，并通过引进人才的关系网络来邀请一批具有师徒、同事、朋友、学术合作等关系的高层次人才加入；最后要建立人才引进平台，为企业和人才搭建沟通和合作的桥梁。

二、完善装备制造业人才培育体系

（一）建立系统的考核机制

人才考核是招募人才的重要手段，其完善与否直接会影响山西省装备制造业人才队伍的稳定性。为成功引进海外优秀人才，建立完善的考核机制成为关键环节，这对引进人才质量和效率有着直接的决定作用。科学的人才考核机制应以业绩和能力为主，关注人才在知识产权创新和成果转化方面的表现，应避免仅追求数量和急功近利。还应考虑实际情况和工作岗位，建立具有可操作性的指标体系，并建立激励机制，从而营造有利于人才发挥作用的制度环境。对于考核时间，应考虑学科规律和特点，并坚持多元化的评价方法。

（二）优化人才自主培养机制

为了提高公司员工的技能水平和职业发展，企业应建立完善的员工成长体系和职业规划制度。公司应定期组织高端装备制造业专业人才培训，不断优化和调整关键技术人才知识结构，加大对企业科技创新的指导力度。鼓励内部师傅带徒弟，并给予一定金额的奖励机制，若徒弟通过工程、技工等高级评审，则师傅可获得政府奖励，并申请破格晋升名额。此外，公司还应强化对专业技术人员的继续教育，并支持企业为他们提供在职培训和高级研修。通过这些举措，公司可以培养一批在产业关键领域能做出卓越贡献的专业技术领袖和优秀的创新团队，以弥补紧缺的人才缺口。与此同时，企业应积极倡导技术创新战略联盟及对外经济技术合作项目，推动高校、科研机构和大型国有企业建立技术培训基地，以提高设备制造企业专业技术人员的素质水平。

（三）校企合作培育人才

高等教育是培养装备制造业人才的重要渠道，因此山西省加强装备制造业人才队伍建设需要从高校入手。一方面，可以与高校和职业教育机构合作，建立符合装备制造业需求的专业设置和课程体系。另一方面，可以通过探索提供学生实践机会、加强与企业合作等方式，为学生加强实践能力和就业竞争力提供保障。装备制造业是一个快速发展和变化的行业，要求人才具备持续学习和自我发展的能力。这就要求学校根据行业发展的需求，来调整和更新专业设置，以及增设与装备制造业相关的专业，如机械设计与制造、自动化控制技术、材料科学与工程等。同时，要加强实践教学环节，引入先进的装备和技术设备，让学生能够亲自操作和实践，以便提升他们的实际操作能力和解决问题的能力。此外，还应加强师资队伍建设，引进具有实践经验和行业背景的教师。可以与企业合作，邀请企业专家和技术人员来校授课，让学生能够接触最新的行业动态和技术发展。同时，要加强教师的培训和进修，以提高他们的教学水平和专业素养，使他们能够更好地培养出适应装备制造业需求的人才。

三、形成装备制造业人才激励机制

（一）特质的考评晋升机制

首先，应该鼓励将品德、能力和绩效作为衡量人才的主要标准，并高度重视综合考察的形式：结合考试、考核和评估，以全面而准确地评估当代装备制造业人才的能力和水平为目标。同时，还需要完善各种人才特征的考核体系。以绩效贡献为中心，建立一个完善的激励机制和分配制度，既能激发人才创新意识，又能探索市场化的分配机制。其次，要拓宽协议工资制、年薪制和年终奖金制的适用范围，进一步完善薪酬激励机制，鼓励智力资本的投资或参与分配，加快期权、技术股权、股份及红利权等多种形式的激励机制的完善，以激发科研机构和高校科技人员踊跃从事装备制造企业职务创新和发明创造。为了加强装备制造业人才的表彰和奖励，需要营造一个良好的环境和氛围，以便支持和推动人才的发展。再次，还应建立完善的装备制造业人才服务体系，发挥市场在人才资源配置方面的作用，从而改善装备制造业人才流动和利用的制度机制。此外，借助行业协会平台，促进国有企业和非公企业之间的人才合作，畅通交流渠道，实现人才资源的共享。最后，还需加强对装备制造业人才职业生涯的研究，为装备制造业人才多元化发展提供途径。

（二）提供充分的发展空间

近年来，国家对装备制造业越来越重视，为人才提供了广泛的发展空间，吸引了许多具备专业知识和能力的人才加入。这些人才往往期望有更多的机会来充分发挥他们的专业技能、提升自身素质，以及获得更高的薪资待遇和晋升机会。如果公司能够提供足够的发展机会，员工的个人能力和专业素养便会随着公司的发展不断提升，自我价值得到实现，从而提高他们对组织的归属感和凝聚力。

第十章 研究结论与研究展望

第一节 研究结论

本书以山西省装备制造业为研究主体、以知识产权保护管理为研究对象，对山西省装备制造业知识产权保护管理进行深入的分析和研究。首先，在全面梳理制造业、装备制造业、知识产权、知识产权管理、知识产权管理系统等重要概念与理论的基础上，将知识产权管理系统分为知识产权开发子系统、知识产权运营子系统、知识产权保护子系统，对山西省装备制造业知识产权保护管理的三个子系统进行了耦合与协调度分析，并运用DEA方法对山西省装备制造业知识产权管理系统进行效果评价。其次，从内部基础和外部环境两个方面对比山西省与江苏省、浙江省、山东省、广东省、上海市、河南省和安徽省装备制造业知识产权管理系统存在的差异。最后，根据评价效果及对比分析的结果，找出山西省装备制造业知识产权管理存在的问题，并提出提升山西省装备制造业知识产权管理的对策建议。

结合本书所做的研究工作，得出的主要结论如下：

第一，通过对国内外研究综述及相关理论的研究为山西省装备制造业知识产权保护管理提供了分析框架。

明确了制造业、装备制造业、知识产权、知识产权管理、知识产权管理系统等相关概念的界定，并对知识产权等相关内容进行文献综述。研究发现，国外学者通过知识产权战略体系及知识产权管理过程分析这两个视角来分析知识产权管理系统的结构，而国内学者则通过系统论的视角对知识产权管理系统的构建展开研究。文献研究为本书进一步探究山西省装备制造业知识产权保护管理在研究视角、研究内容、研究方法及指标测度方面提供了一定的参考价值。

第二，探究国内外知识产权保护的经验与启示为山西省装备制造业知识产权保护管理提供了发展方向。运用比较分析法对德国、日本、美国，以及我国的粤港澳地区、京津冀地区、长三角地区知识产权发展概况进行分析，总结其实践经验，可以得出如下启示和借鉴：中国在推进知识产权保护方面可以从国外的成功经验中获得启示，结合本国国情，进一步完善知识产权法律体系，加强国际合作，提升公众意识，加强海外保护，并激励创新创造。这些措施将有助于构建更加完善的知识产权保护体系，激发社会创新创造活力，以及推动创新型国家的建设。粤港澳、京津冀和长三角地区在知识产权保护方面，主要通过区域协同合作、创新驱动、国际交流、法治环境、人才建设和公共服务等方面来推动知识产权发展，为中国其他地区提供宝贵的启示。

第三，构建山西省装备制造业知识产权管理系统，并对其进行耦合协调度分析，为山西省装备制造业知识产权保护管理提供了行动动力。

从开发、运营和保护三个维度构建山西省装备制造业知识产权保护管理系统，子系统分别为知识产权开发管理子系统、知识产权运营管理子系统、知识产权保护管理子系统，三个子系统之间的耦合交互是子系统之间相互交互、相互促进知识、信息和能量交换的动态过程。因此，本书构建了装备制造业知识产权管理系统的耦合度指标体系，并对装备制造业知识产权管理系统耦合协调开展实证分析。研究发现，2011~2019年，我国装备制造业知识产权管理系统耦合度分布于0.89~0.94、耦合协调度分布于0.18~0.21，表明我国装备制造业知识产权开发—运营—保护子系统之间呈现较高的契合度、较高的耦合互动关系，可以促进整体系统稳定有序运行和演化，进而激发系统走向协同发展状态，但是在动态协作方面还有待提高。2011~2019年，就各省份平均表现水平而言，耦合协调度排在前六位的分别是广东省、江苏省、浙江省、山东省、上海市和安徽省。经过纵向均值和横向均值的对比发现，我国装备制造业知识产权管理系统耦合协调度相对集中，表现出较低水平。山西省装备制造业知识产权管理系统耦合协调度为

0.13，在历年排在靠后的位置。

第四，对山西省装备制造业知识产权保护管理效率进行评价，并与其他省份装备制造业知识产权保护管理系统进行对比分析，找出山西省装备制造业知识产权管理存在的问题，为山西省装备制造业知识产权保护管理提供了重要抓手。

运用 DEA 方法对山西省装备制造业效率进行评价，构建 DEA 两阶段模型。研究发现，2011~2019 年，我国装备制造业知识产权管理系统第二阶段综合技术效率区域跨度较小，整体表现优于第一阶段，且发展水平相对较高。2011~2019 年，就各省份平均表现水平而言，排在前六位的分别是天津市、浙江省、吉林省、宁夏回族自治区、重庆市和上海市，表明这些省份分别在不同时期代表着我国装备制造业知识产权管理系统第二阶段综合技术效率的最前沿。山西省装备制造业知识产权管理系统第二阶段综合技术效率相较于第一阶段而言，以 2017 年为转折点，其表现突破全国平均水平，但全国排名并未出现较大的变化，位于全国第 25 位，表现相对较为落后。

然后选取广东省、江苏省、浙江省、山东省、上海市和安徽省为研究对象与山西省做对比，对装备制造业知识产权管理开发、运营、保护三个子系统进行内部对比分析，并从经济环境、政策环境、技术环境、产业环境、人才环境、对外开放程度六个方面进行外部对比。通过对比分析总结出山西省装备制造业知识产权管理存在的问题：①研发能力和自主创新能力低；②知识产权保护和布局意识弱；③人才队伍和机构建设不完善；④知识产权成果运用转化不足；⑤装备制造业产业集聚程度低。

第五，提出提升山西省装备制造业知识产权管理系统的对策建议，为山西省装备制造业知识产权保护管理提供了智力支持。

本书从六个方面提出提升山西省装备制造业知识产权管理系统的对策建议：①提升知识产权开发能力；②提高知识产权保护水平；③优化知识产权运营效果；④完善知识产权管理制度；⑤推进装备制造业集聚发展；⑥建设装备制造业人才队伍。为山西省政府出台相关政策提供了科学的理论依据，相关研究成果为山西省装备制造业高质量发展提供了参考。

第二节　研究展望

第一，不同地区和不同产业的知识产权保护管理系统有所差异，山西省的装备制造业知识产权保护管理有其独特的地方特色和运行模式。因此，在提出针对山西省装备制造业知识产权保护的对策建议时，应更加聚焦山西特有的经济结构、文化背景、产业特点和发展需求。

第二，关于知识产权保护管理的发展演化是一个长期过程，在对国内外知识产权保护典型案例分析中，获取全面和最新数据是一个挑战，尤其是对知识产权典型企业的案例分析。因此，该研究成果受统计数据可得性的影响，也具有一定的局限性。今后还需拓宽文献、数据获取的渠道，增加调查问卷及访谈环节来更好地丰富研究内容。

第三，知识产权保护管理问题具有复杂性，采用的研究方法可能无法完全揭示复杂的知识产权保护管理问题。因此，今后还需探究更多关于知识产权保护管理的研究方法，采用多种研究方法相结合的方式，在实施多方法研究时，重要的是确保各种方法之间的一致性和互补性，避免出现相互矛盾的结果。通过这种方法的结合，可以提高研究的质量和可信度，从而更有效地揭示和解决复杂的知识产权保护管理问题。

参考文献

［1］ Anne L F, Josh L. To Join or Not to Join: Examining Patent Pool Participation and Rent Sharing Rules ［J］. International Journal of Industrial Organization, 2011, 29 (2): 294-303.

［2］ Arai H. Japan's Intellectual Property Strategy ［J］. World Patent Information, 2006, 28 (4): 323-326.

［3］ Barrios S, Bertinelli L, Strobl E, et al. Spatial Distribution of Manufacturing Activity and its Determinants: A Comparison of Three Small European Countries ［J］. Regional Studies, 2009, 43 (5): 721-738.

［4］ Bekkers R, Iversen E, Blind K. Patent Pools and Non-Assertion Agreements: Coordination Mechanisms for Multi-party IPR Holders in Standardization ［C］. Paper for the EASST 2006 Conference, Lausanne, Swizerland, August 23-26, 2006.

［5］ Bertalanffy L von. General System Theory ［M］. New York: George Braziller, 1969.

［6］ Bielig A. Intellectual Property and Economic Development in Germany: Empirical Evidence for 1999-2009 ［J］. European Journal of Law and Economics, 2015, 39 (3): 607-622.

［7］ Brenner S. Optimal Formation Rules for Patent Pools ［J］. Economic Theory, 2009, 40 (3): 373-388.

［8］ Carvalho N, Chaim O, Cazarini E, et al. Manufacturing in the Fourth Industrial Revolution: A Positive Prospect in Sustainable Manufacturing ［J］. Procedia Manufacturing, 2018, 21: 671-678.

［9］ Choi J. Patent Pools and Cross-Licensing in the Shadow of Patent Litigation ［J］. International Economic Review, 2010, 51 (2): 441-460.

［10］ Conley J G, Bican P M, Ernst H. Value Articulation: A Framework for the Strategic Management of Intellectual Property ［J］. Califonia Management Review, 2013, 55 (4): 102-120.

［11］ Duberg J V, Johansson G, Sundin E, et al. Prerequisite Factors for Original Equipment Manufacturer Remanufacturing ［J］. Journal of Cleaner Production, 2020, 270: 122309.

［12］ Eberhard F, Jörn-H T. Surplus Division and Investment Incentives in Supply Chains: A Biform-Game Analysis ［J］. European Journal of Operational Research, 2014, 234 (3): 763-773.

［13］ Ellison G, Glaeser E L. Geographic Concentration in U. S. Manufacturing Industries: A Dartboard Approach ［J］. Journal of Political Economy, 1997 (105): 889-927.

［14］ Ellison G, Glaeser E L, Kerr W R. What Causes Industry Agglomeration? Evidence from Coagglomeration Patterns ［J］. The American Economic Review, 2010, 100 (3): 1195-1213.

［15］ Gilbert R J, Katz M L. Efficient Division of Profits from Complementary Innovation ［J］. International Journal of Industrial Organization, 2011, 29 (4): 443-454.

［16］ Gogtay N J, Dalvi S S, Kshirsagar N A. Pure Powder and Intellectual Property ［J］. The Lancet, 2001, 358 (9287): 1103.

［17］ Hartmann-Vareilles F. Achievements in Civil Intellectual Property Enforcement and Recent Initiatives within the Digital Single Market Strategy on the Regulatory Environment for Platforms and Online Intermediaries ［J］. ERA Forum, 2017, 18 (1): 1-6.

［18］ Henri H, Toni J, Ahti S, et al. Markets for Standardized Technologies: Patent Licensing with Principle of Proportionality ［J］. Technovation, 2012, 32 (9-10): 523-535.

［19］ Janis M D, Kesan J P. Designing An Optimal Intellectual Property System for

Plants: A US Supreme Court Debate. [J]. Nature Biotechnology, 2001, 19 (10): 981-983.

[20] Jofre-Monseny J, Marín-López R, Viladecans-Marsal E. The Mechanisms of Agglomeration: Evidence from the Effect of Inter-Industry Relations on the Location of New Firms [J]. Journal of Urban Economics, 2011, 70 (2): 61-74.

[21] Kim S L, Park C H, Lee S H. Environmental Tax and Licensing A Patent for Clean Technology Managemen, Procedia [J]. Social and Behavioral Sciences, 2012, 57: 95-101.

[22] Kinokuni H, Ohkawa T, Okamura M. Patent Pools and the Allocation Rute [R]. Working Paper, Ritsumeikan University and Hiroshima University, 2008.

[23] Krugman P. Increasing Returns and Economic Geography [J]. Journal of Political Economy, 1991 (99): 483-499.

[24] Lerner J, Strojwas M, Tirole J. The Design of Patent Pools: The Determinants of Licensing Rules [J]. Rand Journal of Economics, 2007, 38 (3): 610-625.

[25] Lewis J I. Managing Intellectual Property Rights in Cross-Border Clean Energy Collaboration: The Case of the U. S. -China Clean Energy Research Center [J]. Energy Policy, 2014, 69: 546-554.

[26] Lin L, Kulatilaka N. Network Effects and Technology Licensing with Fixed Fee, Royalty and Hybrid Contracts [J]. Journal of Management Information Systems, 2006, 23 (2): 91-118.

[27] Maurel F, Sedillot B. A Measure of the Geographic Concentration in French Manufacturing Industries [J]. Regional Science and Urban Economics, 1999 (29): 575-604.

[28] Miller R A. Intellectual Property for Life Science Entrepreneurs [J]. Journal of Commercial Biotechnology, 2019, 24 (4): 38-41.

[29] Narayanan V K. Managing Technology and Innovation for Competitive Advantage [M]. Upper Saddle River: Prentice Hall, 2000.

[30] Qin Z, Lu Y. Self-Organizing Manufacturing Network: A Paradigm towards Smart Manufacturing in Mass Personalization [J]. Journal of Manufacturing Systems,

2021, 60: 35-47.

[31] Reitzig M. How Executives Can Enhance IP Strategy and Performance [J]. MIT Sloan Management Review, 2007, 49 (1): 37-43.

[32] Shalamoy G A, Fa R. The Prospects of Using Cryptocurrency as A Means of Payment in Russia [J]. Scientific Research of the SCO Countries: Synergy and Integration, 2019: 30-37.

[33] Shao G, Helu M. Framework for A Digital Twin in Manufacturing: Scope and Requirements [J]. Manufacturing Letters, 2020, 24: 105-107.

[34] Song B, Seol H, Park Y. A Patent Portfolio-Based Approach for Assessing Potential R&D Partners: An Application of the Shapley Value [J]. Technological Forecasting and Social Change, 2016, 103: 156-165.

[35] Stephenson P. Aspects of Intellectual Property Management [J]. Computer Fraud & Security, 2005, 5: 14-16.

[36] Sun B, Xie J, Cao H H. Product Strategy for Innovators in Markets with Network Effects [J]. Marketing Science, 2004, 23 (2): 243-254.

[37] Syamwil B I, Tanimura H P. The Spatial Distribution of Japanese Manufacturing Industries in Indonesia [J]. Review of Urban & Regional Development Studies, 2000, 12 (2): 121-135.

[38] Tian Q, Zhang S, Yu H, et al. Exploring the Factors Influencing Business Model Innovation Using Grounded Theory: The Case of A Chinese High-End Equipment Manufacturer [J]. Sustainability, 2019, 11 (5): 1455.

[39] Wang Andy K C, Liang W J, Chou P S. Patent Licensing under Cost Asymmetry among Firms [J]. Economic Modelling, 2013, 31: 297-307.

[40] Wang W M, Cheung C F. A Semantic-Based Intellectual Property Management System (SIPMS) for Supporting Patent Analysis [J]. Engineering Applications of Artificial Intelligence, 2011, 24: 1510-1520.

[41] Wang X H. Fee Versus Royalty Licensing in A Differentiated Cournot Duopoly [J]. Journal of Economics and Business, 2002, 54: 253-266.

[42] Woo S, Jang P, Kim Y. Effects of Intellectual Property Rights and Patented Knowledge in Innovation and Industry Value Added: A Multinational Empirical Analysis

of Different Industries ［J］. Technovation, 2015, 43: 49-63.

［43］ Zhang H, Wang X J, Qing P, et al. Optimal Licensing of Uncertain Patents in A Differentiated Stackelberg Duopolistic Competition Market ［J］. International Review of Economics & Finance, 2016, 45: 215-229.

［44］ Zhang X M, Liu Q, Wang H Q. Ontologies for Intellectual Property Rights Protection ［J］. Expert Systems with Applications, 2012, 39 (1): 1388-1400.

［45］ Zhao H C, Liu Y J. Where Has All the Education Gone? Everywhere But into Growth ［J］. Computational Economics, 2018, 51: 35-74.

［46］ Шаламов Г А, Фа Жу, Ли Шао Фэй. Сравнение Банковских Систем России и Китая ［J］. Финансовая Система РФ: Проблемы и Тенденции Развития в период Глобализации и Интеграции Мирового Сообщества: Материалы Ⅳ Регион. Науч. -практ. Конф. , 2014: 300-305.

［47］ Шаламов Г А, Фа Жу. Девальвация Российского Рубля и Падение Цен На нефть ［J］. Вестник, 2015 (2): 291-295.

［48］ Шаламов Г А, Фа Жу. Роль философии Конфуция в Развитии Современного Китая ［J］. Экономический Альманах, 2015: 80-83.

［49］ Шаламов Г А, Фа Жу. Влияние Российского Кризиса На Экономику России и Китая ［J］. Технико-экономические Проблемы Развития Регионов: Материалы Науч. -практ. Конф. с Международным Участием, 2015: 9-12.

［50］ Шаламов Г А, Фа Жу. Особенности Отзыва Банком России Лицензий на Осуществление Банковских Операций у Коммерческих Банков Иркутской Области. ［J］. Технико-экономические Проблемы Развития Регионов: Материалы Науч. -практ. Конф. с Международным Участием, 2016: 42-55.

［51］ Шаламов Г А, Фа Жу. Проблемы Развития Банковской Системы Иркутской Обдасти на Современном Этапе ［J］. Экономическийй Альмах, 2016 (2): 277-279.

［52］ Шаламов Г А, Фа Жу. Провомерность и Целесообразность Отзыва Банком России Лицензий на Осуществление Банковских Операций у Коммерческих банков ［J］. European Social Science Journal, 2016 (3): 188-204.

［53］ Шаламов Г А, Фа Жу. Последствия Проводимой Банком

России Денежно-кредитной Политики Для Российской Экономики ［J］. Конкурентоспособность в Глобальном Мире：Экономика，Наукаб Технологии，2016（4）：138-146.

［54］Фа Жу. Причины Высоких Темпов Роста Экономики Китая ［J］. Технико-Экономические Проблемы Развития Регионов：Материалы Науч.-практ. Конф. с Междунар. Участием，2016：4-15.

［55］Фа Жу. Развитиу Малого Бизнеса в Китайской Народной Роеспублике ［J］. Финансовая Система РФ Проблемы и Тенденции Развития в Период Глобализации и Интеграции Мирового Сообщества：Материалы Ⅵ Региональной Науч. Практ. Конф.，2017：255-262.

［56］Шаламов Г А，Фа Жу. Проблемы Экономики Китая и их Влияние На Инновационное Развитие Высокотехнологичных Предприятий ［J］. Технико-Экономические Проблемы Развития Регионов：Материалы Науч.-практ. Конф. с Междунар. Участием，2017：4-11.

［57］Шаламов Г А，Фа Жу，Нго Динь Ань. Влияние Теории Длинных волн Николая Кондратьева на Развитие Теории Инноваций ［J］. Байкальская Наука：Идеи，Инновации，Инвестиции：Сборник Статей по Материалам Всеросийской Научно-Практической Конференции，2017：56-61.

［58］白如月，李彦华，焦德坤."双碳"目标倒逼下能源安全与能源系统可持续性协调发展研究［J］.河南科学，2022，40（5）：822-832.

［59］包海波.专利许可交易的微观机制分析［J］.科学学与科学技术管理，2004（10）：76-80.

［60］保永文.知识产权保护、技术引进与中国制造业技术创新——基于面板数据的实证检验［J］.国际贸易问题，2017（6）：38-49.

［61］鲍晓娜，李嫣然，范晓男，等.装备制造业全要素生产率评价及影响因素研究［J］.价格理论与实践，2022（7）：195-198.

［62］操友根，黄坤耀，杜梅.数字经济背景下中国装备制造业升级路径研究［J］.中国科技论坛，2024（2）：94-104.

［63］钞小静，刘璐，孙艺鸣.中国装备制造业高质量发展的测度及发展路径［J］.统计与信息论坛，2021，36（6）：94-103.

［64］陈爱贞，刘志彪.决定我国装备制造业在全球价值链中地位的因素——基于各细分行业投入产出实证分析［J］.国际贸易问题，2011（4）：115-125.

［65］陈爱贞，钟国强.中国装备制造业国际贸易是否促进了其技术发展——基于DEA的面板数据分析［J］.经济学家，2014（5）：43-53.

［66］陈瑾，何宁.高质量发展下中国制造业升级路径与对策——以装备制造业为例［J］.企业经济，2018，37（10）：44-52.

［67］陈琼娣.共享经济视角下的专利开放许可实践及制度价值［J］.中国科技论坛，2018（11）：86-93.

［68］陈伟，杨早立，李金秋.区域知识产权管理系统协同及其演变的实证研究［J］.科学学与科学技术管理，2016，37（2）：30-41.

［69］陈伟，张永超，马一博，等.区域装备制造业产学研创新网络的实证研究——基于网络结构和网络聚类的视角［J］.科学学研究，2012，30（4）：600-607.

［70］陈伟，张永超，田世海.区域装备制造业产学研合作创新网络的实证研究——基于网络结构和网络聚类的视角［J］.中国软科学，2012（2）：96-107.

［71］陈旭娟.中外装备制造业知识产权管理经验比较与借鉴［J］.内蒙古科技与经济，2013（9）：27-29.

［72］杜传忠，曹建.基础研究对我国高技术制造业全要素生产率影响的实证分析［J］.经济问题探索，2024（2）：111-128.

［73］杜传忠，陈永昌.知识产权政策对制造业市场竞争力的影响［J］.西安交通大学学报（社会科学版），2024，44（2）：91-103.

［74］杜传忠，王梦晨.技能偏向型技术进步对中国制造业价值链攀升的影响研究——基于知识产权保护的视角［J］.经济科学，2021（1）：31-43.

［75］段德忠，杜德斌，张杨.中美产业技术创新能力比较研究——以装备制造业和信息通信产业为例［J］.世界地理研究，2019，28（4）：24-34.

［76］段海燕，赵瑞君，佟昕.现代装备制造业与服务业融合发展研究——基于"互联网+"的视角［J］.技术经济与管理研究，2017（1）：119-123.

［77］段婕，刘勇.基于因子分析的我国装备制造业技术创新能力评价研究

[J]. 科技进步与对策，2011，28（20）：122-126.

[78] 段敏芳，左爽. 我国制造业国际竞争力比较研究 [J]. 中南民族大学学报（人文社会科学版），2019，39（2）：107-111.

[79] 法如，张慧萍，李彦华. 黄河流域能源韧性与效率协同演化分析 [J]. 煤炭经济研究，2022，42（4）：4-12.

[80] 冯晓青，刘淑华. 试论知识产权的私权属性及其公权化趋向 [J]. 中国法学，2004（1）：63-70.

[81] 冯晓青. 基于技术创新与知识产权战略实施的知识产权服务体系构建研究 [J]. 科技进步与对策，2013，30（2）：112-114.

[82] 冯晓青. 知识产权法的价值构造：知识产权法利益平衡机制研究 [J]. 中国法学，2007（1）：67-77.

[83] 冯志军，康鑫，陈伟. 珠三角地区产业转型升级知识产权管理系统运行效果评价 [J]. 财会月刊，2015（36）：57-63.

[84] 付文利. 山西省装备制造业竞争力分析研究 [D]. 太原：山西大学，2015.

[85] 傅贻忙，陈欣阳，王欢芳，等. 组态视角下先进制造业产业链韧性提升的驱动因素研究 [J]. 科学决策，2024（1）：87-101.

[86] 高文鞠，綦良群. 科技人才、全要素生产率与装备制造业高质量发展 [J]. 中国科技论坛，2020（9）：84-95+124.

[87] 郭喜凤. 中国装备制造业出口竞争力研究 [D]. 合肥：安徽大学，2017.

[88] 韩凤晶，石春生. 新兴产业企业动态核心能力构成因素的实证分析——基于中国高端装备制造业上市公司的数据 [J]. 中国软科学，2010（12）：166-175.

[89] 韩雪飞，赵黎明. 企业竞争、知识产权保护与创新选择——基于我国制造业企业的实证研究 [J]. 经济问题探索，2018（5）：38-44.

[90] 韩玉雄，李怀祖. 关于中国知识产权保护水平的定量分析 [J]. 科学学研究，2005（3）：377-382.

[91] 何宁. 全球技术进步背景下中国装备制造业产业升级问题研究 [D]. 北京：对外经济贸易大学，2017.

［92］何珊.高端装备制造业上市公司财务风险预警研究［J］.会计之友，2016（11）：72-76.

［93］和军.装备制造业发展水平评价与比较研究综述［J］.经济学动态，2012（8）：83-87.

［94］贺正楚，潘红玉，寻舸，等.高端装备制造企业发展模式变革趋势研究［J］.管理世界，2013（10）：178-179.

［95］贺子欣，惠宁.中国装备制造业高质量发展的测度及影响因素研究［J］.中国科技论坛，2023（4）：82-92.

［96］洪群联.中国先进制造业和现代服务业融合发展现状与"十四五"战略重点［J］.当代经济管理，2021，43（10）：74-81.

［97］洪少枝，尤建新，郑海鳌，等.高新技术企业知识产权战略评价系统研究［J］.管理世界，2011（10）：182-183.

［98］呼杨.二元知识产权理论体系下专利被许可人性质研究［J］.知识文库，2016（23）：177+191.

［99］胡亚男，余东华.有偏技术进步、要素配置结构与全要素生产率提升——以中国装备制造业为例［J］.软科学，2021，35（7）：1-9.

［100］黄勃，李海彤，刘俊岐，等.数字技术创新与中国企业高质量发展——来自企业数字专利的证据［J］.经济研究，2023，58（3）：97-115.

［101］黄国群.企业知识产权管理系统及其优化策略研究［J］.情报杂志，2011，30（12）：108-113.

［102］黄蕙萍，万平.知识产权保护对制造业贸易利益影响研究——基于附加值贸易核算方法的分析［J］.价格理论与实践，2018（2）：127-130.

［103］黄满盈，邓晓虹.高端装备制造业转型升级驱动因素分析［J］.技术经济与管理研究，2021（9）：56-61.

［104］黄顺春，张书齐.中国制造业高质量发展评价指标体系研究综述［J］.统计与决策，2021，37（2）：5-9.

［105］黄星.中小型制造业企业知识产权管理面临的挑战及对策探讨——以M公司为例［J］.企业改革与管理，2023（4）：43-45.

［106］江露薇，刘国新，王静.我国装备制造业的地区差距与产业布局的空间关联性——基于生态位理论的分析［J］.科研管理，2020，41（9）：132-141.

［107］姜博.产业融合与中国装备制造业创新效率［D］.沈阳：辽宁大学，2015.

［108］蒋灵多，陆毅.市场竞争加剧是否助推国有企业加杠杆［J］.中国工业经济，2018（11）：155-173.

［109］蒋佩耘.政府干预对我国单位GDP能耗约束的影响研究［D］.成都：电子科技大学，2021.

［110］焦智博.装备制造业协同创新网络结构演化与空间特征研究——黑龙江1985—2017年专利数据分析［J］.科技进步与对策，2018，35（21）：57-64.

［111］金华斌.基于"中国制造2025"的我国高端装备制造业转型升级路径展望［J］.现代商业，2016（4）：41-42.

［112］金敏.工业4.0视角下国际技术溢出对装备制造业转型升级影响评价研究［D］.合肥：合肥工业大学，2018.

［113］靳菲菲.中国装备制造业产业水平实证分析［D］.兰州：西北师范大学，2013.

［114］柯忠义.市场力量、谈判能力与专利许可的Shapley值［J］.数学的实践与认识，2012，42（6）：25-32.

［115］李汉.知识产权政策与服务体系耦合发展研究［D］.保定：河北大学，2014.

［116］李金秋.多主体视角下知识产权管理系统演化机制研究［D］.哈尔滨：哈尔滨工程大学，2019.

［117］李晶，井崇任.促进高端装备制造业发展的财政税收政策研究［J］.财经问题研究，2013（4）：68-76.

［118］李晶，刘小锋.福建省海洋战略性新兴产业发展路径研究［J］.农业经济问题，2012，33（2）：103-107.

［119］李凯，李世杰.装备制造业集群网络结构研究与实证［J］.管理世界，2004（12）：68-76.

［120］李明星，张梦娟，胡成，等.知识产权密集型产业专利联盟运营模式创新研究［J］.科技进步与对策，2016，33（22）：64-68.

［121］李强.知识产权保护与企业高质量发展：基于制造业微观数据的分析［J］.统计与决策，2020，36（10）：181-184.

［122］李强.中国装备制造企业高质量发展研究［D］.长春：吉林大学，2020.

［123］李绍东.中国装备制造业先进水平实证研究［D］.沈阳：辽宁大学，2011.

［124］李天芳，郭亚锋.我国装备制造业竞争力提升的现实困境与路径选择［J］.改革与战略，2017，33（7）：152-155.

［125］李伟，董玉鹏.协同创新知识产权管理机制建设研究——基于知识溢出的视角［J］.技术经济与管理研究，2015（8）：31-35.

［126］李晓钟，吕培培.我国装备制造产品出口贸易潜力及贸易效率研究——基于"一带一路"国家的实证研究［J］.国际贸易问题，2019（1）：80-92.

［127］李彦华，焦德坤，刘婧，等.中国省际能源利用效率再测度［J］.科技促进发展，2020，16（7）：856-863.

［128］李彦华，焦德坤，刘婧.中国热电行业效率评价及时空差异分析［J］.热力发电，2021，50（5）：18-26.

［129］李彦华，焦德坤.数字化水平对区域能源效率差异影响的实证研究［J］.系统工程，2021，39（6）：1-13.

［130］李彦华，牛蕾，马洁.消费者参与视角下产学研用协同创新：演化博弈及仿真分析［J］.系统科学学报，2022，30（1）：87-91.

［131］李彦华，牛蕾，张克勇，等.我国四大经济区域内农林类院校产学研协同创新效率研究——基于两阶段 DEA 及 Malmquist 指数［J］.林业经济，2019，41（5）：114-120.

［132］李彦华，牛蕾，张月婷.领导者引领消极员工转型的策略研究：基于演化博弈视角［J］.领导科学，2019（10）：68-71.

［133］李彦华，张月婷，牛蕾.中国高校科研效率评价：以中国"双一流"高校为例［J］.统计与决策，2019，35（17）：108-111.

［134］李彦华，张月婷，牛蕾.中国一流大学建设高校科研差异及态势［J］.科技管理研究，2019，39（9）：121-127.

［135］李彦华，张月婷.智慧交通背景下的路面异常"智能巡逻"研究——基于众包与 DTW 视角［J］.科技进步与对策，2018，35（24）：93-97.

［136］李月明. 对我国知识产权现状的分析与对策思考［J］. 科学与管理，2010，26（1）：32-35

［137］李之明，耿薇，吴金成，等. 创新企业知识产权管理现状与对策［J］. 交通企业管理，2019，34（4）：34-36.

［138］梁经伟，文淑惠，袁明杨. 装备制造业数字要素投入能否提升全球分工地位？［J］. 商业研究，2023（2）：1-8.

［139］廖萍. 浅析新形势下企业知识产权管理［J］. 现代经济信息，2018（18）：313.

［140］林桂军，何武. 中国装备制造业在全球价值链的地位及升级趋势［J］. 国际贸易问题，2015（4）：3-15.

［141］林秀梅，孙海波. 中国制造业出口产品质量升级研究——基于知识产权保护视角［J］. 产业经济研究，2016（3）：21-30.

［142］林洲钰，林汉川，邓兴华. 政府补贴对企业专利产出的影响研究［J］. 科学学研究，2015，33（6）：842-849.

［143］刘佳斌，王厚双. 我国装备制造业突破全球价值链"低端锁定"研究——基于智能制造视角［J］. 技术经济与管理研究，2018（1）：113-117.

［144］刘江林. 企业知识产权管理中存在的问题及其对策［J］. 山西农经，2016（16）：123.

［145］刘洁. 数字化转型对装备制造企业绩效的影响研究［D］. 大连：大连理工大学，2022.

［146］刘进，符正平，方轮. 制造业转型升级研究的知识图谱分析：热点、演化和前沿［J］. 科技管理研究，2020，40（5）：121-129.

［147］刘婧，李彦华. 小米移动支付发展契机与挑战［J］. 现代雷达，2021，43（8）：95-96.

［148］刘兰剑，张田，牟兰紫薇. 高端装备制造业创新政策评估实证研究［J］. 科研管理，2020，41（1）：48-59.

［149］刘璐璇. 地区知识产权保护对制造业企业国际化的影响研究［D］. 南京：南京大学，2020.

［150］刘珊. 知识产权保护对制造业企业出口国内附加值率的影响研究［D］. 新乡：河南师范大学，2022.

［151］刘思明，侯鹏，赵彦云.知识产权保护与中国工业创新能力——来自省级大中型工业企业面板数据的实证研究［J］.数量经济技术经济研究，2015，32（3）：40-57

［152］刘星星.智能制造推动我国装备制造业升级发展研究［D］.福州：福建师范大学，2017.

［153］刘艳，范小军.政产学研合作背景下的专利共享机制——基于材料基因组工程研究的分析［J］.上海大学学报（自然科学版），2018，24（5）：829-840

［154］刘云，郭栋，翟晓荣.我国高端装备制造业创新发展演进特征与政策优化研究——以高档数控机床为例［J］.科学学与科学技术管理，2022，43（8）：19-31.

［155］刘震.我国制造业低碳技术创新知识产权战略研究［D］.哈尔滨：哈尔滨工程大学，2014.

［156］陆介平，王宇航.我国产业知识产权联盟发展及运营态势分析［J］.中国工业评论，2016（5）：42-47.

［157］路江涌，陶志刚.中国制造业区域聚集及国际比较［J］.经济研究，2006（3）：103-114.

［158］吕国庆，曾刚，顾娜娜.基于地理邻近与社会邻近的创新网络动态演化分析——以我国装备制造业为例［J］.中国软科学，2014（5）：97-106.

［159］吕国庆，曾刚，郭金龙.长三角装备制造业产学研创新网络体系的演化分析［J］.地理科学，2014，34（9）：1051-1059.

［160］吕微，法如.科技中介服务体系构建研究——以山西省为例［J］.技术经济与管理研究，2019（10）：39-45.

［161］罗嘉文，张光宇.基于战略生态位管理理论的全程知识产权管理研究［J］.科技管理研究，2016，36（6）：170-175.

［162］罗惟贵.加快福建省装备制造业发展的政策研究［D］.福州：福建农林大学，2015.

［163］马君.科技创新驱动下装备制造企业升级战略路径研究［D］.沈阳：沈阳工业大学，2020.

［164］马丽丽，李强.知识产权保护、行业特征与我国制造业出口比较优势

[J]. 南方经济, 2015 (5): 82-96.

[165] 马双, 曾刚. 我国装备制造业的创新、知识溢出和产学研合作——基于一个扩展的知识生产函数方法 [J]. 人文地理, 2016, 31 (1): 116-123.

[166] 孟凡生, 李晓涵. 中国新能源装备智造化发展技术路线图研究 [J]. 中国软科学, 2017 (9): 30-37.

[167] 缪学勤. 智能工厂与装备制造业转型升级 [J]. 自动化仪表, 2014, 35 (3): 1-6.

[168] 宁进. 中国装备制造业服务化转型的路径因子及其绩效实证 [J]. 求索, 2015 (5): 101-105.

[169] 牛巍, 宋伟. 基于纵向结构的专利联盟企业间利益分配研究 [J]. 科技管理研究, 2013, 33 (23): 155-159.

[170] 牛泽东, 张倩肖. 中国装备制造业的技术创新效率 [J]. 数量经济技术经济研究, 2012, 29 (11): 51-67.

[171] 欧洁莹. 知识产权保护视角下国内外数据要素协同发展对制造业创新的影响研究 [D]. 重庆: 四川外国语大学, 2023.

[172] 潘国轩. 知识产权保护水平对我国制造业出口结构升级的影响研究 [D]. 哈尔滨: 哈尔滨商业大学, 2023.

[173] 潘秋晨. 全球价值链嵌入对中国装备制造业转型升级的影响研究 [J]. 世界经济研究, 2019 (9): 78-96+135-136.

[174] 潘为华, 潘红玉, 陈亮, 等. 中国制造业转型升级发展的评价指标体系及综合指数 [J]. 科学决策, 2019 (9): 28-48.

[175] 彭中文, 李力, 王媚华. 政治关联、公司治理与研发创新——基于高端装备制造业上市公司的面板数据 [J]. 湖南师范大学社会科学学报, 2015, 44 (2): 124-131.

[176] 戚湧, 宋含城. 技术并购企业创新绩效影响因素研究——以中国高端装备制造业为例 [J]. 科技进步与对策, 2021, 38 (19): 75-82.

[177] 齐爱民, 周克放. 知识产权被许可人诉权研究 [J]. 社会科学家, 2016 (7): 90-94.

[178] 齐爱民. 论二元知识产权体系 [J]. 法商研究, 2010, 27 (2): 93-100.

[179] 齐志强，张干，齐建国.进入 WTO 前后中国制造业部门结构演变研究——基于制造业部门与工业整体经济增长的灰色关联度分析 [J].数量经济技术经济研究，2011，28（2）：52-63.

[180] 綦良群，李兴杰.区域装备制造业产业结构升级机理及影响因素研究 [J].中国软科学，2011（5）：138-147.

[181] 綦良群，王琛，王成东.基于虚拟联盟的我国装备制造业与生产性服务业融合机制研究——基于扎根理论的质化研究 [J].中国软科学，2021（4）：32-41.

[182] 綦良群，王成东，蔡渊渊.中国装备制造业 RD 效率评价及其影响因素研究 [J].研究与发展管理，2014，26（1）：111-118.

[183] 綦良群，王金石，崔月莹，等.中国装备制造业服务化水平测度——基于价值流动视角 [J].科技进步与对策，2021，38（14）：72-81.

[184] 綦良群，吴佳莹，李庆雪.数字经济时代装备制造业服务化的动力与路径 [J].江海学刊，2022（4）：92-98.

[185] 钱馨蕾，武舜臣.加强国际知识产权保护有助于我国重构全球价值链吗？——以我国制造业为例 [J].当代经济管理，2020，42（12）：55-65.

[186] 乔琳，丁莹莹.供应链企业间合作行为对企业间合作绩效的影响 [J].统计与决策，2019，35（11）：186-188.

[187] 秦放鸣，张宇.知识产权保护与地区制造业升级——基于中介效应和面板分位数模型的实证分析 [J].科技进步与对策，2020，37（13）：74-82.

[188] 曲卉.装备制造业价值链、产业链与核心竞争力研究 [D].重庆：西北大学，2018.

[189] 曲振涛，陈美齐，周正.产业融合、区域差异与地区服务型装备制造业发展——对东北地区与京津冀、长三角的一项比较研究 [J].产经评论，2020，11（6）：5-20.

[190] 屈晓娟.知识产权保护对制造业技术效率的影响效应 [J].商业研究，2021（3）：26-36.

[191] 任声策，宣国良.基于专利价值的技术标准联盟收益分配问题研究 [J].科技管理研究，2007（4）：214-216+222.

[192] 单春霞，李倩，丁琳.知识产权保护、创新驱动与制造业高质量发

展——有调节的中介效应分析 [J]. 经济问题, 2023 (2): 51-59.

[193] 单锋.知识产权系统优化论——基于三摆耦合模型之解构 [J]. 管理世界, 2014 (9): 182-183.

[194] 商小虎.我国装备制造业技术创新模式研究 [D]. 上海: 上海社会科学院, 2013.

[195] 沈钶娜. 地方政府干预对城商行效率的影响研究 [D]. 杭州: 浙江大学, 2022.

[196] 盛新宇, 刘向丽.美、德、日、中四国高端装备制造业国际竞争力及影响因素比较分析 [J]. 南都学坛, 2017, 37 (3): 99-108.

[197] 石敏俊, 杨晶, 龙文, 等.中国制造业分布的地理变迁与驱动因素 [J]. 地理研究, 2013 (9): 1708-1720.

[198] 石宇飞.中国装备制造业发展及国际竞争力研究 [D]. 长春: 吉林大学, 2020.

[199] 史宇鹏, 顾全林.知识产权保护、异质性企业与创新: 来自中国制造业的证据 [J]. 金融研究, 2013 (8): 136-149.

[200] 舒欣, 安同良.知识产权保护行为、创新产出与企业绩效——基于江苏省制造业企业微观创新调查 [J]. 宏观质量研究, 2020, 8 (5): 70-82.

[201] 树友林, 陆怡安."一带一路"背景下企业并购风险研究——以高端装备制造业为例 [J]. 会计之友, 2020 (21): 93-97.

[202] 司林波.国内外装备制造业技术创新研究述评 [J]. 经济问题探索, 2016, 409 (8): 177-184.

[203] 宋爱华.装备制造业知识产权状况及战略推进机制研究——以常州装备制造业为例 [J]. 价值工程, 2018, 37 (9): 44-46.

[204] 宋艳, 原长弘, 张树满.装备制造业领军企业如何突破关键核心技术? [J]. 科学学研究, 2022, 40 (3): 420-432.

[205] 孙晓华, 李传杰.有效需求规模、双重需求结构与产业创新能力——来自中国装备制造业的证据 [J]. 科研管理, 2010, 31 (1): 93-103.

[206] 孙早, 侯玉琳.人工智能发展对产业全要素生产率的影响——一个基于中国制造业的经验研究 [J]. 经济学家, 2021 (1): 32-42.

[207] 唐国华, 赵锡斌, 孟丁.企业开放式知识产权战略框架研究 [J]. 科

学学与科学技术管理，2014，35（2）：11-20.

［208］唐秋雨.进出口贸易协同、制造业创新与产业结构升级［D］.重庆：四川外国语大学，2022.

［209］唐晓华，李绍东.中国装备制造业与经济增长实证研究［J］.中国工业经济，2010（12）：27-36.

［210］唐孝文，孙悦，唐晓彬.中国高端装备制造业技术创新能力评价研究［J］.科研管理，2021，42（9）：1-9.

［211］天则，韩彤.我国中小企业知识产权管理与战略［J］.河南科技，2017（8）：26-30.

［212］田庆锋，马蓬蓬，雷园园.基于系统动力学的我国高端装备制造业商业模式创新路径研究［J］.科技管理研究，2019，39（4）：8-18.

［213］田文勇，余华.协同主体知识产权利益分配博弈分析——以四川省生猪产业为例［J］.山西农业大学学报（社会科学版），2017，16（1）：1-6.

［214］佟庆家，郑立，张鹏，等.我国制造业低碳创新系统知识产权战略研究［J］.科技管理研究，2015，35（24）：137-141.

［215］汪俊.外商直接投资（FDI）对制造业技术创新能力影响的实证研究［D］.长沙：中南大学，2010.

［216］汪张林.论知识产权在我国制造业品牌竞争力提升中的支撑作用［J］.吉林工程技术师范学院学报，2021，37（4）：18-21.

［217］王成东，焦慧，王琛，等.技术创新效率曲线、产业异质性与创新路径选择：基于二元创新视角与高端装备制造业的实证研究［J］.中国软科学，2023（2）：61-72.

［218］王成东，李光斌，蔡渊渊.中国高端装备制造业自主技术创新效率稳定性及影响因素研究［J］.科技进步与对策，2021，38（22）：58-67.

［219］王成东，綦良群，蔡渊渊.装备制造业与生产性服务业融合影响因素研究［J］.工业技术经济，2015，34（2）：134-142.

［220］王成东.装备制造业与生产性服务业融合动因驱动强度测度研究——基于效率视角的实证分析［J］.科技进步与对策，2015，32（3）：60-64.

［221］王福君，沈颂东.美、日、韩三国装备制造业的比较及其启示［J］.华中师范大学学报（人文社会科学版），2012，51（3）：38-46.

［222］王福君. 比较优势演化与装备制造业升级研究［D］. 长春：东北师范大学，2009.

［223］王贵友. 从混沌到有序：协同学简介［M］. 武汉：湖北人民出版社，1987.

［224］王金，陈楠希，周华，等. 数字经济冲击下高端装备制造业数字化转型研究［J］. 西南金融，2023（7）：65-80.

［225］王九云，丁晶晶，王栋. 国外装备制造业发展经验及对我国的启示［J］. 学术交流，2011（7）：119-122.

［226］王俊松. 长三角制造业空间格局演化及影响因素［J］. 地理研究，2014（12）：2312-2324.

［227］王康周，彭波，江志斌. 新一代信息通信技术在装备制造业服务化中的作用：基于我国 4 家企业的案例研究［J］. 中国机械工程，2018，29（18）：2259-2267.

［228］王丽贤，汪凌勇. 我国国立科研机构的知识产权管理机制研究［J］. 图书情报工作，2009，53（16）：57-60.

［229］王秋玉，曾刚，吕国庆. 中国装备制造业产学研合作创新网络初探［J］. 地理学报，2016，71（2）：251-264.

［230］王珊珊，占思奇，王玉冬. 产业技术标准联盟专利冲突可拓模型与策略生成［J］. 科学学研究，2016，34（10）：1487-1497.

［231］王卫，綦良群. 中国装备制造业全要素生产率增长的波动与异质性［J］. 数量经济技术经济研究，2017，34（10）：111-127.

［232］王晓玲，韩平. 数字经济与装备制造业融合发展研究——以东北地区为例［J］. 技术经济与管理研究，2022（5）：105-110.

［233］王宇红，冶刚，周音. 产业技术创新战略联盟知识产权管理机制的契约安排——以陕西省实践为例［J］. 中国科技论坛，2015（8）：133-138.

［234］王越，费艳颖，刘琳琳. 产业技术创新联盟组织模式研究——以高端装备制造业为例［J］. 科技进步与对策，2011，28（24）：70-73.

［235］文超，李小帆. 我国制造业区域格局时空演化研究［J］. 商业经济研究，2017，719（4）：195-196.

［236］闻乃荻. 知识密集型服务业与装备制造业互动融合路径及实现研究

［D］. 哈尔滨：哈尔滨理工大学，2016.

［237］吴传清，申雨琦.长江经济带装备制造业发展水平评价研究［J］. 徐州工程学院学报（社会科学版），2018，33（1）：57-62.

［238］吴传清，申雨琦.中国装备制造业集聚对绿色创新效率的影响效应研究［J］.科技进步与对策，2019，36（5）：54-63.

［239］吴汉东.关于知识产权私权属性的再认识——兼评"知识产权公权化"理论［J］.社会科学，2005（10）：58-64.

［240］吴汉东.知识产权国际保护制度的变革与发展［J］.法学研究，2005（3）：126-140.

［241］武云凤，李彦华，张慧萍.中医药院校科研效率评价［J］.中北大学学报（社会科学版），2023，39（4）：55-61.

［242］武云凤，李彦华.基于模糊物元模型的煤炭企业低碳绩效评价研究［J］.环境科学与管理，2023，48（5）：178-183.

［243］夏后学，谭清美，王斌.装备制造业高端化的新型产业创新平台研究——智能生产与服务网络视角［J］.科研管理，2017，38（12）：1-10.

［244］夏友富，何宁.推动我国装备制造业迈向全球价值链中高端的机制、路径与对策［J］.经济纵横，2018（4）：56-62.

［245］肖利平."互联网+"提升了我国装备制造业的全要素生产率吗［J］.经济学家，2018（12）：38-46.

［246］谢会强，刘冬冬.全球价值链嵌入、知识产权保护与制造业创新能力［J］.技术经济与管理研究，2022（8）：40-45.

［247］邢涵硕.中国装备制造业先进性发展水平及模式研究［D］.沈阳：辽宁大学，2018.

［248］邢彦，张慧颖.生产性服务业 FDI 与制造业出口技术进步——基于知识产权保护的门槛效应［J］.科学学与科学技术管理，2017，38（8）：29-45.

［249］徐丹丹，曾章备，董莹.基于效率评价视角的国有企业分类改革实现路径研究——以高端装备制造业为例［J］.中国软科学，2017（7）：182-192.

［250］徐丰伟.基于协同的装备制造业技术创新能力评价指标体系研究［J］.科学管理研究，2011，29（5）：26-30.

［251］徐建中，曲小瑜.装备制造业环境技术创新效率及其影响因素研究——

基于 DEA-Malmquist 和 Tobit 的实证分析［J］. 运筹与管理，2015，24（1）：246-254.

［252］徐建中，赵伟峰，王莉静.基于博弈论的装备制造业协同创新系统主体间协同关系分析［J］. 中国软科学，2014（7）：161-171.

［253］徐磊，宋泓锑，唐秋雨.知识产权保护视角下中国制造业 OFDI 创新驱动效应研究［J］. 国际商务（对外经济贸易大学学报），2023（2）：102-118.

［254］徐磊，唐秋雨，徐亮.进出口贸易协同、产业结构升级与制造业创新——基于知识产权保护的有调节中介模型［J］. 云南财经大学学报，2022，38（9）：17-37.

［255］徐明.通信产业技术标准中专利许可的收益研究［J］. 科学学与科学技术管理，2012，33（11）：19-23.

［256］徐明霞.知识产权对制造业服务化转型升级的驱动：基于政治经济学属性特征的诠释［J］. 科技进步与对策，2019，36（6）：58-65.

［257］徐平华.政府与市场——看得见的手与看不见的手［M］. 北京：新华出版社，2014.

［258］许春明，单晓光.中国知识产权保护强度指标体系的构建及验证［J］. 科学学研究，2008（4）：715-723.

［259］许家云，张俊美.知识产权战略与中国制造业企业出口产品质量——一项准自然实验［J］. 国际贸易问题，2020（11）：1-14.

［260］闫成钢.浅谈低碳经济下装备制造业的发展［J］. 经济师，2019（11）：49-50+52.

［261］杨红，李依梦，陈银忠，等.高端装备制造企业数字化转型驱动路径研究［J］. 科研管理，2024，45（1）：21-30.

［262］杨佳妮，孙瑶.FDI 与中国制造业出口技术复杂度的门槛效应研究——基于知识产权保护视角［J］. 价格月刊，2022（6）：43-52.

［263］杨瑾，王一辰.装备制造业智能化转型升级影响因素及作用机理［J］. 科学学研究，2023，41（5）：807-817+853.

［264］杨瑾，薛纯.开放式创新环境下高端装备制造业转型升级的作用机理研究［J］. 软科学，2022，36（9）：37-44+64.

［265］杨善林，王建民，侍乐媛，等.新一代信息技术环境下高端装备智能

制造工程管理理论与方法［J］．管理世界，2023，39（1）：177-190.

［266］杨早立．我国知识产权管理系统协同发展研究［D］．哈尔滨：哈尔滨工程大学，2016.

［267］杨珍增，郝碧榕．知识产权保护与离岸采购——基于美国制造业数据的研究［J］．国际贸易问题，2017（4）：62-73.

［268］杨志祥．企业知识产权管理机制的构建和完善［J］．商业时代，2009（3）：53-54.

［269］姚远，宋伟．生物技术产业专利联盟运行机制比较研究［J］．中国科技论坛，2011（7）：45-49.

［270］尹志锋，叶静怡，黄阳华，等．知识产权保护与企业创新：传导机制及其检验［J］．世界经济，2013，36（12）：111-129.

［271］于丽艳．我国装备制造业知识产权战略系统协同度实证研究［J］．科技管理研究，2013，33（23）：160-162.

［272］于树江，赵丽娇．京津冀装备制造业产业政策对技术创新绩效的影响研究——产业集聚的调节作用［J］．工业技术经济，2019，38（2）：36-43.

［273］余长林．知识产权保护、模仿威胁与中国制造业出口［J］．经济学动态，2015（11）：43-54.

［274］原毅军，耿殿贺．中国装备制造业技术研发效率的实证研究［J］．中国软科学，2010（3）：51-57+144.

［275］岳冰．我国企业知识产权管理的现状、问题及对策［J］．法制与社会，2014（8）：199-200.

［276］岳贤平．企业间专利组合收益分成的信号博弈策略［J］．技术经济，2016，35（5）：24-31.

［277］曾刚，耿成轩．中国高端装备制造上市企业融资效率的实证测度——基于Super-SBM和Malquist模型［J］．科技管理研究，2019，39（10）：233-242.

［278］张丹宁，陈阳．中国装备制造业发展水平及模式研究［J］．数量经济技术经济研究，2014，31（7）：99-114.

［279］张东生，孙志学，王晓红，等．西部地区装备制造业知识产权战略研究［J］．机电产品开发与创新，2011，24（6）：24-25.

［280］张国防.全球化与逆全球化博弈下中国制造业产业链优化研究［D］.北京：中共中央党校，2020.

［281］张海笔.中国装备制造业技术选择的协同度研究［D］.沈阳：辽宁大学，2013.

［282］张海涛，马静，钱丹丹.知识转移视角的知识产权管理机制［J］.情报理论与实践，2010，33（12）：21-24+11.

［283］张浩，霍国庆，汪明月，等.科技成果转化的战略绩效评价——基于国家科学技术进步奖成果的实证研究［J］.科学学与科学技术管理，2020，41（8）：7-25.

［284］张慧.知识产权保护对制造业企业创新绩效的影响研究［D］.苏州：苏州大学，2022.

［285］张慧萍，李彦华.数字文旅耦合协调发展空间格局演变及其驱动因素探究［J］.河南科学，2022，40（6）：1003-1010.

［286］张慧萍，李彦华.中国省域能源系统可持续发展研究——基于韧性与效率协同发展视角［J］.环境科学与管理，2022，47（3）：178-183.

［287］张米尔，江诗松.创新互动与装备制造业结构升级［J］.科学学与科学技术管理，2004（10）：24-27.

［288］张胜，黄欢，李方.产品架构视角下专利池治理机制——GSM与航空专利池案例研究［J］.科技进步与对策，2018，35（5）：96-105.

［289］张涛.企业知识产权管理体系的组织设计要素及原则［J］.现代管理科学，2007（2）：54-56.

［290］张威.中国装备制造业的产业集聚［J］.中国工业经济，2002（3）：55-63.

［291］张文君.中部地区装备制造业发展比较与评价［J］.湖南财政经济学院学报，2011，27（5）：42-45.

［292］张晓龙.中国制造业创新中心知识产权政策研究［J］.河南师范大学学报（哲学社会科学版），2018，45（3）：59-64.

［293］张扬欢.论知识产权转让不破许可规则［J］.电子知识产权，2019，335（10）：42-61.

［294］赵刚.高端装备制造企业智能化转型的关键影响因素作用机理研究

［D］. 哈尔滨：哈尔滨工程大学，2020.

［295］赵红，王玲. 高端装备制造业产业链升级的路径选择［J］. 沈阳工业大学学报（社会科学版），2013，6（2）：131-134.

［296］赵桐. 双重价值链视角下京津冀地区装备制造业产业升级研究［D］. 秦皇岛：燕山大学，2018.

［297］赵哲骐，杨春艳，王辰，等. 基于知识产权视角的高端装备制造业发展关联研究——以宁波市为例［J］. 宁波大学学报（理工版），2021，34（4）：115-120.

［298］郑国姣，常冉. 中国装备制造业服务化与绿色全要素生产率研究——基于新型国际分工下的 GVC 视角［J］. 技术经济与管理研究，2019（10）：3-8.

［299］郑季良，谷隆迪. 装备制造业数字化转型、服务化水平与企业效益——基于 2445 家企业数据的实证研究［J］. 科技和产业，2021，21（5）：1-10.

［300］郑玉. 知识产权保护、RD 投入与企业绩效——基于中国制造业企业的实证［J］. 社会科学研究，2017（4）：56-62.

［301］周飞雪. 低碳经济下中国制造业技术创新扩散机理及活跃度研究［D］. 南京：东南大学，2015.

［302］周华蓉，贺胜兵. 产业转移加速进程中中国制造业集聚度再测算与演进［J］. 科技进步与对策，2015（1）：66-71.

［303］周明，王剑武，葛世龙. 制造业集聚程度变动趋势实证研究［J］. 科学学与科学技术管理，2008（7）：138-142.

［304］周竺，黄瑞华. 我国高校知识产权管理新领域——网络教育［J］. 科技管理研究，2003（6）：66-67.

［305］朱成科. 融资租赁对我国装备制造业的影响研究［D］. 北京：对外经济贸易大学，2017.

［306］朱雪忠，李闯豪. 我国专利默示许可制度构建［J］. 科技进步与对策，2018，35（3）：111-115.

［307］朱艳硕，王铮，程文露. 中国装备制造业的空间枢纽——网络结构［J］. 地理学报，2019，74（8）：1525-1533.